BASTEI LÜBBE
TASCHENBUCH

Titel auch als E-Book erhältlich

Über die Autorin:

Lotte Kühn, geboren 1960, ist alleinerziehende Mutter von vier Kindern und freiberufliche Journalistin. Sie veröffentlichte unter anderem den Bestseller *Das Lehrerhasserbuch* und *Mutti packt aus*. Regelmäßig wird sie als Expertin in Sachen Erziehungsfragen in den Medien zu Wort gebeten. Sie schreibt Artikel und Glossen über Themen aus dem Familienleben und Erziehungsalltag u. a. für die Zeitschriften *Psychologie heute* und *Berliner Morgenpost*.

Lotte Kühn

Mutti allein zu Haus

Vom Leben mit nestflüchtigen Kindern

BASTEI LÜBBE
TASCHENBUCH

BASTEI LÜBBE TASCHENBUCH
Band 60769

1. Auflage: Januar 2014

MIX
Papier aus verantwortungsvollen Quellen
FSC® C006701

Dieser Titel ist auch als E-Book erschienen

Originalausgabe

Textredaktion: Dr. Ulrike Strerath-Bolz, Friedberg
Titelillustration: © Fabian Erlinghäuser
Umschlaggestaltung: © Tanja Østlyngen
unter Verwendung einer Illustration von © Fabian Erlinghäuser
Satz: hanseatenSatz-bremen, Bremen
Gesetzt aus der Candida
Druck und Verarbeitung: CPI books Ebner & Spiegel, Ulm
Printed in Germany
ISBN 978-3-404-60769-3

Sie finden uns im Internet unter
www.luebbe.de
Bitte beachten Sie auch: www.lesejury.de

Anna-Maria herzlich zugeeignet.

1

Ab wann kann man Mütter auch mal alleine lassen?

Das ist eine sehr gute Frage, mit der sich leider kein Kinderratgeber befasst. Wohin man auch schaut: »Jede Mutter kann schlafen lernen« – »Du und deine Mutter« – »Die Kunst der Kindesliebe« und, und, und. Aber über diesen heiklen Punkt schweigen die Experten sich aus.

Natürlich war ich auch früher schon mal allein zu Haus. Die täglich wiederkehrende Gunst der Stunden zwischen dem Abschied des letzten und der Heimkehr des ersten Schulkindes wusste ich durchaus sinnvoll zu füllen. Aber auch rein zufällig war ich plötzlich manchmal kinderlos auf Zeit, weil sie alle verabredet waren. Wenige Male auch mit zahnärztlicher Präzision und krimineller Energie geplant, weil ich eine Verabredung hatte, für die ich die chaotische Spielhölle für ein paar Stunden in eine Wohnung nur für Erwachsene verwandeln wollte. War das schön! Ein reifes Entgleisen, ein genüssliches Verwahrlosen, wenn sie alle vier auf Klassenfahrt waren. Kein regelmäßiges Essen mehr, schon gar kein gesundes. Alle Disziplin, zu der sie mich genötigt haben, im Nu abgeschüttelt.

Aber jetzt bin ich immer öfter und immer länger allein zu Haus. Denn kaum haben sie das Abi in der Tasche, wollen sie weg. Während ich noch in routiniertem Selbstzweifel überlege, ob das jetzt heißt, dass ich alles richtig oder aber dass ich alles falsch gemacht habe, ziehen sie einfach aus. Nick zieht nach Steglitz, Elise nach Texas. Charlotte will nach dem Abitur im nächsten Jahr zuerst nach Indien zu den Buddhisten ziehen, um Weisheit zu suchen, sagt sie, und danach zu den Indianern nach Amerika, um Weisheit zu leben. Und Leander? Als ich ihn frage, verdunkelt sich sein Blick: »Keine Ahnung«, sagt er, und sofort keimt eine vage Hoffnung in meinem Herzen, wenigstens er möge noch ein wenig länger als unbedingt nötig im Nest hocken bleiben. Er! Mein Jüngster! Mein letztes Baby! Mein Schlürschluck auf dem Weg ins Klimakterium. Die Wonne meines Herzens, die Freude meines Alltags!

Nix da. »Hauptsache weg«, sagt er.

Kriege ich zum Geburtstag endlich die x-Box, die ich mir jetzt schon so lange wünsche? Bin ich eigentlich das Lieblingskind? Warum kann nicht immer Weihnachten sein? Und was gibt's zum Mittagessen? In jedem Alter stellen sich Kinder viele besorgte Fragen. Aber warum fragen sie sich eigentlich nie, während sie einfach so ausziehen, ab wann sie ihre Mutter allein lassen können?

Mütter tun das: Sie zermartern sich das Hirn, ob sie das Baby zehn Minuten allein in der Wohnung lassen können, um schnell noch ein Brot zu kaufen. Sie sterben tausend Tode beim Anblick des Notarztwagens und der Feuerwehr in der Nähe der eigenen Haustür, wenn sie nach einem feucht-fröhlichen Abend in ihre Straße einbiegen und sich ohnehin schon schuldig fühlen, weil sie ihre Kinder mit einem Babysitter allein gelassen haben. Mütter halten ihre Handys stets auf Empfang, weil immer ein Kind in Not sein könnte, das Katastrophennachrichten simst. Sie lesen Bücher, die verraten, woran man erkennen kann, dass das Kind reif für den Kindergarten/

die Schule/das erste Bier/die erste Liebe ist. Sie besprechen mit anderen Müttern, wann der richtige Zeitpunkt für all die ersten Male gekommen ist, das Kind allein zu lassen. Kinder tun das nicht. Kinder ziehen aus, wenn sie es für richtig halten. Dabei könnten sie die Zeichen leicht erkennen, die ihnen verraten, wann die Mutter in ihrer Entwicklung so weit ist.

Erste zaghafte Schritte in Richtung Unabhängigkeit und eigener Interessen an kinderfreien Betätigungen zeigen sich nämlich schon früh. Lange bevor die Mutter sich anschickt, das sich leerende Nest mit neuem Leben zu füllen, sich einen Hund anschafft, sich neu zu verlieben versucht oder aber sich anschickt, an der bestehenden Beziehung zu arbeiten, vielleicht plötzlich mit ihrer Freundin einen Tango-Kurs besucht, Pilates übt, sich im Fitnessstudio anmeldet und auf einmal Französisch lernen will, hat sie sich vielleicht schon beim Zeitunglesen oder beim Reden mit Erwachsenen nicht mehr unterbrechen lassen oder hin und wieder schon mal einen Ansatz von Privatsphäre behauptet, selbstständig eine Verabredung getroffen und ist über Nacht weggeblieben.

Kinder übersehen diese wichtigen Entwicklungsschritte leicht. Dabei zahlt es sich immer aus, wenn Kinder ihren Müttern nahe sind und wissen, was sie ihnen zutrauen können und was (noch) nicht. Wenn Kinder schon früh den Eindruck gewinnen konnten, dass die Mutter überschaubare Zeitspannen übersteht, ohne dass ihre Kinder um sie herum sind, könnten sie nämlich auch leichter gehen.

Eine Mutter großer Kinder ist genau genommen eine alte Mutter junger Erwachsener mit unübersehbar wachsender Tendenz zur Entbehrlichkeit. Sicher bleiben die Mutter-Kind-Bande erhalten, doch die Angelegenheit gerät immer mehr außer Kontrolle. Alles schreit nach Veränderung – aber wie die nächste Stufe der Muttation erklimmen? Mutti steht allein zu Haus wie der ratlose Viertklässler vor der Matheaufgabe: Versuche spielerisch einen eigenen Weg zur Lösung zu finden. Und der Begriff »Lösung« birgt einen gefährlichen Doppelsinn. Es geht um Ablösung, Loslösung und Loslassen. Wo doch das Zusammenwachsen schon nicht so einfach war – wie soll jetzt das Lösen halbwegs glimpflich über die Bühne gehen?

In jedem von uns steckt ein gutes Stück Peter Pan. Immerhin schließen wir mit einem wichtigen Kapitel unseres Lebens ab, wenn wir keine »jungen Mütter« mehr sind, wenn wir unsere Kinder groß werden und zur Schule gehen lassen, wenn wir Töpfchen, Kinderstuhl und Strampelhosen weggeben oder all den Krempel verschämt auf Enkel hoffend im Keller horten.

Das Leben mit neugeborenen Babys und atemberaubend schnell wachsenden verrückten Kleinkindern war eine aufregende, ermüdende Reise, manchmal langweilig, manchmal nervenaufreibend, manchmal angsterfüllt, aber immer wundervoll. Etwa so wie eine Atlantiküberquerung oder das Durchwandern eines undurchdringlichen Regenwaldes. Und wie immer, wenn eine große Reise zu Ende geht, überkommt uns ein Gefühl der Traurigkeit und des Verlustes – und die Erkenntnis, dass wir älter geworden sind. Das Leben mit größer werdenden Kindern ist in vieler Hinsicht, im Gefühlsbereich und intellektuell gesehen, viel anspruchsvoller. Die Kinder werden groß, und wir Eltern stellen die nutzlose Vergangenheit dar.

Wie man Kinder aufzieht, beschützt und festhält, nicht, wie man einander entkommt und neu begegnet, sind die beherrschenden Familienthemen unserer Kultur. Dabei neigen auch wir Älteren dazu, stets die Warte der Jüngeren einzunehmen. Alles Recht, aber auch alle Not scheint auf ihrer Seite zu liegen. Selbst Dichter werden zu Parteigängern: Ob ihre Helden nun Holden Caulfield, Werther oder Törless heißen, die Leiden der Heranwachsenden scheinen uns näher zu sein als die ihrer Eltern – als dürften Eltern nicht zugeben, dass es schwerfällt, die Kinder loszulassen. Eltern leben mit der gesellschaftlichen Erwartung, das alles ganz großartig und reibungslos zu absolvieren. Sie neigen dazu, ihr eigenes Verständnis für die Ansichten, Lebensweisen und Entscheidungen ihrer Kinder zu überschätzen, und sind enttäuscht, wenn Kinder es ihrerseits an Verständnis für die Gefühle ihrer Eltern mangeln lassen. Wer hat noch nie einen Vater schmollen sehen, weil sein Sohn nicht mit ihm spielen wollte? Oder eine Mutter, die ihre Tochter um die unbeschwerten Nächte auf dummen Teenagerpartys beneidet? Ganz zu schweigen von einer, die eine andere im Supermarkt trifft und über der Schilderung des nunmehr komplett ausgeräumten Kinderzimmers in Tränen ausbricht?

Hat man je ein Kind sagen hören: »Oh, es war mein schönstes Weihnachtsgeschenk, als Mama zur Marketing-Direktorin befördert wurde. Ihre Karriere ist mir so wichtig!«, oder: »Ich bin ja so froh, dass Papa endlich eine Frau gefunden hat, die ihn so liebt, wie er ist, und nicht versucht, ihn umzuerziehen!«?

Für die Aufgabe des Loslassens gibt's keine Anleitung und keinen Banknachbarn zum Abschreiben, nicht mal eine Selbsthilfegruppe für verlassene Mütter, die sich

»Anonyme Melancholikerinnen« nennt – und deshalb erzählt *Mutti allein zu Haus* von einer gefährlichen, gottserbärmlichen, hochkomischen und in manchen Etappen auch todtraurigen Expedition auf der dunklen Seite des Mondes. Familie ist nichts für Feiglinge – sie ist zum Schreien komisch und zum Heulen schön. Und sie ist, machen wir uns nichts vor, ein Fest: Eine Familie zu haben ist, wie eine Party zu geben. Entweder kann man eine wohlgeordnete Einladung zum Essen aussprechen, mit perfekt gedecktem Tisch und Einladungen, auf denen »um Antwort gebeten« wird. Oder man kann einfach sein Haus allen öffnen, alle willkommen heißen, die auftauchen, und den Abend genießen.

Als Lebensphilosophie kommt das vielleicht etwas schlicht daher, aber die Würde kann man dieser Einstellung nicht absprechen. Die Idee, die Familie als großes Fest zu sehen, zu dem der liebe Gott oder das Schicksal die Gäste schickt, hat etwas für sich. Und Gäste machen doppelt Freude: Wenn sie kommen und wenn sie gehen.

2

Wie (mein) Familienleben wirklich ist

Jäh wird die Tür aufgerissen, hinter der ich mich verschanzt habe, um mal wieder meinen Spaß mit meiner Arbeit zu haben, wie böse Kinderzungen das nennen. Dabei will ich nur einen klitzekleinen Artikel zu Ende schreiben, der genau genommen schon vorgestern hätte fertig sein sollen. Allerdings sträubt sich der Text ausdauernd dagegen, in einer halbwegs passablen Schlusspointe zu enden.

Mir fällt nämlich nichts ein, und wenn mir doch etwas einfällt, werde ich unterbrochen – mit einer Frage beschossen, von einem Wunsch bombardiert, nach einer Telefonnummer gefragt, zu einer Aktivität genötigt. Das kommt wahrscheinlich daher, dass ich immer noch über alles am besten Bescheid weiß und alles besser kann als alle meine minder- und volljährigen Mitbewohner zusammen.

Einer muss ja schließlich die Welt zusammenhalten! Wie die Laborratte ihren Forscher dressiert, haben sie mich jahrelang darauf abgerichtet, dass ich über den momentanen Aufenthaltsort von Gegenständen lückenlos Bescheid weiß, Schäden augenblicklich kenntnisreich behebe und das Wetter für die nächsten zwei Jahre genau vorhersagen kann. Ich wusste früher immer, wo der verschollene Turnbeutel steckt, wie man eine zerbrochene ICE-Lok repariert, wo man an Feiertagen AAA-

Batterien auftreiben kann und wie man Kaugummi aus der Lieblingsjeans herauskriegt. Notgedrungen habe ich mich mit den Jahren in eine effiziente Suchmaschine verwandelt, als Mama Google auf Zuruf Informationshäppchen serviert und noch im Tiefschlaf die Welt erklärt.

Das habe ich jetzt davon. Immer dasselbe. Eben noch hatte ich beinahe eine Idee, jetzt ist sie weg. »Mama, kann ich ...?«, ruft mein Jüngster und nimmt mein genervtes Schnaufen als Einladung weiterzureden.

Kann ich denn nicht einmal in Ruhe arbeiten, will ich ihn schon anschnauzen, da fällt mir etwas Besseres ein. Weil nichts so schlecht ist, dass es nicht für was gut ist, wittere ich meine Chance.

Man muss einfach nur zusehen, dass man von den wachsenden Fähigkeiten seiner Kinder angemessen profitiert: Schon beim Putzen war das praktisch, denn mit ihren kleinen Händen kamen sie prima in die Ecken. Die Quittungen für die Steuererklärung können sie sortieren, sie machen das so schön ordentlich. Und neulich habe ich das frisch gekaufte Ikea-Regal in die Ecke gestellt und mir gesagt, das lass ich mal die Kinder zusammenbauen, die machen das schon. Hat prima geklappt.

Braucht ein nervendes Kind nicht einfach nur eine Gelegenheit, sich als nützliches Mitglied der Familie zu beweisen? Gutmütig wie ich bin, stelle ich mich doof – und kriege meistens, was ich brauche: Regale werden verdübelt, DSL-Verbindungen beschleunigt, Handys repariert, Kleingedrucktes verstanden, Einkäufe nach oben getragen – sofern es mir gelingt, meine Gebrechlichkeit und Technikscheu einigermaßen glaubhaft zu kommunizieren.

»Ja, kannst du!«, unterbreche ich den Störenfried. »Lieb, dass du fragst! Bitte sei so gut und bring mir einen Gin Tonic!« Er stutzt, besinnt sich auf das, was ich ihm neulich über Gin, Tonic, Temperatur und Mischungsverhältnisse beigebracht habe. Aber vielleicht wittert er auch nur eine Gelegenheit, seine Verhandlungsposition für ein viel größeres Anliegen zu verbessern?

Jedenfalls lächelt er mich zuvorkommend an und zirpt: »Mit Eis und Zitrone, wie gestern, ja?«

Ich nicke müde und denke darüber nach, warum es mir in all den Jahren nicht gelungen ist, meinen Kindern zu vermitteln, dass sie mich am Schreibtisch nicht stören dürfen, weil Ideen scheu wie Feen sind und mein Geduldsfaden schnell reißt, wenn ich alle zehn Minuten mit irgendetwas belämmert werde. Ich habe wirklich alles versucht. Geschmeichelt, gedroht, verhandelt, gebrüllt, gebettelt. Sie haben ein oder zwei Mal hoch und heilig versprochen, mich eine Stunde lang nicht zu stören, dann aber entweder Petitionen unter der Tür durchgeschoben oder kleine Anfragen mit Kästchen zum Ankreuzen »Ja« – »Nein« – »Später noch mal fragen« auf meine Tastatur gelegt. »Darf ich fernsehen?« – »Nick hat mich gehauen. Darf ich ihm eine ballern?« oder »Die Jungs machen eine Wasserschlacht. Dürfen die das?«

Nichts hat geholfen. Von dieser niederschmetternden Erkenntnis ist es nur ein kleiner Schritt zur nächsten: Wahrscheinlich bin ich selbst schuld, wenn meine Kinder meine geschlossene Zimmertür für eine Einladung halten, jetzt sofort was zu fragen, was zu wollen oder jemanden zu verpetzen. Ist doch so: Wenn man eine Mutter ist, ist man schuld.

Wahrscheinlich habe ich auch irgendetwas falsch gemacht, wenn meine Kinder mich immer noch als Präsenz und nicht als Person sehen.

Leander reißt mich aus meinen trüben Gedanken und überreicht mir feierlich ein köstlich kühles, schimmerndes Getränk. Die schrillen Stimmen seiner Schwestern, die in der Küche streiten, quellen durch die offene Tür hinter ihm.

Traulich wie Engelsglocken klirren die Eiswürfel im Glas. Mit dem ersten Schluck spüre ich dankbar die beruhigende Wirkung des Gins in meinen Adern strömen, die Stresszange an meinen Schläfen lockert sich wie von Zauberhand, und mir fällt plötzlich auf, wie warm die späte Nachmittagssonne durchs Fenster auf meinen Schreibtisch fließt. Alle Anspannung weicht aus meinem Nacken, und ein zarter Puffer schiebt sich zwischen mich und die Welt. Oh, wie wohl wird mir. Er zwinkert mir zu und geht aus dem Zimmer, schließt sogar die Tür. Leise!

Geht doch! Ich bin total entspannt und fange eine verstört herumhuschende Schlusspointe ein. Bevor ich sie allerdings auf den Bildschirm bannen kann, geht die Tür wieder auf.

Mit Leichenbittermiene steht Leander da und schaut mich an. Seine weit aufgerissenen Augen lassen nichts Gutes ahnen. Er öffnet den Mund und klappt ihn gleich wieder zu.

»Was ist denn jetzt schon wieder?«

Ich reiße mich zusammen, während ich im Geist die möglichen Katastrophen durchgehe, die sich in den letzten Minuten ereignet haben könnten. Von Diebstahl über Sachbeschädigung, Wohnungsbrand bis Körperverletzung ist alles drin. Er gibt sich einen Ruck und sagt entschlossen: »Mama, ich muss dir was sagen. Ich habe einen Fehler gemacht.«

Was für eine tonnenschwere Eröffnung! Kommt irgendwie alttestamentarisch daher. Sofort bricht mir der Schweiß aus.

»Sag schon, was ist passiert?«

»Mama, ich habe den Gin in deinem Gin Tonic vergessen.«

Hinter ihm im Türrahmen taucht das Gesicht der vierzehnjährigen Charlotte auf. Sie hat offenbar die letzten Stunden vorm Spiegel verbracht, denn sie ist geschminkt wie ein Waschbär. Boshaft kichernd, tänzelt sie um ihren kleinen Bruder herum.

»Hä? Gin Tonic ohne Gin?? Du Penner, das ist ja wie Sex on the beach ohne Sex.«

Angewidert rollt er mit den Augen und dreht sich zu ihr um. »Halt die Klappe. Ich geb dir gleich Sex!«

Sie kreischt entzückt. »Igittigitt. Das ist ja vielleicht eklig!« Dann schaut sie mich an und gluckst. »Mama, hast du das gehört? Der spinnt doch. Wie heißt das noch mal, wenn's in der Familie passiert? Inkontinenz?«

Leander tippt sich an die Stirn. »Mann, bist du doof. Das heißt Inkonsequenz!«

Da mischt sich vom Sofa her die männlich tiefe Stimme des zu Besuch weilenden Ältesten ein. Mit vollem Mund blökt er und übertönt den Fernseher: »Ihr habt doch keine Ahnung. Von nix. Insolvenz heißt das!«

Jetzt brechen alle Dämme. Sie wiehern, gackern, johlen und übertrumpfen sich beinhart zu viert mit Wörtern, die mit I anfangen und in Familien passieren.

Um nicht wieder als Spielverderber verschrien zu werden und auch weil die Idee von vorhin sowieso verschwunden ist, lache ich einfach mit. Eine Spaßbremse? Ich? Das stimmt doch gar nicht. Eher eine Tiger-Dompteuse im Glitzerkostüm mit Puschelpumps, die eine gemischte Raubtiernummer in Gang hält. Und dazu muss man eben einfach mal mit der Peitsche knallen oder Leckerlis verteilen.

Eines Tages, so habe ich mir heimlich vorgenommen, werde ich auspacken und sagen, wie Familienleben wirklich ist: großartig und gemein – eine irrwitzige Achterbahnfahrt zwischen Himmel und Hölle, bei der man mit dem vollen Schwung des nächsten hehren Anspruchs stündlich aus der Kurve fliegt, sich auf dem Boden der Tatsachen wiederfindet, während man sich die schmerzenden Glieder reibt, die blauen Flecken zählt und sich wieder hochrappelt.

The show must go on … Heiter scheitern – das wär's. Man könnte Geschichten erzählen! Die mit dem gefühlten Gin Tonic ist wirklich noch harmlos.

3

Vom Ersten, der auszog …

Sag mal, interessierst du dich eigentlich überhaupt nicht mehr dafür, was ich so mache und wann ich gestern nach Hause gekommen bin? Ob ich was gegessen habe? Kümmert dich wohl alles gar nicht mehr? Bin ich dir jetzt egal?«, ruft Nick durchs Telefon, und prompt will mir in momentaner Benommenheit und plötzlicher Beklommenheit der Hörer aus der Hand gleiten.

Kaum ein Pfeil trifft so zielsicher ins Schwarze der herzförmigen Zielscheibe wie der des Kümmerns. Von allem Anfang an müssen Eltern sich kümmern, und zwar so heftig und ausdauernd, wie sie sich noch nie um einen anderen Menschen gekümmert haben. Das kommt von Herzen, wird auch als gute Mutterpflicht gehandelt, und ich würde da auch gar nicht groß widersprechen wollen. Aber wenn irgendetwas nicht so läuft, wie es sollte – wenn das Kind zuerst andere Kinder beißt, dann die Schule schwänzt oder später mit Drogen experimentiert –, dann ist allen sofort klar: Um dieses Kind *kümmert* sich die Mutter nicht genug.

Die Kinder selbst sind sich über lange Jahre hinweg dieses ununterbrochenen Bereitschaftsdienstes ihrer Mutter kaum bewusst, früh aber versuchen sie mit wachsender Entschlossenheit, sich der stets gut gemeinten Tyrannei der Fürsorge zu entziehen. Zwar lassen sie sich noch lange gern gefallen, dass man ihnen weiterhin das Essen vorsetzt und die Wäsche wäscht, hängt und legt, aber sie möchten sich bald nach eigenem Ermessen beschäftigen, kleiden und vergnügen. Und sie wollen auch nicht mehr Auskunft geben über alles und jedes, was sich in ihrem spannenden Leben zwischen den Unterrichtsstunden auf dem Schulhof ereignet. Besonders verschnupft reagieren schon Zehnjährige auf besorgte Nachfragen bezüglich der Schularbeiten oder des Zustands ihrer Zimmer: »Meine Sache. Darum brauchst du dich gar nicht zu kümmern, das mache ich schon«, schlägt das freundlich gestimmte Kind seiner Mutter vor, während das weniger freundlich gelaunte knapp und barsch faucht: »Kümmer dich doch bloß nicht immer um meine Angelegenheiten! Meine Sache! Geht dich gar nichts an, wie's hier aussieht!«

Und damit hat das Kind den empfindlichsten Punkt jeder Erziehung getroffen: Wo ist die Grenze zwischen den Angelegenheiten der Eltern und denen des Kindes?

Die Kinder selbst handhaben das Dilemma deutlich flexibler.

»Kannst du endlich mal aufhören, dich dauernd um alles zu kümmern?«, schnaufte Nick einst gequält, als ich ihn nach dem Stand der Vorbereitungen für die Englischarbeit fragte. Eine halbe Stunde später stand er mit dem Englischbuch in der Hand vor mir und fragte: »Kannst du mir den Unterschied zwischen conditional one und two erklären?«

»Ich denke, ich soll mich nicht mehr um alles kümmern.«

»Sollst du ja auch nicht. Du sollst mir nur mal schnell helfen!«

Seine jüngeren Geschwister sehen das längst genauso.

1. Ich darf mich um Himmels willen nicht um alles kümmern.
2. Ich soll bloß da sein, wenn ich gebraucht werde.
3. Ich muss alles andere stehen und liegen lassen, wenn dieser Fall eintritt.

Weil schlaue Eltern sich jeglichen Selbstständigkeitszuwachs der Kinder zunutze machen, habe ich jede Chance genutzt, mich täglich immer noch ein bisschen überflüssiger zu machen. Ob und wann er seine Schulsachen fand oder nicht, war früh seine Sache. Und die möglichen Folgen hatte er auch zu tragen. Kinder zum Beispiel, die morgens grundsätzlich zu spät aufstehen und in der dann gebotenen Eile weder ihre Turnschuhe noch ihren Zirkelkasten oder ihre Fahrkarte finden können – diese Kinder, wenn sie sich nur aufgeregt und verzweifelt genug gebärden, bringen ihre Mütter immer wieder dazu, wie aufgescheuchte Hühner durch die Wohnung zu rennen, mit Taschenlampen unter Betten zu leuchten, Schränke abzurücken, Mülleimer zu durchsuchen, herumliegende Plastiktüten zu filzen und die Taschen sämtlicher Hosen und Jacken zu durchforsten. Mit diesem Einsatz vergällt sich die Mutter den Tagesanfang. Und nur, weil sie das Gefühl nicht loswird, sich darum kümmern zu müssen, dass das Kind nicht zu spät zur Schule kommt. Nee, nicht mit mir.

Diese Konsequenz, die im akuten Fall durchaus lieblos wirken konnte, fiel mir immer schwer. Sehr sogar. Aber gelegentlich bin ich über mich hinausgewachsen. Wie an dem Abend vor einem halben Jahr, als Nick eine Verabredung mit einer ihn sehr interessierenden, aber noch nahezu unbekannten weiblichen Person hatte. Es war Valentinstag, abends um zehn. Von unterwegs rief er an, um mich zu fragen, ob ich zufällig noch ein paar Tulpen im Haus hätte, die er ihr mitbringen könnte? Da machte ich den Rücken gerade und sagte klar und deutlich: »Mein lieber Junge. Es gibt in diesem Haushalt zwei oder drei Dinge, um die ich mich nicht kümmere. Eins davon ist ein Blumenstrauß am Valentinstag für dein Mädchen.« Und ich war sehr stolz auf mich.

Über den feinen Unterschied zwischen kümmern, beschützen und einmischen oder ob eher geraten sei, sich ganz entschlossen aus einer Sache herauszuhalten, wollten meine Kinder auch gar nicht diskutieren. Seit die bedrohlichen Teenagerjahre angebrochen sind, merke ich zwar deutlicher denn je, dass ich gerne die starke Beschützerin bleiben wollte, das aber nur gelänge, wenn ich mich zur Gefängniswärterin weiterbildete.

Weshalb ich meine gedanklichen Spähtrupps alleine ins Grenzland schicke, um Kraft und ein nüchternes Urteilsvermögen bete und versuche, das unbekannte Terrain zu sondieren. Er ist schließlich der Erste, der ausgezogen ist! Wie soll ich ihn da noch beschützen? Und um was genau muss man sich noch kümmern, wenn das Baby eine eigene Wohnung bezogen hat? Und das alles, weil ich das Gefühl jahrelang nicht loswurde, mich darum kümmern zu müssen, dass das Kind genug Obst isst, warm angezogen ist und früh genug im Bett liegt, nicht zu spät und mit allem ausgestattet zur Schule kommt – genau das Kind, das allabendlich, wenn ich ihm nahelegte, seinen Ranzen zu packen, schlankweg erwiderte, das sei seine Sache …

Mit seinem Auszug jedenfalls war ich der Meinung, dass das Kümmern nun ein Ende haben würde und stattdessen so etwas wie freundliche Begleitung gefragt wäre, die allerdings nicht ungebeten aufgedrängt werden sollte. Deshalb habe ich auf Blitzbesuche verzichtet, nie würde ich vor der Tür stehen und ihn überfallen. Oder gar seine Bude putzen, seine Wäsche waschen und den Kühlschrankinhalt inspizieren, notfalls ergänzen. Nee, so eine bin ich nicht! Auch muss er mich nicht täglich anrufen. Auf dem gemeinsamen Sonntagsessen habe ich allerdings bestehen müssen – wie einst meine Mutter ordnete ich an: »Einmal in der Woche möchte ich euch alle an einem Tisch haben. Teilnahme verpflichtend, Ausreden werden nicht geduldet. Klar so weit?«

»Och nöööö, Mama!«, maulten sie vierstimmig.

»Jeden Sonntag? Das zerreißt mir ja den ganzen Tag!«, protestierte Nick.

»Was gibt's denn? Schnitzel? Dann würde ich's mir überlegen!«

Seit vier Wochen ist er jetzt weg. Die Wohnung haben wir gemeinsam renoviert. Klar habe ich ihm gegönnt, der Boss zu sein. Während Charlotte die alte Tapete von den Wänden kratzte, Leander die Fußleisten pinselte, Elise später kam und die Kunst übernahm – Wände streichen und Ornamente ums Fenster tupfen – habe ich Farbrollen ausgewaschen und später meine Tapezierkünste vorgeführt.

Schön war's. Prompt erlag ich dem Charme gemeinsamer Unternehmungen oder besser der Erinnerung daran. Wisst ihr noch? Den kurzen Moment der Irritation habe ich tränenlos und rundum vernünftig überstanden, als er nach getaner Arbeit bei sich bleiben wollte.

»Du hast doch gar nichts zu essen hier! Willst du nicht wenigstens heute Abend noch einmal …?«

»Schaff ich, Mama. Du brauchst dich jetzt um nichts mehr zu kümmern.«

Wir sind dann ohne unseren Nick nach Hause gefahren.

Ein paar Tage später ist er richtig ausgezogen. Das Bettzeug hat er hinter den Fahrersitz geworfen, in den blauen Ikea-Taschen die Bücher transportiert, seine Klamotten in einem halben Dutzend grüner Mülltüten verstaut. Die Poster allerdings liegen im Koffer, damit denen bloß nichts passiert. Ich frage mich stumm, wofür ich mir eigentlich zwanzig Jahre lang den Mund fusselig geredet habe, und winke fröhlich zum Abschied.

»Wenn der Erste geht, geht das noch«, sagt meine Mutter am Telefon in mein Schniefen. »Der Jüngste, warte mal ab, das wird richtig hart, wenn der auch geht.«

Pah! Ist doch nichts dabei, wenn sie eines Tages gehen!

»Kinder hat man nicht, um sie zu behalten«, erkläre ich meiner Mutter. »Außerdem habe ich auch noch ein eigenes Leben!«

Am nächsten Morgen klingelt der Klempner an der Tür, der alljährlich die Therme wartet. »Na, was macht die Familie? Alle gesund?«

»Mein Großer ist ausgezogen«, flüstere ich, und auf einmal springen mir die Tränen waagrecht aus den Augen. Der Klempner reicht mir ein Taschentuch und nimmt selbst auch eines. Umständlich schnaubt er sich die Nase.

»Meine beiden Mädchen sind auch weg«, sagt er leise. »Letzten Monat. Nur ihre Schildkröten haben sie dagelassen. Die Zimmer sind so leer. Es ist furchtbar, ich weiß.«

Dann schweigen wir zusammen über einem Kaffee.

Es fühlt sich an wie Liebeskummer – nur schlimmer. Er

ist weg, die gemeinsame Zeit ist unwiderruflich vorbei. Doch es wird kein neues Kind geben, das nach einer Zeit der Trauer den Platz des alten einnimmt.

Nun gut. Dem vorwurfsvollen Ton meines Ältesten darf jetzt ich eine Einladung entnehmen. »Auf einen Kaffee!«, verlangt er. »Du weißt doch gar nicht, wie ich wohne! Das musst du sehen!«

Folgsam und etwas beklommen klingel ich an der Haustür, der Summer antwortet sofort. Ich steige die Stufen hinauf, innerlich auf das wüsteste Chaos gefasst, verbiete ich mir vorausschauend jeden Kommentar, denn das ist jetzt wirklich seine Angelegenheit.

Sein Zimmer sah immer aus wie ein Second-Hand-Shop nach einer Hausdurchsuchung. Seine Sache! Zugegeben: Der Entschluss, einen Teilbereich des kindlichen Lebens aus der elterlichen Verantwortung auszugliedern, hat oft resignativen Charakter. Jahre hindurch wurde dort gesaugt, staubgewischt und aufgeräumt wie in jedem anderen Zimmer der Wohnung. Das Aufräumen war dann das Erste, was an das Kind delegiert wurde. Später kam das Bettenmachen und endlich auch das Saubermachen hinzu. Über Jahre hinweg pflegte diese Abmachung allerdings nichts anderes zu besagen, als dass die Kinder so viel tun, wie sie für nötig halten, und ich seufzend und schimpfend den liegen gebliebenen Rest aufarbeite. Mit anderen Worten: Das Zimmer des nunmehr Jugendlichen reifte zum täglichen Gesprächs- und Konfliktstoff, aber eines Tages war Schluss. Es war der Tag, an dem ich das Bett neu beziehen wollte, zwischen umherliegenden Schulsachen, Hanteln und Klamotten balancierte, auf einen verdreckten Fußballschuh trat und mir den Fuß verstauchte. Es kam zum Äußersten, es kam zum Schwur: »Um dein Zimmer kümmere ich mich ab heute nicht mehr.«

»Na wunderbar, endlich«, sagte er nur – und nun brauchte ich mich an meinen Entschluss nur noch zu halten. Was nichts anderes bedeutete, als dass ich ins Zimmer des jetzt auffallend zufriedenen Jungen auch wirklich keinen Blick mehr warf.

Fast noch schwerer als der Verzicht auf jegliche Zimmerkontrolle fiel mir der Beschluss, dem Kind auch die Sorge um die eigene Gesundheit selbst zu überlassen, soweit das irgend möglich ist. Hier ging ich nur zögernd auf Distanz, obwohl ich doch gerade an diesem Punkt ständig an die Grenzen meiner Einflussnahme stieß.

Große Kinder strapazieren ihre Gesundheit ja vorzugsweise außerhäuslich – durch unangemessene Bekleidung, schädliche Ess- und Trinkgewohnheiten, übertriebene sportliche Betätigung oder auch und vor allem durch radikal verkürzten Nachtschlaf, sprich: durch zu spätes Nachhausekommen. Aber auch diese letzte heißumkämpfte Bastion sollte man so um das sechzehnte Lebensjahr herum zur Selbstbestimmung freigeben. Der Teenager, der schon die Tage bis zu seiner amtlichen Volljährigkeit zählt, muss einfach selbst lernen, das Verhältnis von Arbeit, Vergnügen und Schlaf halbwegs ausgewogen zu gestalten.

Ich kann und will mich nicht mehr ständig darum kümmern.

Wobei »Nicht-mehr-Kümmern« immer nur heißen kann: keine engen Vorschriften und keine nervenaufreibenden Kontrollen mehr. Erhalten bleibt selbstverständlich das Über-alles-Reden, Sich-für-alles-Interessieren, die unbegrenzte Zuhör- und ewige Hilfsbereitschaft. Das fällt nicht unter die so verabscheute Bevormundung.

Dass jedes Lebensjahr des Kindes ungeahnte Überraschungen aller Art mit sich bringt, daran habe ich mich im Laufe der Zeit gewöhnt. Aber so richtig ins Staunen würde ich erst kommen, wenn ich meinen erwachsen gewordenen Sohn aus einiger Distanz betrachtete, sagt meine Mutter am Telefon. Sie triumphiert angesichts ihres Wissensvorsprungs. Ihre Kinder sind nämlich schon lange aus dem Haus.

»Jetzt nämlich, wo er sich deinem täglichen Zugriff entzogen hat, setzt er noch einmal zu einem gewaltigen Entwicklungssprung an«, doziert sie.

»Und wenn du auch vor Kurzem noch das ungute Gefühl hattest, die Erziehungsarbeit sei dir aus der Hand genommen worden, bevor du damit fertig warst«, erklärt sie, »ist das ganz normal. Das ging mir mit euch auch so. Plötzlich wird er Dinge tun, zu denen du ihn mit allen Tricks und Kniffen nie gekriegt hast!«, prophezeit sie. »Vielleicht zieht er sich wochenlang zurück, um sich neuen Lernstoff anzueignen. Vielleicht hat er längst in seinen Schränken eine atemberaubende Ordnung hergestellt«, schwärmt sie und ignoriert mein trockenes Auflachen.

»Der? Niemals. Das kann ich mir nicht vorstellen!«

»Wart's ab!«

»Wahrscheinlich lässt er eher weg, was ich ihm beigebracht habe. Morgens kalt waschen, warmes Essen zur Mittagszeit.«

»Na und? Jetzt sei mal nicht so kleinlich.«

Ich? Kleinlich? Moment mal. »Er wird sich eher alle die Erfahrungen leisten, vor denen ich ihn bisher bewahren wollte. Er wird sein ganzes Monatsgeld innerhalb von acht Tagen ausgeben und nicht länger als drei, vier Stunden schlafen. Er will den Motorradführerschein machen und die Nächte durchfeiern!«, petze ich.

Meine Mutter bleibt ungerührt. »Soll er doch. Du warst auch nicht besser!«

»Von wegen! Er lacht mich aus, wenn ich mir Sorgen mache, weil er sonntags damit prahlt, dass er morgens um fünf betrunken in der U-Bahn eingeschlafen und bis zur Endhaltestelle durchgefahren ist!«

Sie lacht.

»Seine Blockflöte hat er auch nicht mitgenommen und will weder diese noch eine andere jemals wieder in die Hand nehmen. Wofür habe ich eigentlich jahrelang den Unterricht bezahlt und das tägliche Üben überwacht?«

»Damit du dir sagen kannst, dass du alles getan hast. Und er würde vielleicht auch denken, dass du irgendetwas an ihm versäumt hast«, sagt meine Mutter in diesem ungerührten Tonfall, gegen den ich immer noch nicht ankomme.

Ein bisschen mulmig wird mir bei dem Gedanken an dieses Gespräch, und ich zögere kurz vor Nicks Wohnungstür. Er könnte ja wirklich die totale Kehrtwendung machen, jetzt, wo er erwachsen ist. Schließlich liegt der Gedanke ja immer nahe, dass ich mich völlig falsch verhalten oder zumindest ergebnislos engagiert habe.

Nick öffnet die Tür und breitet die Arme aus. Ich mache einen großen Schritt auf ihn zu. Er lächelt, schiebt mich ein Stück zurück.

»Kannst du dir bitte die Schuhe ausziehen? Ist frisch geputzt!«

4

Macht ist geil

Das Internet ist kaputt!«, gellt es mir entgegen, kaum dass ich die Haustür aufgeschlossen habe. Vier in blankem Entsetzen weit aufgerissene Augen springen mich an.

»Wie jetzt?« frage ich lahm und pelle mich aus dem Mantel.

»Hat wohl jemand wieder Filme bei kino.to geguckt und die ip-Adresse ist identifiziert worden«, petzt Leander und prophezeit: »Jetzt gibt's Stress mit der Polizei!«

Überflüssig, noch eins draufzusetzen, doch Leander verliert auch lieber einen Freund als eine Pointe. »Ich war's jedenfalls nicht.«

Seit sich bei uns die Zahl der üblichen Verdächtigen halbiert hat, lohnt die Frage überhaupt nicht mehr. Ich scheide sowieso aus, denn ich weiß ja noch nicht mal, was kino.to überhaupt ist. Doch aus alter Gewohnheit frage ich trotzdem, und der vorwurfsvolle Unterton stellt sich automatisch ein.

»Wer war das?«

Dass diese Frage niemals gelassen oder halbwegs neutral gestellt wird, liegt ganz einfach daran, dass man die Antwort immer schon im Voraus weiß. Sie lautet in 99 von 100 Fällen: Weiß *ich* doch nicht! Immer dasselbe. Keiner war's und niemand hat's gesehen.

»Ich hab nichts gemacht! Mama, ich schwöre!«, schreit Charlotte. Dann streckt sie ihrem Bruder die Zunge heraus und flötet voller Häme in meine Richtung: »Vielleicht hat ja auch jemand tausendmal bei DSDS gevotet, bis der Router abgekackt ist.«

Leander tippt sich an die Stirn und wird ein bisschen rot. »Du spinnst doch total. Jedenfalls ist das Internet kaputt«, fasst er zusammen und funkelt seine Schwester böse an.

Charlotte weiß, was zu tun ist: »Mama! Du musst sofort bei der Hotline anrufen und einen Techniker bestellen!«

»Ich muss gar nichts«, behaupte ich. »Schon gar nichts, was Geld kostet.«

So umschiffe ich elegant das eigentliche Problem. Natürlich könnte ich die Hotline anrufen und sogar mein Problem schildern. Doch wozu sollte ich mein in digitalen Dingen ohnehin schon arg ramponiertes Selbstbewusstsein weiter martern, weil ich die Antworten nicht verstehe? Schon Rückfragen, wie denn mein Computer, mein Router oder mein Provider mit Vor- und Nachnamen heißen, kann ich nicht flüssig beantworten. Da können sie mir dann auch nicht helfen, sagen sie, und dann steh ich da, ich armer Tor, und bin so klug als wie zuvor.

»Manno, Mama! Das kannst du nicht machen! Ich muss zu facebook und außerdem fürs Referat recherchieren! Ich kann nicht chatten und kann keine Musik hören und keinen Film … äh … Ich bin praktisch tot!«, brüllt Charlotte.

»Ich muss meine Mails checken! Und auf den Vertretungsplan gucken. Stell dir mal vor, wenn morgen keine Schule wäre und ich würde hingehen!«, ruft Leander, der überzeugte Anhänger des unregelmäßigen Unterrichtsbesuchs, der glühende Verfechter der akademischen

Viertelstunde, der König der Schulvermeider, und gibt sich den Anschein durch und durch rechtschaffener Empörung.

Ein warnender Blick von mir bringt ihn zum Schweigen. Er stampft mit dem Fuß auf und knallt die Faust in den Türrahmen. Kurz darauf verschwindet er in der Küche und kruschtelt an den Kabeln herum, die uns wie eine Nabelschnur mit der Welt verbinden. Mit der Faust haut er auf die Telefondose, aus der das Internet kommt.

Charlotte hat sich im Flur breitbeinig vor mir aufgebaut, die Arme verschränkt. »Wenn ich das Referat morgen nicht halte, kriege ich 'ne Sechs. Willst du das etwa?«

Stumm deute ich auf die lange Brockhaus-Reihe im Regal und erwähne nur, dass es da eine hochinteressante, zu Unrecht in Vergessenheit geratene Methode zur Recherche gebe, die wir früher angewandt hätten, wenn wir Referate zu halten hatten.

»Ich geb dir'n Tipp: Es funktioniert ganz ohne Wikipedia.«

Charlotte verdreht die Augen.

»Sehr witzig! Jetzt mach endlich was! Ohne Internet geht gar nichts.«

Das kann ja wohl nicht wahr sein! Man trifft sich nicht mehr an der Ecke, sondern nur noch bei facebook. Man guckt nicht mehr aus dem Fenster, um zu sehen, wie das Wetter ist, sondern checkt schnell wetter-online. Man fasst kein Buch mehr an, sondern googelt. Man weiß keine Telefonnummer mehr auswendig, weil die alle im Handy gespeichert sind. Die Vorzüge einer gerätefreien analogen Jugend sind praktisch unbekannt und drohen in der Versenkung zu verschwinden wie die Bilderschrift der Indianer, nachdem die Eroberer mit ihnen fertig waren.

»Ich schau mir das jetzt erst mal an. Wo ist das Usermanual?«

»Hä? Du? Du hast doch keine Ahnung!«, blafft Leander aus der Küche.

Wohl wahr. Keines meiner Kinder kauft mir ab, dass ich in der Lage wäre, einen iPod von einer Tafel Schokolade zu unterscheiden. Auch, dass ich einmal »Kindle« für eine Biersorte hielt, lässt sich wohl nicht mehr aus der Welt schaffen. Seit Jahren amüsiert man sich täglich über mich und meine Ahnungslosigkeit und erheitert einander mit üblen Nachreden wie der, dass ich glaubte, mit Photoshop sei Foto-Meyer um die Ecke gemeint. Seit ich von meinem neuen Handy behauptet habe, dass ich jetzt nur noch eine Payback-Karte bräuchte, um lostelefonieren zu können, ist mein Ruf in Sachen Kommunikationstechnologie restlos ruiniert. Bitte, ich hatte mich versprochen! Glaubt mir natürlich keiner. »Ja, ja, Mama, ich versprech mich auch dauernd in Mathe …«, näselte mein kleines Mädchen gönnerhaft. »Und ich tu auch immer nur so, als ob ich meine Fußballschuhe verloren hätte!«, juchzte ihr Bruder, der einst prahlte, beim Super-Mario-Daddeln den dritten Löffel erreicht zu haben und vor nicht allzu langer Zeit allen Ernstes laut darüber nachdachte, wie wir früher eigentlich ins Internet gekommen seien, als es noch keine Computer gab.

»So. Dann wollen wir mal«, versuche ich professionelle Zuversicht zu verströmen und versuche mich in einer gemischten Pose aus altgedientem Klempner und allwissendem Nerd. Während ich wohlwollend die wild blinkenden Lämpchen an der kleinen schwarzen Kiste betrachte, reift in mir ein böser Plan. Ob wir einen Offline-Abend überleben werden?

»Der Computer sagt, ich hätte nicht die nötigen Administrator-Rechte, um ihn anzuschalten«, meldet der Jüngste schreckensbleich vom Küchentisch, wo er seinen Laptop aufgebaut hat und wie besessen auf der Tastatur hämmert. Es klingt nach vielen kleinen Vögeln, die über ein Blechdach trappeln.

»So hat's bei mir auch angefangen! Und jetzt haben die Computer das Internet kaputtgemacht!«, ruft Charlotte.

»Sieht nicht gut aus«, brumme ich und überprüfe zum Schein die Kabelverbindungen.

»Da gibt's russische oder bulgarische Hacker, die alles durcheinanderbringen«, murmelt sie.

»Du meinst über Remote-Zugriff mit Systemen wie VNC, Remote Desktop oder Team Waver?«

Ihr Kinn klappt nach unten. »Hä?«

»Mach dir mal keine Sorgen. Das erlaubt der Computer nicht. Ich habe den Nachrichtendienst deaktiviert, die NetMeeting-Remotedesktop-Freigabe ausgeschaltet und die Firewall feingetunt. Unsere Computer sind so sicher wie Fort Knox. Wir halten nur die Ports offen, die wir wirklich benötigen. Also für surfen und mailen sind das die Ports 80, 443, 21, 110 und 25.«

»Duuuu????« Leander kann's nicht fassen.

»Ja, da staunst du! Nur ich – und ein Konfigurationsassistent!«

»Kennen wir den?«

»Haha. Sehr witzig.«

Jetzt weint Charlotte.

»Aber mein Computer ist gesperrt und ich muss 500 Euro bezahlen. Und vielleicht kommt auch noch die Polizei!«

»Du kommst bestimmt in den Knast!«, frohlockt Leander.

Plötzlich misstrauisch geworden, setze ich jetzt alle Verhörmethoden ein, die ich mir bei verschiedenen Wochenendworkshops von BND, CIA, MI6 und Mossad angeeignet habe.

Schon singt sie. Bei kino.to habe sie LOL geguckt. Mit Miley Cyrus! Einmal nur, das mache sie ehrlich nie wieder. War eh schlecht, der Film.

Und dann? »Dann kam eine Seite von irgend so einem Bundesministerium für gesetzlichen Schutz oder so'n Kack.«

Und dann? »Dann stand da, dass mein Computer gesperrt ist und ich muss 500 Euro überweisen und die Polizei wird sich bei mir melden. Ja, und 'ne Kontoverbindung stand da auch.«

Und dann? »Ich habe den Computer in den Computerladen gebracht, weil das Bild dann auch noch weg war.«

Und dann? »Dass da 32 Trojaner drauf sind, hat der Tüpie gesagt, und das passiert schon, wenn man nur auf Bilder klickt. Er kann's vielleicht reparieren, aber alle meine Dateien sind vielleicht gelöscht.«

Timeout!

Ich lass es jetzt mal ganz ruhig angehen. Mein Computer sagt, dass ich mich neu konfigurieren soll. Früher wäre ich über so einem Satz in tiefstes Grübeln versunken. Heute weiß ich, dass er recht hat. Guter Vorschlag! Das mache ich doch glatt. Die Worte, die ich in Gesprächen in meiner Familie heute Abend bestimmt nicht mehr hören will, sind: Setup, Systemeinstellungen, Netzwerkumgebung. »Klar so weit?«

Sie nicken brav wie die Wackeldackel. »Aber was machen wir denn jetzt ohne Internet?«

»Wir machen jetzt mal'n timeout und klicken auf face-to-face, und zwar in real time. Wir streamen!«, erkläre ich ihnen.

»Hä? Geht's noch?« Leander klatscht sich mit der flachen Hand auf die Stirn.

Aber dann haben wir mal wieder einen Abend lang zusammengesessen und sogar Trivial Pursuit gespielt. Auch wenn ich mich dreimal schwer blamiert habe, weil ich auf die Fragen »Wie heißt der Ex von Eva Longoria?« und »Welches Motorrad fährt Robbie Williams?« und »Wie heißen die Kinder von Angelina Jolie?« dreimal die richtige Antwort wusste – Schwamm drüber. An diesen Abend werden wir uns alle später noch gerne erinnern – ich jedenfalls, wenn ich in irgendeinem Altersheim das Schicksal vielfacher Mütter teile und am Wochenende keinen Verwandtenbesuch begrüßen darf.

Als sie im Bett liegen, repariere ich schnell das Internet, weil ich dringend noch meine Mails checken muss.

Kinderleicht ist so ein Router-Reset, wenn man weiß, wie's geht. Einfach das Ding auf Werkseinstellung zurücksetzen und neu einrichten. Die Standard-Einlogdaten muss man natürlich neu eingeben, mit Werksbenutzernamen und Werkspasswort anmelden, Konfiguration neu durchgehen, WLAN einrichten – und fertig. Für einen Reset braucht man nur ein Passwort. Aber das weiß nur ich.

5

Ab heute wird zurückgeschrieben

Du bist immer so verdammt mundgierig!«, herrscht Charlotte ihren Bruder an, der sich beim Sonntagsessen in aller Seelenruhe die ganze Schlagsahne aus der Schüssel auf seine Erdbeeren häuft.

»Richtig fressgeil und sahneneidisch und überhaupt, voll bescheuert!«

Leander zuckt mit den Schultern und schneidet Grimassen in ihre Richtung. Dann kratzt er sich mit dem gereckten Mittelfinger am Kinn. Nick nutzt den Moment und spachtelt mit dem größten aller Löffel eilig die Sahne von Leanders Teller in seinen Mund. Während Leander mit geballten Fäusten auf seinen Bruder losgeht und beide sich quiekend, grunzend, brüllend auf dem Boden wälzen, machen sich die Mädchen am Tisch in Windeseile über seine Erdbeeren her.

Ich ignoriere den ausbrechenden Tumult – wundersam geläutert, wohlwollend und milde, weil ich im Grunde meines Herzens furchtbar froh bin, sie wieder einmal alle zusammen am Tisch sitzen zu haben. Sind sie nicht süß, wie sie da sofort beim kleinsten Anlass aufeinander losgehen? Sind sie nicht goldig? Sich beschimpfen, sich kloppen, sich gegenseitig die Erdbeeren wegessen? Keiner gönnt dem anderen was, jeder ist sich selbst der Nächste – einfach bezaubernd, dieses quirlige junge Leben um mich herum. Neuerdings kann ich sogar dem einstmals als nervtötend empfundenen Gezeter etwas höchst Erfreuliches abgewinnen.

Heimlich notiere ich unterm Tisch in mein Heft die neuesten Wortschöpfungen von Charlotte: mundgierig, fressgeil, sahneneidisch. Da steht schon was von gestern – da kündigte sie nämlich an, zum nächsten Weihnachtsfest notfalls allein in die Kirche gehen und endlich mal gottesfürchterlich sein zu wollen.

»Schreibste uns schon wieder auf?«, schreit sie plötzlich und stößt ihrer Schwester den Ellbogen in die Seite. Die Jungs unterbrechen ihren Bodycheck am Küchenfußboden, richten sich auf und funkeln mich erwartungsfroh an.

Ich winde mich ein bisschen, geb's dann aber zu. »Jaha, ist doch nichts dabei. Oder findet ihr das doof?«

»Kommt drauf an, was du erzählst.«

»Nur, was hier so los ist.«

»Alles erstunken und erlogen«, sagt Elise und mustert mich kalt mit hochgezogenen Augenbrauen. Sie verschränkt die Arme unterm Dekolleté und lächelt mokant.

»Nee, leider alles wahr«, pampe ich zurück.

»Sollen wir mal zurückschreiben? Da würden sich die Leute aber wundern!«, perlt es leicht süffisant aus ihrem Mund. Leander fällt begeistert ein: »Au ja, wir machen ein Video von den leeren Weinflaschen hinterm Kühlschrank und stellen's auf Youtube! Ich könnte deine Homepage hacken und auf dein Foto Hasenohren malen. Oder gleich das Foto draufpacken, das ich neulich von dir gemacht habe, als du Brechdurchfall hattest! Und wir schreiben über dich in einem Kinderrechte-Blog und verraten deine E-Mail-Adresse. Dann kannst du was erleben!«

»Wir rufen mal bei Amnesty International oder beim

Jugendamt oder bei Rettet die Wale an und fragen, ob die uns hier rausholen können!«, juchzt Charlotte.

»Oder noch besser: Wir ziehen uns alle Jogginghosen an und melden uns bei *Familien im Brennpunkt* an!«

»Ich habe übrigens ein Foto von deinem mies eingeparkten Auto gemacht. Das werde ich wohl mal bei facebook posten. Von wegen die beste Einparkerin der Welt!«, höhnt Nick. Leander lacht sich schlapp. Seine Schwestern kichern.

»High five!«, sagt Elise fröhlich zu Charlotte, und die beiden klatschen sich ab.

»Wehe! Dann könnt ihr was erleben!«, knurre ich und kontrolliere mühsam meine Atmung.

»Was wär's dir denn wert, wenn ich's lasse?«, säuselt er genüsslich, versenkt die Hände in den Hosentaschen, lehnt sich, aus halb geschlossenen Lidern lauernd, weit zurück und gibt sich alle Mühe, auszusehen wie jemand, der mir gleich ein Angebot machen wird, das ich nicht ablehnen kann.

»Spaß, Mama! Gib mir den Schlüssel und ich parke es morgen ordentlich ein!«

Da stimmt was nicht. Misstrauisch geworden, frage ich ihn, wie ich zu der Ehre dieser edlen Geste komme.

»Ich müsste morgen mal nach Spandau raus. Geht mit Auto natürlich viel schneller als mit der U-Bahn, du verstehst. Deal?«

Einen Moment herrscht Funkstille in meinem Oberstübchen, was ich versuche, wie eine wohlgesetzte dramatische Pause aussehen zu lassen. Ich muss jetzt kleinreden, abschwächen, ablenken.

»Ach was, über mich gibt's doch gar nichts zu erzählen. Ich bin kein Stück witzig!«

»Stimmt! Höchstens mal aus Versehen, und dann merkst du's noch nicht mal!«, johlt Leander und klatscht sich auf die Schenkel. Elises breites Grinsen erinnert mich an ausgetretene Stufen auf einer sehr alten Steintreppe.

»Wenn wir mal erzählen würden, was wir mit dir so erleben, das würden andere Leute schon witzig finden! Sollen wir dieses neue Buchprojekt gleich mal mit deinem Agenten besprechen?«, nimmt sie den Faden auf, reicht ihn ihrer Schwester, und die spinnt gleich emsig weiter.

»Jaa! Den kenn ich. Aber der sieht gar nicht aus wie 007. Egal, das wird komisch! Jetzt packen wir mal aus! Ich schreib was! Wie du zum Beispiel versucht hast, mit dem Taschenrechner den Fernseher anzumachen …«, japst Charlotte. »Das war echt lustig!«

»Welche Mutter außer dir ist so verrückt, ihre Pflanzen mit der Pille zu düngen, die sie ihrer Tochter geklaut hat?«, merkt Elise gefährlich ruhig an.

»Oder neulich, als du behauptet hast, du hättest Photoshop auf deinem Computer. Dabei war's nur iPhoto!«, prustet Leander. »Du hast ja echt keine Ahnung!«

»Peanuts. Interessiert keinen Menschen.«

»Hoho. Und wenn wir verraten würden, dass du …«

»*Das* schreibt ihr nicht!«

»Warum denn nicht? Du schreibst doch auch alles!«, empören sie sich jetzt vierstimmig.

»Dass ich in der Umkleidekabine bei Esprit geheult habe, weil mir keine Jeans gepasst hat!«, ruft Elise.

»Dass ich ein Mädchen im Zimmer hatte!«, ergänzt Nick.

»Tausende von Leuten wissen jetzt, was Leander über meinen Muschischweiß in seiner Fußballhose gelabert hat!«, jammert Charlotte.

Leander verdreht die Augen und seufzt. Eine leichte Röte huscht über seine Wangen. Dann schüttelt er den

Kopf und klagt: »Sogar über meine Pickel hast du was geschrieben!«

»Wie peinlich ist das denn?«, höhnen sie im Chor.

»Ach kommt schon, ich habe eure Namen doch verändert! Außerdem war das alles doch gar nicht schlimm, das war doch … süß … und …«, versuche ich die aufgebrachten Gemüter zu beruhigen. Weit komme ich nicht.

»… lustig, ja? Für dich vielleicht!«

»Habt ihr das Buch eigentlich gelesen?«

»Nö.« Einmütiges, synchrones Kopfschütteln.

»Viel zu langweilig«, setzt Nick boshaft hinzu.

»Außerdem kennen wir das doch schon alles!«, zwitschert Leander und kassiert einen bitterbösen Blick von Elise. Ertappt!, freu ich mich im Stillen. Haben sie's also doch gelesen.

»Na also«, sage ich und will's dabei bewenden lassen.

»Was liegt denn in der nächsten Woche bei euch so alles an? Wollen wir vielleicht am Freitag zusammen einen Ausflug nach Sanssouci machen? Also, ich hätte Zeit!«, versuche ich geschickt das Thema zu wechseln.

Charlotte ist begeistert. »Au ja, da gucken wir dann nach süßen Jungs, die liegen da im Sommer nämlich haufenweise auf der Wiese rum! Und danach gehen wir Törtchen essen!«

»Schreibst du schon wieder?«

»Mhhhmmmm.«

»Lass das! Hör auf damit!«

»Nö.«

»Lass das sofort sein!«

»Oder sollen wir dir den Stift und das Heft wegnehmen?«

»Huuu, jetzt macht ihr mir aber richtig Angst!«

Sie wechseln einen kurzen Blick und nicken sich finster zu. Dann stehen sie auf, haken sich unter und gehen zu viert langsam auf mich zu, kesseln mich ein und kommen immer näher …

Nachdem ich aus dem Koma erwacht bin, meine Wunden versorgt und meine blauen Flecke gezählt habe, finde ich am nächsten Morgen auf meinem Schreibtisch einen Text.

»Liebe Mama! Ab heute wird zurückgeschrieben. Das ist das Vorwort zu dem Buch, das wir jetzt schreiben. Gefällt's dir? In Liebe, Deine Charlotte«, steht da.

Bereits die Überschrift, die – ja, sie hat viel Geschichte gepaukt in den letzten Monaten – lautet: »Von Schlesien, Bonaparte und großen Wäldern« und lässt nichts Gutes hoffen. Ich höre geradezu die Säbel rasseln, die Stiefel marschieren, Fahnen knattern und Pferde wiehern.

»Von außen sah unsere Wohnung ganz normal aus, ja, selbst die Familie sah relativ normal aus. Doch diese Wohnung sollte man nie betreten, da man die Traumata der Familie Kühn nie wieder loswird.«

Jetzt geht's also los: »Sie versauen dich, deine Mum und dein Dad, sie meinen's nicht so, aber sie tun's. Alle ihre Fehler geben sie an dich weiter, und sie fügen noch ein paar hinzu, die dir allein gehören.« Das schrieb ich einst ins Poesiealbum meiner Schwester. Aber ich hätte nie damit gerechnet, dass mir Philipp Larkins böse Sätze eines Tages auf die Füße fallen würden. Payback-Time! Mein Kind spricht mir von Traumata!

Ich nehme zwei Valium, massiere meine Schläfen und rede mir gut zu.

Mütterliche Schuldgefühle hegte ich zwar schon nach den ersten paar Jahren nicht mehr nur reflexhaft, was vor allem daran lag, dass Kinder, sobald sie erst einmal sprechen können, ihren Müttern ohnehin so viele Vorwürfe machen, dass wir uns die Selbstvorwürfe getrost sparen können. Wenn man den Dingen ihren Lauf lässt, mausert sich das schlechte Gewissen wegen allem und jedem, was man hätte besser machen können, von der Zufallsbekanntschaft in Krisenfällen zum ständigen Begleiter in allen Lebenslagen. Dabei ist es doch so: Irgendwann kamen die Menschen auf die Idee, dass Perfektion machbar sei. Das war ein schwarzer Tag für die Mütter. Denn seither *müssen* sie alles richtig machen. Ohne beständige Einfühlung geht gar nichts mehr. Die Mutter muss auf die emotionalen Bedürfnisse des Kindes eingehen und es schon lange, bevor es sich in Worten äußert, sorgfältig beobachten und ihm jede Befindlichkeit von den goldigen Augen ablesen können. Sie soll seine Bedürfnisse und Ansprüche befriedigen und mit gelassenem Verständnis seine Regressionen ertragen. Gleichzeitig muss sie die emotional-kognitiv-somatische Entwicklung stimulieren und in all diesen Dingen ihre höchste Erfüllung finden. Nur so zu tun, als ob das alles einen unglaublichen Spaß macht, reicht nicht.

Und ist nicht die Angst davor, dass die Kinderseele durch die Fehler der Mutter Schaden nimmt, noch immer der verlässlichste Antrieb dafür, dass Frauen sich abstrampeln im Hamsterrad zwischen phantasiertem Perfektionswahn und gefühlter Unzulänglichkeit? Weil Schuld und Angst wie siamesische Zwillinge auftreten, befürchten wir ständig, etwas falsch zu machen: Wird mein Sohn ein Weichei, wenn ich ihn nicht bei jedem Quengeln zusammenstauche? Wird er als Zwölfjähriger Marlboros rauchen, wenn ich ihn zu früh abstille? Wird er vielleicht ein strammer Rechtsradikaler, wenn mir eine böse Bemerkung über Gammelfleisch im Döner rausrutscht?

Wird meine Tochter ein kokettes Partygirl, wenn ich ihr die rosa Tüllwolken durchgehen lasse, die sie neuerdings der robusten Latzhose vorzieht? Wird sie uns in ein paar Jahren mit Geschirr bewerfen und beschimpfen, wenn wir ihre Trotzanfälle nicht rigoros unterdrücken? Wird sie magersüchtig, wenn wir die Schlagsahne auf dem Pudding reduzieren? Werden die Kinder zu Alkoholikern, wenn ich die Nudelsoße mit Rotwein abrunde? Denn es kommt ja schließlich doch immer raus, wenn irgendetwas schiefgelaufen ist: Die pathologischen Verhaltensweisen eines Kindes bringen die Unzulänglichkeiten seiner Mutter an den Tag.

Und jetzt ist es so weit: Meine Kinder wollen auspacken. Sie wollen von ihrer unglücklichen Kindheit erzählen. Dabei waren doch sie es, die mich jahrelang in den Wahnsinn getrieben haben! Leute, das Schreiben war Notwehr! Vielleicht hätte ich schon bei ihrer Geburt eine Psychotherapieversicherung abschließen sollen – therapeutische Klimmzüge sind nämlich teuer! Nur Mut! Möchte ich rufen. Für eine glückliche Kindheit ist es nie zu spät!

Doch es kommt schlimmer. Ihre Beschreibung unserer Familie driftet tatsächlich ins Kriegerische ab.

»Ich probiere, das anhand der politischen Formierungen zur Zeit des Alten Fritz klar zu machen. Ich, die mittlere Tochter, bin Preußen. Ich bin nicht groß, aber ich habe eine 80.000 Mann starke Armee, die von England/Hannover sehr begehrt wird. England/Hannover ist über den zweiten Grad mit mir verwandt. England ist vornehm, aber sehr zurückhaltend in Sachen Bündnispartner. England/Hannover ist mein großer Bruder Nick. Weiter geht es mit meinem kleinen Bruder Leander, er ist Österreich. Mit ihm habe ich lange, böse Kriege um

Schlesien geführt. Ich war plötzlich der Meinung, ich hätte Erbansprüche auf Schlesien. Wie ich auf diese Idee gekommen bin, habe ich vergessen. Aber das Wichtigste ist, dass ich Schlesien bekommen habe.

Elise ist die Nächste, die ist meine größere Schwester, und aus politischer Sicht ist sie Frankreich. Sie ist die schnöselige Seite der Welt. Die, die sich immer besser fühlt, als sie eventuell ist. Mit ihr werde ich auch in Zukunft Probleme haben. Sie will – wie die Franzosen – der Mittelpunkt der Welt sein. Man muss ihnen im wahrsten Sinne des Wortes nach dem Mund reden. Wir müssen, obwohl wir Preußen sind, Französisch reden, nach ihren Moden gehen und uns nach kleinen Leuten wie Bonaparte oder der wilden Elise richten. Also, wer hat nach ein paar Jahren nicht genug? Als Letztes kommt Mama. Sie ist aus meiner Sicht das große Russland. Schöne Menschen, schöne Wälder und schöne Paläste. Russland ist durch seine Wälder gut geschützt, in denen sich Leute wie Bonaparte verirren. Das ist schon echt gut. Na ja, auf jeden Fall heißt das, ich werde geliebt oder ich werde geeifersüchtigt. Schön, oder?«

Na toll. Charlotte sieht sich als Preußen und ich bin Mütterchen Russland? Was sie mir damit sagen will, erhellt sich mir leider nicht so ohne Weiteres. Wie standen die noch einmal zueinander? Während sie gemütlich Geschichtsbücher gelesen hat, habe ich den Kühlschrank gefüllt.

»Ganz zuletzt kommt Papa. Papa ist Polen. Polen hatte einen König, der viel gefeiert hat. Aufgrund dessen betrachte ich Polen als meinen Verbündeten.

Das nur zu Einstimmung, dann sitzt der Schreck nicht so tief, wenn man uns kennenlernt. Frankreich, Schlesien und England denken, ich spinne, aber es ist einfach das Zeugnis meiner Kindheit.«

Aha. So weit sind wir jetzt. Immerhin komme ich in der Rolle Russlands (zum Glück lange vor Stalin) nicht ganz so schlecht weg, wie ich befürchtet habe. Und wer sich immer noch fragt, warum es gerade die Bruderkriege sind, die die Erde verbrennen, hat wahrscheinlich keine Geschwister.

Jetzt schreiben sie also zurück und wollen auspacken. Muss ich dann einpacken? Habe ich den Staffelstab weiterzugeben? Wird Charlotte schon bald ein Buch zum Thema »Artgerechte Haltung alter Mütter« schreiben und sich fortwährend Notizen unterm Tisch machen, während sie mir beiläufig die Schnabeltasse reicht? Der Glaube, dass das soooo schnell nicht der Fall sein wird, fehlt mir zwar nicht, allein – die Botschaft wird deutlicher.

6

Igitt, sie haben Sex!

Glücklich lächelnd, klicke ich auf »senden« – und weg ist die SMS, mit der ich dem Geliebten noch schnell bekunden will, wie hinreißend der gestrige Abend mal wieder war. Was sonst noch drinstand, kann ich hier wirklich nicht verraten. (Nur so viel: Prinz Charles, dessen einstige telefonische Liebeserklärung an Camilla ja nicht von schlechten Eltern war, würde rote Ohren bekommen.) Ist das schön, am nächsten Tag noch mal den Gedanken Flügel zu verleihen, und sei es mit selig-debilem Gesichtsausdruck simsend im Auto auf dem Supermarktparkplatz. Kaum hüpfe ich gut gelaunt durchs Gemüseregal, macht es auch schon »pling-plong!« in meiner Handtasche, und vorfreudig entsperre ich mein Handy.

»Mama, das ist ja voll eklig! Was soll das denn?! ☹«, steht da in der SMS von Charlotte. Schockschwerenot! Meine Knie werden weich, mein Kopf schwillt auf Wassermelonengröße an, Hitze- jagen Kältewellen, mein Herz rast, ich muss mich an die Wand lehnen. Hastig blättere ich, und ja, statt an »Cäsar« ging der unrühmliche Text an »Charlotte«. Was nun? Selbstanzeige beim Jugendamt? Harakiri? Flucht nach Brasilien? Alles keine Lösung.

Nur eines steht fest: dass ich dringend zum Optiker muss, um meine Brille meiner fortschreitenden Sehschwäche anpassen zu lassen. Reagieren muss ich jetzt, aber wie? Da gibt's nur eins: Bestechung. Oder nennen wir es die Darbietung unschlagbarer Argumente. Ich mache ihr ein Angebot, das sie nicht ablehnen kann. Zehn Euro biete ich Charlotte dafür, dass sie den Text umgehend löscht, vergisst, für immer schweigt und sowieso und überhaupt niemals mit mir in Verbindung bringt.

»Welchen Text? ☺ Mama, ich glaube, du meintest fünfzehn Euro. Deal!«, simst sie zurück. Offenbar dachte sie sich, und leider zu Recht, dass es da nur eins geben kann: Erpressung, mit deutlich Luft nach oben.

Als ich am späten Nachmittag mit den Einkäufen in die Küche gewankt komme, sitzen sie da, alle vier, und unterziehen mich einer Musterung, als sei ich die neue, schon im Vorhinein ungeliebte Pflegemutter. War ja klar, dass Charlotte ihren Geschwistern gegenüber nicht dichthält. Leise trommelt sie mit den Fingern auf ihr Portemonnaie, das wie eine zur Materie gewordene Anschuldigung auf dem Tisch liegt. Ich zücke einen Zehner. Sie trommelt weiter. Okay, hier sind noch fünf. Die Luft knistert, und wie in einem Italo-Western fangen jetzt die anderen drei ebenfalls an, erwartungsvoll mit den Fingern zu trommeln. Was zu viel ist, ist zu viel.

»Raus jetzt, alle vier!«, herrsche ich sie an, mir wieder des unverrückbaren Umstands bewusst werdend, dass ich noch immer die gleiche Mutter bin, die ich heute früh war, und hier verdammtnochmal das Sagen habe. Sicherheitshalber setze ich hinzu: »Das gilt auch für Gäste!«, und Nick grinst vielsagend, verzieht sich in das Zimmer seines Bruders.

Was in aller Welt denken die eigentlich von mir? Dass ich die Jungfrau Maria bin? Dass ich mit viermaliger unbefleckter Empfängnis aufwarten kann? Sie unter Büschen gefunden und in Töpfen aufgezogen habe? Oder dass ich, wenn's hoch kommt, genau viermal im Leben zwangsweise Sex hatte, um mich fortzupflanzen? Dass ich, als ihr Vater und ich uns vor vierzehn Jahren getrennt haben, ab sofort meine alleinige Erfüllung im Muffinbacken, Wäschewaschen und Mensch-ärgere-Dich-nicht-Spielen fand? Ja, wahrscheinlich denken sie genau das und sind nun maßlos enttäuscht, verletzt, gar traumatisiert.

»Sieh es mal so«, sagt meine Freundin nachts am Telefon, nachdem sie ihren boshaften Lachanfall wieder im Zaum hat. »Jetzt wissen sie wenigstens, dass du auch nur ein Mensch bist. Bleib mal locker, sie sind ja nun wirklich keine Babys mehr. Die haben doch selbst längst Sex ...«

Was sollen die haben? Da kann ich meiner Freundin beruhigt den Wind aus den Segeln nehmen. Gut, Elise nimmt seit drei Jahren die Pille, aber das ist mehr so vorsorglich. Nick hat seit zwei Jahren eine feste Freundin und besitzt jede Menge Kondome, falls »es« mal irgendwann »passiert«. Aber halt für den undenkbaren Fall der Fälle, nicht weil es akut nötig wäre! Und Charlotte, ach, die hat garantiert noch nicht mal geknutscht. Meine Freundin kann nur milde lächelnd antworten, es sei schon rein statistisch sehr, sehr unwahrscheinlich, dass ausgerechnet ich gleich zwei, drei solcher Spätzünder großgezogen hätte. Und sogar mein Jüngster habe bei facebook, da sollte ich mal reinschauen, als Beziehungsstatus »in festen Händen« angegeben.

»Du kannst doch stolz drauf sein. Ist doch klasse, dass sie wahrscheinlich keine einsamen, verklemmten Außenseiter sind, die bis Mitte vierzig ungeküsst bleiben«, sagt meine Freundin, diese reizende Person.

Na gut, denke ich, dann will ich mal stolz darauf sein.

Ich muss die Möglichkeit wohl mal überdenken, dass sie recht haben könnte. Aber gibt es einen widerwärtigeren Gedanken als den, die eigenen Kinder könnten eines Tages Spaß an ihrer Sexualität haben? Da hat man nun jahrelang darauf geachtet, dass die kleinen Geschlechtsteilchen gesund sind und bleiben, hat tonnenweise Penatencreme verschmiert, kleine Vorhäutchen überprüft. Und wofür? Damit sie immer, ohne dass es brennt, Pipi machen können – doch nicht für späteren Sex! Wehret den Anfängen!

Doch ich gebe es zu: Diese mütterlichen Vorstellungen bedürfen dringend einer Überarbeitung. Schließlich bin ich kein Unmensch, will auch irgendwann einmal Oma werden, möglichst mehrfach. Wie das aber praktisch gehen soll: schon wieder keine Ahnung. Ich würde ja glatt jeden Menschen, der sich meinen erwachsenen Kindern körperlich nähern will, erst als Päderast/in abstempeln, dann beschimpfen und danach anzeigen. Hm, andererseits: Wenn die auf der Polizeiwache bei der Protokollierung meines Echauffements dann nach dem Alter der Opfer fragen würden und ich sagen müsste: 22 und 24 … Das wäre vielleicht auch peinlich.

Irgendein großer Strippenzieher muss meine Hilfsbedürftigkeit in dieser Causa wohl gesehen und beschlossen haben, mir meine Ahnungslosigkeit durch Schocktherapie zu nehmen. Einige Wochen nach dem soeben geschilderten unseligen Vorfall komme ich bereits nachts von einer auswärtigen Lesung nach Hause, anstatt, wie angekündigt, am nächsten Mittag. Auf leisen Sohlen betrete ich die Wohnung, streife lautlos die Schuhe ab, vermeide jedes unnötige Geräusch. Ich will mein Köfferchen ins Schlafzimmer bringen, und schon beim Öffnen der Tür vernehme ich ein abgehacktes, seltsames Gebrumme, das mich an irgendwas erinnert. Ich sträube mich noch dagegen, mir einzugestehen, an was genau es mich erinnert, da stehe ich bereits salzsäulenstarr in meinem Schlafzimmer.

Das ist jetzt nicht wahr, oder? Auf meinem Bett kann ich im Halbdunkel eine Gestalt ausmachen, die gestern noch der kleine Nick war, in ihn verrenkt seine Freundin Kalinka. »Ach du Scheiße! Mama?!«, keucht Nick, während ich schockgefroren nicht in der Lage bin, meinen Mund zuzuklappen oder mich gar fortzubewegen. Kalinka hält sich nur erschrocken die Hand vor den Mund und zieht sich meine Bettdecke über den Kopf. Ich weiß nicht, wer das dümmere Bild liefert: die beiden oder ich? Unter Aufbringung aller körperlichen Reserven schaffe ich es doch noch, mich abzuwenden und schleunigst in der Küche zu verschwinden. Keine Minute später stehen sie angezogen vor mir, stottern Entschuldigungen, gespickt allerdings mit dem Vorwurf, ich hätte ja schließlich erst morgen nach Hause kommen wollen.

»In meinem Bett? Seid ihr eigentlich noch bei Trost?!«

»Ey Mama, hinten schlafen doch die Mädels und Leander, und die Wände sind so dünn …!«

Ich bin fassungslos angesichts so dreister Übergriffigkeit.

»Was machst du eigentlich hier? Hast du kein eigenes Bett?«

»Äh, wir haben alle zusammen einen DVD-Abend gemacht, du warst doch nicht da!«

Wenn die Katze aus dem Haus ist, tanzen die Mäuse auf dem Tisch.

»Ihr zieht jetzt mein Bett ab und bezieht es neu. Ich möchte schlafen gehen. Wenn ihr damit fertig seid, setzt ihr euch an diesen Tisch und schreibt jeweils 100 mal ›Mamas Bett‹ – beziehungsweise ›Frau Kühns Bett‹ – ›gehört ihr allein. Keiner von uns hat darin etwas zu suchen.‹ Habt ihr mich verstanden?«

Nick ist die Situation sichtlich peinlich, er will verbal ausholen und vor Kalinka den starken Sohn markieren. Kalinka stößt ihn weise in die Rippen, schickt ihm einen beschwichtigenden Blick und versichert: »Klar, machen wir sofort. Entschuldigung noch mal.«

Eine halbe Stunde später, ich liege mit offenen Augen im Bett, trifft mich eine durchaus vernünftige Erkenntnis: Ich bin wütend, mordsmäßig wütend. Jedoch nicht, weil Nick es offensichtlich doch gewagt hat, in seiner Metamorphose voranzuschreiten, anstatt auf immer und ewig mein Mädchen doof findender süßer Kleiner zu bleiben. Auch nicht, weil ich mich überfordert fühle durch unangemessene Teilhabe in einem Lebensbereich, der wie kein anderer Eltern und Kinder trennt, trennen soll. Nein, ich bin ausschließlich wütend darüber, wie respektlos und ungeniert dieses mich einen feuchten Schirm angehende Liebespärchen mein Bett in Beschlag genommen und damit meine Intimsphäre verletzt hat. Der Akt an sich aber, die Tatsache, dass ich es mit zwei schon ziemlich erwachsenen Menschen zu tun habe, die sich glücklich und mich einst vielleicht auf vollkommen natürliche Weise zur Oma machen werden, ist verdaut. Und damit, mit der Aufgabe der letzten heiligen Bastion, nämlich der Wachsamkeit über das Sexualleben der Kinder, kann nun als bewiesen gelten, was in meinem Fall noch zu beweisen war: Der Abnabelungsprozess hat auf beiden Seiten vollumfänglich stattgefunden.

Diesen erleichternden Befund im Herzen, darf ich ja

wohl nach diesem langen, aufregenden Tag einschlafen … Denke ich so, als ich Kalinkas Stimme in der Küche vernehme, die mich offenbar längst schlafend wähnt: »Ach, Nick, mach dir keinen Kopf. Sieh es mal so: Jetzt weiß sie wenigstens, dass du auch nur ein Mensch bist.«

7

Au pair

Es ist alles haarklein besprochen. Gleich nach der Landung in New York würde ich eine SMS von ihr erhalten, die mir ihre glückliche Ankunft bestätigt. Dass wir immer nur das Beste voneinander annehmen wollen, wenn mal sie oder ich eine Weile nichts von uns hören lassen, ist mit großem Indianerehrenwort gelobt. Auch hat sie mir das hochheilige Versprechen abgerungen, dass ich mir nicht dauernd ausmalen werde, was alles Schlimmes passieren kann, wenn mein Baby sein Berliner Nest verlässt, um nach Texas zu ziehen.

»Ist ja nicht für immer!«, hat sie ein ums andere Mal genuschelt und meine tiefen melancholischen Seufzer und todtraurig gerührten sentimentalen Blicke in den Tagen vorher richtig gedeutet. »Ein Jahr ist so schnell vorbei!«, hat sie immer wieder tröstlich gemurmelt, »wirst schon sehen. Nur 365 mal schlafen und dann bin ich wieder da!«, versuchte sie sich an jenem mütterlich beruhigenden Tonfall, der eigentlich seit neunzehn Jahren, sieben Monaten und drei Tagen meiner ist. So lange ist es nämlich her, dass ich nicht nur eine Tochter bin, sondern auch eine habe. Seit diesem großen Tag, dem 18.Februar 1992, hat sich der kosmisch-karmische Kreis endlich geschlossen. Und jetzt bricht er auf, weil sie geht.

Gerade wollte ich einwenden, dass immerhin ich die

Mutter bin und außerdem schon groß und mir im Übrigen von Anfang an klar war, dass man Kinder nicht kriegt, um sie zu behalten, sondern um sie eines Tages am Flughafen, an Bahnsteigen oder in klapprigen Autos in ihr eigenes Leben zu entlassen. Und zwar freudig erregt, zuversichtlich und mit einem Lächeln! Was habe ich nicht schwadroniert über die vornehmste Aufgabe der Mutterschaft – nämlich die, sich selbst bei vollem Einsatz von Leib und Seele rund um die Uhr allmählich überflüssig zu machen. Jeden Tag ein bisschen mehr. Doch bevor ich die nötige Contenance auch nur vortäuschen kann, ihren betulichen Trost souverän zurückweisen, versichern kann, dass ich das schon schaffe und mich außerdem total für sie freue, weil eine wunderbar spannende, aufregende, tolle Zeit auf sie wartet, schießt sie den nächsten vergifteten Pfeil ab.

»Ich freue mich schon total auf meine neue Familie!«

Treffer, versenkt.

Meine Tochter wird nicht auf der Suche nach sich selbst den amerikanischen Kontinent bereisen. Sie wird auch nicht der Bildungsvervollkommnung wegen ihre Sprachkenntnisse an amerikanischen Universitäten vertiefen. Sie wird Au-pair. Auf sie wartet eine komplette neue Familie, bestehend aus Mama, Papa und zwei reizenden Kindern, die sich schon mächtig auf ihre Miss Eli freuen, denn die wird sich ein ganzes Jahr lang mütterlich um alles kümmern, was vordem mein Job war: dass Schulaufgaben gemacht, Zimmer aufgeräumt, Sachen gebastelt und Essen gekocht wird. Streit schlichten, auf Bitte und Danke achten, fürs Zähneputzen sorgen, fiebernde Kinderstirnen kühlen, schlechte Träume verscheuchen und kleinen Kummer beheben. Und die Eltern dieser Kinder werden sich darüber freuen, dass sie endlich ein bisschen befreiter von den Familienpflichten ihrer Arbeit nachgehen können, weil ein neues Familienmitglied ins Haus kommt.

Alles in allem ein guter Schritt, eine neue Lebensphase, die da für uns, die alten Familienmitglieder, beginnt und erst recht für sie, mein großes Mädchen, das erwachsen ist und in die Welt geht. Deswegen stehen wir jetzt am Flughafen Tegel und müssen irgendwie einen halbwegs vertretbaren Abschied hinkriegen.

Warum nur wirkt sie jetzt auf mich so klein, so schutzbedürftig, so ach – wie ein Baby mit Reisepass? Weinen ist nicht, so war's verabredet – daran erinnert mich ein strenger Blick meiner Tochter, die unendlich überlegen mit ihrem Ticket wedelt, und ich beiße mir auf die Lippen. Um uns herum zucken unzählige Mädchenschultern, werden feste Umarmungen und heiße Treueschwüre ausgetauscht, hier und da wird ein Schluchzer laut. Die wenigen Jungs, die zum Abschied mitgekommen sind, blicken angestrengt in verschiedene Richtungen. Die Hände eingetascht, die Schultern hochgezogen, versuchen sie sich den Anschein zu geben, dass sie nur rein zufällig hier stehen.

Aber ich darf nicht weinen, so war's abgemacht, das habe ich versprochen und so wird's gemacht. Deswegen wende ich mich jetzt mal von den weinenden Mädchen ab und stelle mich zu den Jungs. Ich atme tief durch und schau verstohlen auf die Uhr. Quälend langsam tropfen die Minuten, bis sie sich dann endlich losreißen muss, sich in die Reihe der vielen anderen weinenden Mädchen stellt, die nach Amerika fliegen und sich dort als Au-pair in neuen Familien behaupten, während die alten Familien den Flughafen längst verlassen haben werden, um immer wieder auf die Uhr zu schauen, auf eine SMS zu warten, die von der glücklichen Landung kündet. Bis dahin weint jeder für sich allein.

Und was haben wir nicht alles noch auf den letzten Drücker zusammen gemacht – die letzte Woche war eine einzige sentimentale Finissage: noch einmal Milchreis essen, noch einmal nach Werder fahren und am Wasser sitzen, noch einmal im Park von Sanssouci spazieren gehen, noch einmal Würstchen im Schlafrock zum Abendessen. Es schien fast, also ob sie mit all diesen Noch-einmals Schwung holt – und jetzt kurz vorm Absprung alle Kräfte zusammennimmt. Deswegen durften ihre drei Geschwister auch nicht mit zum Flughafen.

»Wenn ihr heult, macht ihr's mir noch schwerer!«, hat sie jede Diskussion beendet. Und jetzt ist sie weg.

Die SMS kam dann tatsächlich, sogar schon einen Tag später als abgemacht.

»Wenn du nichts von ihr hörst, ist alles in Ordnung«, bescheidet mich meine Mutter am Telefon. »Das ist doch wie bei dir damals, schon vergessen?«, intoniert sie knallhart in meine Besorgnis.

»Du hast dich drei Wochen lang in London herumgetrieben und nicht einmal angerufen!« Bevor mich die Riesenwelle aus sehr alten Vorwürfen zermalmen kann, mache ich einen Satz und ziele auf ihr anderes Lieblingsthema: »Geht's deinem Rücken besser?«

Sie geht in die Falle und verliert sich in einem langen Monolog über kürzliche und künftige Arztbesuche, überstandene, akute und drohende Gebrechen. Geschafft! Ich lehne mich zurück und steuere nur hin und wieder mitfühlende Tochtergeräusche bei, während ich das Handy nicht aus den Augen lasse. Da! Tatsächlich! Es blinkt!

»Mama, hier ist ein Erdbeben. Was soll ich machen?«, steht da in der SMS aus New York, und mein Herz bleibt gleich mit stehen.

Ja, was soll ich jetzt machen? Fernseher an, Computer an, Internet durchforstet, Wetter in New York gegoogelt auf Teufel komm raus. Auf meine SMS antwortet sie nicht, auf Anrufe auch nicht. Drei Tage lang male ich mir das Schlimmste aus. Dann kommt endlich wieder eine SMS von ihr: »Mama, hier kommt ein Sturm. Weiß nicht, ob ich nach Austin fliegen kann.« Du lieber Himmel, woher soll ich das denn wissen? Innerhalb von einer Stunde habe ich sämtliche Freunde in Amerika durchtelefoniert, um die Wetterverhältnisse zu erkunden und mein Mädchen gut beraten zu können. Ein Freund in San Francisco, der Privatpilot ist und sich auskennt mit dem Wetter, sagt: Wenn sie in der nächsten Stunde losfliegt, kann's noch klappen. Die texanische Gastmutter, bei der ich anrufe, versteht die Aufregung gar nicht. Von ihr erfahre ich, dass meine Tochter längst unterwegs ist und in zwei Stunden in Austin erwartet wird.

Angerufen oder gesimst hat sie dann nicht mehr. Nichts habe ich mehr von ihr gehört. Aber ich weiß, dass sie gut angekommen ist. Ihr kleiner Bruder hat mich darauf aufmerksam gemacht, dass sie bei facebook eine Gruppe namens »stay abroad« gegründet hat und dort Fotos und Texte gepostet hat.

»Es geht ihr total gut!«, beschwichtigt er mich und schlägt vor, dass ich mal frage, ob ich der Gruppe beitreten darf, denn dann würde ich auch immer das Neueste erfahren.

Eine Woche später dann kommt eine Mail. »Tschuldigung, Mama, ich hab einfach vergessen, dir Bescheid zu sagen. Alles supi.«

Zum ersten Mal denke ich, dass es auch nicht nur schlimm ist, dass sie jetzt für ein Jahr weg ist. Blitzschnell notiere ich im Kopf, auf was ich gut verzichten kann: schnippische Antworten, gebrochene Versprechen, beleidigtes Anschweigen, Milchreiskochen sowieso, beinharte Vorwürfe, weinerliche Beschwerden, giftige Bemerkungen, nächtelange Partys und tagelanger Schönheitsschlaf, strenge Zurückweisungen, ein unfassbar chaotisches Zimmer, Geschrei, Türenknallen. Ein ganzes Jahr lang wird meine Schminke wieder mir gehören und mein Kleiderschrank auch. Niemand wird meine täglichen Versäumnisse mit fiesen Kommentaren würzen oder mir einen kleinen Schein aus den Rippen leiern, um Cocktails trinken zu können. Und eigentlich muss ich mir auch ein Jahr lang keine großen Sorgen machen, das Mädchen ist schließlich nicht von schlechten Eltern.

Wochen später kommt erst ein komischer Ton, dann ein vertrautes Stimmchen aus dem Computer. Es ist gleich Mitternacht, und ich wollte eigentlich ins Bett.

»Hey, Mum, bist du on?«, tönt es aus den Tiefen des Bildschirms.

»Hi, mein Schatz! Ich kann dich hören! Geht's dir gut???«, schreie ich begeistert los.

»Chill mal, Mama!«, lässt sie sich vernehmen. Es klingt ein bisschen von oben herab. »Du musst nicht so schreien. Ich bin zwar weit weg, aber nicht taub. Skype ist wie Telefon. Du kannst ganz normal sprechen.«

Dann sagt sie, dass sie mir jetzt mal alles zeigt, und tapert mit ihrem neuen iPhone durch ein Haus in Texas. Ich sehe den Kinosaal im Dachgeschoss eines weitläufigen, sonnigen Hauses, den großen und den kleinen Pool, den riesigen Kühlschrank. Ich sehe ihr Zimmer, und das ist ein Wunder: Es ist picobello aufgeräumt. Amerika, du hast es besser! Stolz wie Bolle zeigt sie ihr neues Zuhause vor, und ich bin echt beeindruckt. Ihr Deutsch trägt bereits texanischen Akzent, und öfter fallen ihr die deutschen Worte auch nicht mehr ein. Kritik pariert sie kalt – wenn ich mich dazu in der Lage sähe, könnten wir gerne weiter in Englisch kommunizieren. Das sei auch für sie leichter, sagt sie, »you know?«

Auch kaut sie das R schon richtig tief im Mund, bevor sie es dann an die frische Luft lässt. »Fühlt euch alle embraced!«, ruft sie zum Abschied. Aber das war erst viel später. Wir haben nämlich bis zum Morgengrauen geredet, über Gott und die Welt, das Leben, die Liebe und was sonst noch so alles vorkommt. Mit Reden und Zuhören und ohne schnippische Bemerkungen oder bockigem Verweigern, wie einander wohlgesinnte Erwachsene, als Gleiche, Ebenbürtige – eben Au pair. Und das ist etwas ganz Neues bei uns beiden.

8

Das Tier in mir

Ich dachte, du wolltest einkaufen«, sagt mein Jüngster. Er hat die Kühlschranktür aufgerissen und guckt stirnrunzelnd hinein.

»Wollte ich ja auch!«, rufe ich hastig, während ich durch die Wohnung flitze und dreckige T-Shirts, verschwitzte Sportklamotten und herumliegende Socken aufklaube und den schmutzstarrenden Jeans befehle, von alleine in die Waschmaschine zu laufen. »Aber dann hat's beim Zahnarzt länger gedauert, und der Klempner kam und ich musste dringend noch einen Artikel fertig schreiben, und dabei habe ich vergessen, auf die Uhr zu schauen. Und deshalb bin ich noch nicht zum Einkaufen gekommen ...«, rede ich mich raus.

»Na toll«, sagt er und wirft die Kühlschranktür zu. Es klingt vorwurfsvoll. »Ich habe Hunger.«

Vor Schreck fällt mir der Wäscheberg aus der Hand, den ich gerade zur Waschmaschine balanciere und dabei gedanklich schon mal in drei annähernd gleich große Haufen aufgeteilt habe: 30 Grad, 60 Grad und weiß noch nicht.

Wenn ein Kind Hunger kundtut, gerät doch jede Mutter unweigerlich in Wallung! Amseln in Brutlaune, die wie besessen Würmer und Fliegen fangen, um sie in ein Stück roter Pappe zu stopfen, das von einem listigen Versuchsleiter in Rautenform gefaltet und gelb umrandet vor die sorgenden Vogeleltern platziert wird, nehmen den Schlüsselreiz als Aufforderung wahr, den hungrigen Nachwuchs bis zum Umfallen zu füttern. Solche Attrappenversuche fand ich früher hochinteressant und das Verhalten der Amseln etwas übertrieben. Enten, die sich die Brustfedern ausrupfen, um das Nestchen für den Nachwuchs zu polstern, fand ich bescheuert.

Da wusste ich aber auch noch nicht, wie schwer es ist, dem machtvollen Impuls des Fütterns auf Verlangen als gestaltendem Familienprinzip auf Dauer zu widerstehen. Aus reiner Notwehr, in schöner Einheit von Selbsterhaltungstrieb und erzieherischer Emphase ist es mir in den zurückliegenden Jahren allerdings gelungen, mein animalisches Wesen immer besser zu verleugnen und das Verwöhnen praktisch abzuschaffen. Nichts für ein Kind zu tun, das es selbst tun kann, ist im Grunde nämlich sehr einfach, wenn man nur genug Kinder hat, die es einem schon durch ihre große Zahl erleichtern, Prinzipien hoch und das Rundum-sorglos-Paket klein zuhalten.

Hilf mir, es selbst zu tun, das hörte ich noch aus jeder Frage heraus: Was heißt »destination«? Was bedeutet »parlamentarische Demokratie?« – Wer war der erste Präsident der Vereinigten Staaten? Was bedeutet »Permafrost?« Ich weiß das alles, aber sie müssen es noch lernen. Stumm deutete ich auf die zwanzig Bände Brockhaus im Küchenregal. Den Ausruf: »Es ist so dreckig im Bad!«, retournierte ich meist mit: »Ja, das stört dich. Was willst du dagegen tun?«

Wer mit vier Kindern zusammenlebt, verwandelt sich von ganz allein in einen Manager und Feldwebel, was Fragen betrifft, wie die Hausarbeit und der Einkauf aufzuteilen sind, und auch wenn's um Fahrräder und Fußbälle geht, die abends unter Dach und Fach gehören. Oder schmutzige Klamotten, die im Wäschekorb landen, und saubere, die in Schränke verstaut werden müssen. Wohin man auch schaut, überall und immer ist etwas zu tun. Bettlaken müssen gebügelt, Briefe beantwortet, Socken zusammengesucht werden. Man muss auf telefonische Nachrichten reagieren, komplizierte Schriftstücke aus der Schule lesen. Man versucht, riesige Populationen von Wollmäusen zu dezimieren, die in den schlimmsten Träumen selbstständig zum Jugendamt wandern. In der Spüle kleben gebrauchte Teebeutel, und der Müll quillt über. Seit zwanzig Monaten sollen Bilder aufgehängt werden. Kaum ein Zimmer in der Wohnung, im dem kein himmelschreiendes Chaos herrscht.

Das Durcheinander zählt zu den schlimmsten Feinden der Häuslichkeit. Um die wandernde Masse von Gegenständen und Gefühlen zu bewältigen, die eine Familie umgeben, müssen Regeln aufgestellt, Listen geschrieben und Pflichten verteilt werden. Was abends nicht in der Tonne liegt, wird nicht gewaschen. Dreckiges Geschirr im Zimmer zu horten ist verboten. Wer gekocht hat, muss nicht abwaschen. Geputzt wird gemeinsam. Jeder ist mal mit dem Einkauf dran. Verwöhnen? Wer? Ich doch nicht!

Und jetzt ist das Tier in mir wieder da. Ein tiefes, unerklärliches Gefühl der Verunsicherung hat mich ergriffen, seit die beiden Großen weg und nur noch zwei Kinder da sind. Es fühlt sich an wie fast kein Kind mehr und erlaubt mir nicht, noch länger den freundlichen Feldwebel zu geben, der mir jahrelang im Kampf gegen das Chaos mit vier Kindern an vorderster Front beigestanden hat. Wie ferngesteuert arbeite ich jeden Tag daran, die Wohnung in eine Wellness-Oase zu verwandeln, und trachte beflissen danach, mich an den zufriedenen Mienen meiner Lieben zu erfreuen. Räume auf, putze und stelle Blumen auf den Tisch.

»Wann seid ihr wieder da?«, höre ich mich morgens um sieben flöten, wo ich früher nicht abwarten konnte, dass sie endlich aus dem Haus sind, damit ich meinen Arbeitstag in Ruhe beginnen kann. Was ist hier eigentlich los?

Den Wochenendeinkauf mache ich neuerdings wieder alleine, weil Charlotte plötzlich aus politischen Gründen das wöchentliche Power-Shopping bei Aldi ablehnt und Leander zwar egal ist, woher die Kühlschrankfüllung kommt, er aber keine Lust auf den Stress in der Schlange vor der Kasse hat. Aus Umweltbewusstseinsgründen würde ich nie wagen, die Waschmaschine nur halbvoll laufen zu lassen. Seltsamerweise bleibt aber die Wäschetonne so leer. Dass nur gewaschen wird, was in der Tonne liegt, war früher mal eiserne Regel, und die wurde von einzelnen Familienmitgliedern auch erst verstanden, als sie mangels sauberer Unterhosen mit Badehosen drunter in die Schule gehen mussten. Nie werde ich den peinlichen Moment vergessen, als Paul, der Hund, wichtig aus Charlottes Zimmer kommend durch die Küche ins Badezimmer trabte, eine Menge kleingeblümter Unterhosen in der Schnauze, die er vor der Wäschetonne ablegte. Vor meinen Gästen, die am Küchentisch gerade angeregt über den Ausstieg aus der Atomenergie diskutierten, dabei Amarettini-Zimt-Parfait löffelten und auf den Espresso warteten, den ich gerade aufsetzte.

Die achtjährige Charlotte und die elfjährige Elise hatten Paul in weiser Umgehung meiner Ansagen dieses Kunststück beigebracht.

Hat alles nichts genutzt. Heute sammle ich wieder

in zwei Teenagerzimmern schmutzige Wäsche ein und räume bei dieser Gelegenheit gleich die verschimmelten Tassen, grünbepelzten Joghurtbecher und Stapel verklebter Teller aus den Zimmern in die Küche.

Den Müll nehme ich schon selbst mit runter, muss ja sowieso noch aus dem Haus. Wären sie mal zu Hause, würde ich schon schimpfen. Doch bis sie abends überraschend auftauchen, habe ich das längst vergessen und freue mich, sie zu sehen. Dann frage ich nur, was morgen gern gegessen werden würde, und versuche mir zu merken, wenn ich ein Update der geschmacklichen Vorlieben geliefert bekomme. Leander mag keine Pilze, Charlotte keine Rote Bete, Leander isst keinen Fisch außer Fischstäbchen, die Charlotte hingegen verabscheut und gerne mal wieder ein Schollenfilet in Safransauce hätte, was Leander wiederum super-ekelhaft findet. Und bloß nie wieder Risotto! Ach falsch, das war ja Elise. Wenn ich den Spargel weglasse, würde Leander glatt mal probieren … Uff.

Perlen vor die Kinder!

Auch erwische ich mich immer öfter dabei, von unterwegs kleine Aufmerksamkeiten für die zwei mir verbliebenen Kinder mitzubringen: »Für dich, mein Schatz. Schokowaffeln. Die isst du doch so gern.«

Und jetzt zucke ich doch tatsächlich schuldbewusst zusammen, weil ich den Einkauf noch nicht geschafft habe.

Ja, habe ich sie eigentlich noch alle?

Himmel hilf! Seit ich sie nicht mehr alle habe, sitze ich in der Verwöhnfalle fest.

Was mit Nicks Auszug zu bröckeln begann, ist mit Elises Abreise zum Erdrutsch geworden. Den Impuls, den beiden Großen Briefmarken mitzugeben, damit sie ihre

Wäsche nach Hause schicken könnten, habe ich unterdrücken können. Aber seitdem verleiten mich unkontrollierbare Anfälle von Rührung, Wehmutsattacken und Sehnsuchtsweh zu Übersprungshandlungen aus freidrehender Bemutterungsenergie, untergraben meine autoritäre Restsüße und machen mir das Leben schwer.

Seit Elise und Nick weg sind, sitzen wir hier zu dritt wie die letzten von hundertzehn um die Lücken am Küchentisch herum und warten, dass die Zeit vergeht. Tausend Tage und Nächte auf See, das Land kommt nie zurück.

Früher lief das alles irgendwie besser.

»Hier läuft ja auch gar nichts mehr«, stellt Leander beiläufig fest und moniert das Fehlen seiner mir doch gut bekannten Lieblingswurst. Auch sei die Milch alle. Und ob mir aufgefallen wäre, dass kein Klopapier mehr da ist?

Ich verspreche hoch und eilig, nachmittags den Einkauf bei Aldi zu erledigen und schlage zaghaft vor, dass wir das zusammen machen, wie früher, denn die Taschen sind schwer und mein Rücken tut weh und der vierte Stock ist hoch.

»Lass mal. Ich muss gleich zum Training! Und danach treff ich mich noch mit Leuten.«

Charlotte mischt sich ein. »Aldi ist böse«, sagt sie. »Ein ramschverkaufender, gewerkschaftsfeindlicher, ausbeuterischer, lohndumpender Dreckskonzern, der aus der Tatsache, dass der Mensch ein Essen und eine Arbeit braucht, Profit schlägt! … Schon vergessen? Wir hatten doch besprochen, dass du nicht mehr bei Aldi einkaufst!«

9

Keine Pubertät ist auch keine Lösung

»Kommst du?«, singsangt Charlotte und klopft einladend auf den freien Platz neben ihr. Vor dem großen Sofa steht ein Tablett mit Salzstangen, Gummibärchen, Käsebroten, Oliven, Rotwein und Fassbrause. Meinen gequälten Blick deutet sie richtig.

»Ach, mein Mamachen, lass doch die doofe Arbeit, morgen ist auch noch ein Tag. Ich dachte, wir zwei machen's uns heute mal so richtig nett. Mädels-Abend!«

Meinen Einwand, dass nur eine von uns wirklich als Mädel durchgeht, überhört sie galant und greift entschlossen zur Fernbedienung.

»Ich habe uns ein paar DVDs ausgeliehen, Überraschung!!!« Schon füllt Patrick Swayze den Bildschirm und ich seh ihn prompt wieder mit Babys Augen, ach … süßer Vogel Jugend, dein Flügelschlag!

»Ich dachte, du freust dich vielleicht, wenn wir zusammen einen Film aus deiner Zeit anschauen«, gurrt Charlotte. »Und ey, Mama, der Typ ist echt heiß!«

Dass derlei zu dem gehört, worüber alte Mütter mit ihren jungen Töchtern besser nicht allzu einig sein sollten, wollte ich gerade noch anmerken, doch sie deutet mit plötzlich grell aufflackernder Dringlichkeit auf das Tablett und den Fernseher.

»Kommst du zu mir? Bittebitte?«

Ich wollte eigentlich höflich dankend ablehnen und die lange Liste meiner erwachsenen Pflichten zur Entschuldigung herunterbeten. Die Wäsche macht sich nicht von alleine! Und wer putzt das Bad? Genau.

»Wenn ihr beide mal mehr mit anpacken würdet, hätte ich auch mehr Zeit für DVD-Abende!«

Sie grinst frech. »Das sagst du auch schon immer!«

»Weil's stimmt!«

Darauf geht sie nicht ein. Aber halt – glitzert da eine Träne? Tatsächlich. Sofort bin ich an ihrer Seite, streiche ihr über die Wange.

»Was hast du denn? War nicht böse gemeint, ehrlich.«

Sie schnieft.

»Bald bin ich auch weg. Nach dem Abi gehe ich sofort nach Indien, um Buddhismus und Weisheit zu lernen. Oder nach Afrika, um den armen Kindern zu helfen.«

Das höre ich nicht gerne, aber ich würde mich hüten, ihre wohltätigen Wallungen vor der Zeit zu bremsen. Ist schließlich noch eine Weile hin …

»Wenn ich erst mal weg bin, wird es dir leidtun, dass du heute keinen DVD-Abend mit mir machen wolltest.«

Sie hat natürlich gewonnen. Nach »Dirty Dancing« haben wir noch »Flashdance« geguckt, und als sie dann »Mamma Mia« und »Plötzlich Prinzessin« zückte, habe ich müde die weiße Fahne meiner mütterlichen Rest-Autorität geschwenkt.

»Ab ins Bett. Morgen ist auch noch ein Tag.«

»Ja! Morgen früh hol ich Croissants und bringe dir einen Kaffee ans Bett!«, murmelt sie nach dem Zähneputzen traulich in meine Halsbeuge, als wir uns später, sehr viel später und eigentlich viel zu spät zum Schlafengehen verabschieden.

»Musst du nicht! Schlaf doch sonntags einfach mal aus«, sage ich, plötzlich hochgradig alarmiert, denn mein Mutter-Radar schlägt steil aus. Seit wann wollen Fünfzehnjährige nicht ausschlafen?

»Will ich aber nicht! Ich steh lieber früh auf, weil ich morgens gut lernen kann. Außerdem wollte ich dir eine Freude machen. Du isst doch so gerne Croissants im Bett«, murmelt sie mit Nachdruck. »Ich hab dich so lieb!«

Irgendetwas läuft hier schief. Charlotte ist bald sechzehn. Da darf man doch bitte erwarten, dass sie ihre Mutter doof, ätzend und peinlich findet, deren Gesellschaft meidet und nicht sucht, die Türen zuknallt, sich stundenlang im Badezimmer einschließt und nach freidrehendem Gutdünken anhaltend übel nimmt, dauerbeleidigt zu laute Musik hört, die Schule schwänzt, Widerworte und patzige Antworten auf freundliche Nachfragen parat hat, mit Drogen experimentiert, nächtelang wegbleibt und kurze Röcke trägt, die man mit Fug und Recht als nur sehr breite Gürtel bezeichnen darf. Hallo?!

Das ist meine dritte Runde im pubertären Parcours. Ich habe die ersten beiden Durchläufe vielleicht nicht mit Bravour, aber mit Anstand hinter mich gebracht. Für eine Teilnahmeurkunde müsste es reichen. Beim Aufbruch in die dritte Runde habe ich mich bereits bei den ersten schnippischen Antworten mit Gelassenheit und Zuversicht gewappnet. Doch mehr ist nicht passiert. Nur hin und wieder ein zartes Maulen, das unter meinem strengen Blick noch immer zerstob. Sonst nichts. Hölle, wo ist dein heilbringender Stachel?

Kinder müssen doch einfach schwierig werden, damit man lernt, nicht dauernd in Entzücken über diese bezaubernden Wesen zu verfallen, sie als eigenständige Personen akzeptieren und sie schlussendlich gehen lassen kann. Meine Chance, mich dereinst nach Dienstschluss auch mal wieder darauf besinnen zu können, wer ich eigentlich war, bevor der Kinderzirkus begann! Das klappt doch nie, wenn sie so nett sind!

»Hast du gut geschlafen?«, schnurrt sie am nächsten Morgen und stellt einen astrein gebrauten Latte Macchiato samt einem duftenden Croissant auf meine Bettkante.

Huuuu. Was ist hier eigentlich los?

»Du bist die beste Mama der Welt und ich habe dich einfach so furchtbar lieb«, beteuert sie in reiner Unschuld. »Sag mal, die Sonne scheint und es ist Sonntag, was machst du eigentlich heute?«

Wir haben dann natürlich gemacht, was sie wollte, und sind zwei Stunden lang Arm in Arm durch den Park Sanssouci gewandert. Haben dabei die Gemeinheiten der Lehrer erörtert, die Bosheiten der Mitschülerinnen beklagt und deren Modesünden kritisch beleuchtet, die Wunderlichkeiten aller süßen Jungs besprochen – alles, was reifen Zehntklässlerinnen das Leben schwer macht.

»Es ist so super, Einzelkind zu sein!«, juchzt sie über Kakao und Törtchen am Ende des Spaziergangs.

»Toll, dass Elise weg ist. Jetzt habe ich dich für mich alleine!«

Dass zu Hause ja noch ihr kleiner Bruder auf uns und vor allem sein Mittagessen wartet, nimmt sie großzügig. »Dann bin ich eben Zweitelkind, das ist auch schon toll! Und außerdem ist er selbst schuld, der Blödmann, wenn er nie mitwill.«

Wohl wahr. Leander weiß die Gunst der Stunde zu nutzen und pennt gerne bis in die Puppen. Wenig freut ihn neuerdings so sehr wie unsere Abwesenheit in einer geschrumpften Familie, in der er sich als Mann im Haus betrachtet. Vielleicht ist er deshalb so gern allein, denn dann widerspricht ihm diesbezüglich niemand. Hinter seiner verschlossenen Zimmertür reift mein Jüngster wie guter Wein – im Halbdunkel, bei nur mäßigem gelegentlichem Wenden.

Ganz anders Charlotte. Sie weicht nicht von meiner Seite und wird nicht müde zu beteuern, wie schön das mit mir ist – jetzt, wo Elise verreist und Nick ausgezogen ist und Leander ja nicht weiter stört, wenn wir beide nur oft genug zusammen ins Kino, Fitnessstudio, zum Shoppen oder spazieren gehen.

»Wenn das doch immer so bleiben könnte!«, seufzt sie.

Wie bitte? Immer?

Sie nickt eifrig. »Ja, stell dir das doch mal vor. Wenn Leander auch noch ausgezogen ist, haben wir beide endlich unsere Ruhe. Wir passen doch so gut zusammen. Ich mach Witze und du lachst, du kochst und ich esse alles auf, du verdienst das Geld und ich geb es aus ... das wäre doch schön, oder?«

Da durchfährt mich wie ein Blitz die dunkle Ahnung, dass sie wahrscheinlich ihre große Schwester bitterlich vermisst, die noch für 352 Tage im fernen Texas bleibt. Sie muss sich entsetzlich einsam, schwesterseelenallein und von allen guten Geistern verlassen fühlen, meine Kleine. Da kann ich sie doch nicht hängen lassen!

Abends höre ich, wie Charlotte mit einer Freundin telefoniert, und schöpfe neue Hoffnung. Die Abwendung von der Familie hin zu den Gleichaltrigen steht nämlich ganz oben auf der Entwicklungs-Agenda und soll mit liebevollem, grenzensetzendem Verständnis begleitet werden, das sich niemals aufdrängen oder gar einmischen darf. Wenn sie ausgehen wollen, muss man sie ziehen lassen. Teenager kann man am ehesten ans Haus binden, wenn man die heimische Atmosphäre angenehm gestaltet, respektvoll eine warme Mahlzeit bereithält – und die Luft aus den Reifen lässt. Doch Charlotte verschwendet offenbar keinen Gedanken daran, ihre Mutter gehen zu lassen. Ich höre, wie sie der Freundin für das kommende Wochenende absagt, weil sie lieber wieder einmal etwas mit mir unternehmen will. Tatsächlich will sie mich überreden, zwei Tage an die Ostsee zu fahren, damit ich auch mal was Schönes erlebe.

Wie bitte?

»Wir beide zusammen!«, ruft sie später durch den Flur. »Wäre das nicht wunderbar? Nur du und ich!«

Jetzt reicht's aber langsam. Während ich in Gedanken schon mal den Termin beim Therapeuten buche, den wir dringend aufsuchen müssen, weil Charlottes Pubertät ausbleibt, versuche ich es noch einmal. Entschlossen betrete ich ihr Zimmer, um der Sache auf den Grund zu gehen. Sie sitzt am Schreibtisch und lernt. Eigentlich müsste sie jetzt altersgemäß hirnlose Serien auf dem Computer anschauen, illegal heruntergeladen, und dabei hastig das als Kamillentee getarnte Glas mit Becks Lemon verstecken. Doch sie hebt freundlich den Kopf und sagt: »Ich bin gleich fertig mit Mathe, dann koche ich uns was. Die Wäsche habe ich schon aufgehängt.«

»So geht das hier nicht weiter! Willst du nicht mal fernsehen? Deine Nägel lackieren? Pampige Antworten geben? Chillen? In 'ner Bar abhängen? Mit Leuten?«, schreie ich los.

Geduldig erklärt sie mir, dass die Schule wichtiger sei, sie in Bars der Rauch und der Alkohol störe und sie sich am besten beim Klavierspielen entspannen könne.

»Widersprich mir doch mal! Knall die Türen! Sei beleidigt!«

Besorgt schaut sie mich an. »Aber warum denn? Du

bist doch die tollste Mama der Welt und ich habe dich so lieb!«

Sie schnurrt und gurrt, und da ist kein Aufstand in Sicht.

»Du hast doch was. Ich seh das doch.«

Sie schüttelt lächelnd den Kopf.

»Gar nichts habe ich. Alles gut.«

Ich fühle ihren Puls, lege meine Hand auf ihre Stirn. Hat sie Fieber? Oder wenigstens geweitete Pupillen, die auf Substanzmissbrauch schließen lassen?

»Hast du mich in letzter Zeit mal angelogen?«

»Aber nein, Mamachen!«

»Nicht ein einziges Mal? Warum nicht?«

»Das brauche ich doch gar nicht. Dir kann ich doch alles sagen!« Sie strahlt mich an. »Sei mir bitte nicht böse, aber ich muss das hier noch fertig machen. Danach habe ich Zeit für dich, ja?«

Ich geb's auf. Später ruft meine Mutter an und schafft es, täuschend echtes Verständnis zu simulieren. Wie es mir mit den Kindern, die ja in einem schwierigen Alter seien, denn so gehe. »Hörst du wieder Chopin?«

»Nein, das ist Charlotte, die übt.«

Sie kann's gar nicht fassen. »Wirklich? Mein Gott, ist das Kind begabt! Du hattest ja leider in ihrem Alter das Klavierspielen aufgegeben, weil dir andere Dinge wichtiger waren … Jahrelang habe ich nachts kein Auge zugetan.«

Wie komme ich hier wieder raus?

»Charlotte ist ganz anders. Sie geht nicht aus, übt dauernd Klavier, ist überhaupt nicht schwierig und hat nur Einsen in der Schule. Ich habe die Tochter, die du dir immer gewünscht hast!«

Wen man nicht besiegen kann, muss man neidisch machen – so war das doch, oder? Flugs erfinde ich einen Notfall in der Küche, um weiteren Vorhaltungen zu entgehen. Doch da ist alles in schönster Ordnung. Leise läuft der Fernseher, irgendeine hirnlose Serie mit Konservenapplaus. Charlotte lümmelt auf dem Sofa, neben ihr eine stark geschminkte Freundin, die ich noch nie gesehen habe. Beide lackieren ihre Fußnägel und chatten bei facebook. Die verhaltenen, nächtlich-elegischen Klänge von Chopins Nocturnes, die unter der Küchentür hervorströmen und bis an meinen Schreibtisch branden, kommen von der CD.

Vive la résistance! Vielleicht wird doch noch alles gut, denke ich hoffnungsfroh, und würde den beiden am liebsten Joints und Cocktails reichen, nur um mich zu vergewissern, dass dies keine Fata Morgana ist. Ich bin so erleichtert, dass ich im Überschwang sogar bereit wäre, herzwarmes Verständnis bei populären Reizthemen von Schwangerschaften über Schwarzfahren bis Schuleschwänzen zu signalisieren. Also, falls dergleichen je zur Sprache kommen sollte: Alles kein Beinbruch, mit mir kann man doch über alles reden!

Um meine Glaubwürdigkeit als Sorgerechtsinhaberin vorsorglich etwas zu untermauern, drohe ich schalkhaft mit dem Finger. »Du hast es ja wirklich faustdick hinter den Ohren! Fast wäre ich reingefallen und hätte geglaubt, dass du da spielst!«

Sie betrachtet mich aus halbgeschlossenen Lidern à la Michel Friedman und haucht müde: »Du glaubst aber auch alles!«

Ihre Freundin kichert und hält sich erschrocken den Mund zu. Ich schüttle noch kurz den Kopf, bevor sich meine Freude darüber Bahn brechen kann, dass ich einen ganz normalen Teenager im Haus habe, der entwicklungsgemäss erwartbar pampige Antworten gibt.

Am nächsten Tag kommt sie tatsächlich zu spät aus der Schule, und ich rüste mich vorfreudig für die Antwort, die ich aus den beiden Vorrunden schon kenne: »Ey, komm mal runter. Hab noch mit'n paar Leuten gechillt«, wird sie motzen und dann vielleicht noch eins draufsetzen: »Was dagegen?«

Na warte! Bis sie kommt, habe ich mütterliche Betriebstemperatur erreicht und kann den Empörungs-Modus starten. Doch erst einmal nutze ich den Aufschub und mache es mir am Schreibtisch gemütlich, um noch ein bisschen Spaß mit meiner Arbeit zu haben. Und ja, ganze 51 Minuten später als üblich kommt sie in die Wohnung geflattert, knallt mir ein Küsschen ins Gesicht und sagt, während sie den Mantel ordentlich an die Garderobe hängt: »Tut mir leid, dass ich zu spät bin. Ich habe nur eben noch Butter geholt, weil ich heute Nachmittag deinen Lieblingskäsekuchen backen möchte. Das schaffe ich locker, bevor wir losmüssen.«

Ich kneife die Augen zusammen und massiere meine Schläfen.

»Losmüssen? Wohin denn um Himmels willen?«

Neben ihrem Strahlen würde die Grinsekatze aus Alice im Wunderland leicht depressiv wirken.

»Na, ins Kammerkonzert! Stell dir vor, ich hab Karten! Die beiden letzten!«

10

Tattoo you

Dass sie sich jetzt sofort in zwei Minuten ein Tattoo stechen lassen wird, simst mein großes Mädchen aus Texas, und zwar von einem alten Hippie in Austin, der das in seinem alten Hippie-Laden seit hundert Jahren macht und schon Joe Cocker ein Tattoo verpasst hat, an einer geheimen Stelle, von der selbst der Rolling Stone nie was geschrieben hat …

»Einen Kolibri will ich! Hab ich selbst entworfen!«

Und dass ich nichts dagegen tun kann, simst sie auftrumpfend auch gleich noch hinterher, bevor ich die bärbeißige Kassiererin an der Penny-Kasse um ein wenig Geduld bitten, den Wocheneinkauf auf dem Band abbremsen, das Geld wegstecken, die todverheißenden Blicke der 127 Kunden hinter mir weglächeln und eine Antwort tippen kann.

Es musste ja so kommen. Was habe ich nicht gewettert, gepredigt und gefleht, um gegen die prollhafte Neigung meiner Tochter zu Tattoos anzugehen!

Das hat schon im Kindergarten begonnen. Nicht ein Mal habe ich sie im Lieferzustand abholen können, ohne dass sie stolz ihre Bekrickelung auf Armen und Händen vorzeigte. Ich dachte, das wächst sich aus! Von wegen: Nach den Filzstiften kamen die Abziehbilder, dann studierte sie in von mir verpönten Zeitschriften wie »Bravo«

die Tattoos der Stars. Was Angelina Jolie auf dem Bauch, David Beckham auf dem Hintern und die verzweifelte Hausfrau Eva Longoria über der Bikinizone in alle Ewigkeit verkünden – Elise kannte sie alle.

Wie kann man so verrückt sein und seine innersten Gedanken auf dem Leib spazieren tragen?, wollte ich immer wieder wissen. Sie hasse die Langeweile vor dem Spiegel, hat sie mir einmal kühl entgegengehalten.

Kalt erwischt hat sie mich jetzt, all meine klugen, fundierten und vernünftigen Vorbehalte gegen schmutzige, sentimentale, selbstverletzende Kriegsbemalungen an unaussprechlichen Körperstellen im Handstreich vernichtet, die ich jahrelang beinahe erfolgreich verboten habe. Die Jungs mit möglichst wenig Ringen im Ohr, die Mädels ohne Maori-Muster überm Popo und alle vier mit großem Latinum durchs Abi zu kriegen, war mir heilige Mission. Und jetzt habe ich wieder eine Schlacht, aber hoffentlich noch nicht den ganzen Krieg verloren.

Allerdings feiert Elise heute ihren 20. Geburtstag, den ersten ohne mich, und verkündet aus der sicheren Entfernung des gegenüberliegenden Kontinents: »Ich mach, was ich will! Du kannst mir nichts verbieten! Mein Körper gehört mir!«

Wir haben das Thema dann in einer nächtlichen Telefonkonferenz vertieft. Sie hat sich dazu überreden lassen, den barbarischen Akt der rebellischen rituellen Selbstverletzung noch einen Tag zu verschieben und ein letztes Mal, sagt sie, mit mir darüber zu sprechen. Ich muss wohl schwere Geschütze auffahren, um sie davon abzuhalten.

»Weißt du denn eigentlich, welche Stellen in ein paar Jahren der Schwerkraft nachgeben? Du hast ja keine

Ahnung, was da alles anfängt zu knittern und zu hängen!«

»Nur bei dir oder bei allen?«, keift sie.

»Bei allen, glaub mir. Hab ich dir schon mal von der Frau im Fitnessstudio erzählt, die hatte sich Engelsflügel von den Schultern bis zum Hintern tätowieren lassen. Und wie das zwanzig Jahre später aussieht, wenn man zu- und ab- und wieder zugenommen hat wie der Mond ...«

»Hast du«, knurrt sie ungerührt. »Oft genug hast du das erzählt. Ist mir egal. Ich nehm die Schulter.«

»Das ist klug, mein Kind«, lenke ich ein. »Die Schulter ist die einzige Partie am Frauenkörper, die nicht hängt. Nicht mal bei mir.«

»Tatsächlich?«

Ich verliere immer mehr Terrain und schreite deshalb zum Äußersten: Zur Simulation von Verständnis, und indem ich die Geschichte eines alten und derben Witzes als meine eigene ausgebe.

»Als ich so alt war wie du ...« Sie seufzt gelangweilt, und ich fahre mit leichtem Nachdruck fort, »... da wollte ich auch mal ein Tattoo haben.«

»Was'n? Du? Ne Rose auf'm Arm? Delfin auf der Brust? So was richtig Originelles? Oder so old-school, 'n Anker, 'n Herz oder 'nen Stern?« Sie prustet höhnisch.

»Nee«, sage ich vornehm. »Ein W auf jeder Gesäßhälfte.«

Sie stutzt. »Was soll'n das bedeuten?«

Ich setze kunstvoll eine Pause, damit der Schock sich wie ein sehr teures Parfum entfalten kann, und sage leichthin: »Ach weißt du, wenn ich mich bückte, stünde da WOW. Lustig, nicht?«

Stille.

Dann explodiert sie.

»Mama! Iiieeehhh! DAS DARFST DU NICHT! Das ist eklig!«

Ich lache ein bisschen künstlich. Wollte gerade noch sagen, dass mein Körper mir gehört.

Doch da hat sie schon aufgelegt.

Drei Tage später kommt ein Foto per Mail. Blutige Kruste, entzündete Blasen, Schrunden, Eiter – und dazwischen die schwarzen Umrisse eines Kolibris. Unwillkürlich erschrocken lege ich meine linke Hand auf meine rechte Schulter. Der Anblick ihres malträtierten Schulterblattes geht mir direkt unter die Haut.

Nick ist begeistert und ignoriert meine Schnappatmung. Er flüstert hingerissen: »Geil, die traut sich echt was!«

Fünf Tage später ein neues Foto. Die Blasen sind fast verschwunden, und der Tattoo-Tatort scheint etwas abgeschwollen. Sieben Tage später schaue ich skeptisch auf das Foto einer jungen, rosigen, glatten, runden Schulter, über der ein hauchzarter Kolibri feenhaft elegant zum Landeanflug ansetzt.

Dann kommt sie selbst. Das Wiedersehen wird zum familiären Großereignis. Noch am Flughafen wollen die Jungs ihr den Pullover runterreißen.

»Zeig mal!«

Sie wird rot, schüttelt uns ab und schimpft gleich los.

Wir kriegen das gute Stück erst später in der Küche zu sehen. Herausfordernd langsam schält sie den Pullover von der Schulter.

»Darf ich mal anfassen?«, fragt Charlotte und tupft zart über die Konturen des Kolibris.

Herausfordernd schaut Elise mich an, schürzt die Lippen. »Na, noch Fragen?«

Ich winke ab und betrachte sie mit den Augen der Liebe – und die macht bekanntlich blind.

»Und wenn du von oben bis unten angemalt wärst … egal … Hauptsache, du bist wieder da! Nur weil du jetzt 'n Vogel hast, habe ich dich doch nicht weniger lieb!«, stammele ich und nehme sie gerührt wieder und wieder in die Arme. »So schlimm sieht's wirklich nicht aus. Eigentlich ganz hübsch!«

Vielleicht übertreibe ich meinen Sinneswandel ein bisschen. Sie wirkt misstrauisch. »Das war übrigens erst der Anfang, Mama.«

»Ach ja? Das macht doch nichts, Herzchen. Es gibt ja heutzutage sehr schöne Tattoos«, schwatze ich drauflos. »Kluge Sätze wie den: Let them hate me as long as they fear me, das ist von Tiberius, dem römischen Kaiser. Steht bei David Beckham auf dem Steißbein. Oder Robbie Williams zum Beispiel, der hat auf dem Arm stehen: Mother I love you. Das finde ich sehr nett, was meinst du? Wäre das was für dich?«

»Du spinnst wohl!«, sagt sie freundlich.

Doch ich lass mich heute nicht mehr provozieren. »Als ich jung war, habe ich auch einmal überlegt, mir ein Tattoo …«

»Mama, wehe, du sagst das!!!« Sie funkelt mich drohend mit beiden Augen an. Warum habe ich plötzlich das Gefühl, direkt in die Mündung einer doppelläufigen Schrotflinte zu schauen?

»… stechen zu lassen, eine Rose auf dem Oberarm oder so.«

Sie lässt die Winchester 1200 sinken und rollt mit den Augen. Ich grinse zufrieden in mich hinein. Der Punkt geht an mich.

Die anderen drei sind nur mäßig an meinen Berichten über fast einmal begangene Jugendsünden interessiert.

»Hat das nicht furchtbar wehgetan?«, wispert Charlotte voller Ehrfurcht.

»Pah! Schon, aber der Schmerz entlastet auch!«, prahlt Elise und lehnt sich breitschultrig nach hinten. »Man fühlt sich so stark dabei! Und hinterher erst. Total magic. So ein Tattoo gibt einem irgendwie Kraft!! Voll die Power!!«

Ihre Brüder spitzen die Ohren. Charlotte schaudert. »Also, ich weiß ja nicht. Ich muss ja immer weinen, wenn mir jemand wehtut.«

Höchste Zeit, dass ich mich wieder zu Wort melde, damit Elise ihre Geschwister nicht mit dem Tattoo-Virus infiziert.

»Also, Robbie Williams hat das in einem Interview auch mal zugegeben«, versuche ich den Anschluss zu kriegen. »Der muss sich ganz schön schwach fühlen. Er hat achtzehn Tattoos, zum Beispiel LOVE auf jedem Finger einer Hand, unten an seinem Rücken über dem Hintern steht ALL YOU NEED IS LOVE, aber vorne unten auf dem Bauch die zwei Schwalben, die deuten auf ...«

»Woher weißt ausgerechnet du das denn? Hat er dir die neulich mal gezeigt? Oder warst du wieder beim Friseur, um GALA zu lesen?«, fragt Nick hochmütig, und die drei anderen lachen sich schlapp. Fröhlich dröhnt er in mein beleidigtes Schweigen hinein. »Ich habe eine geniale Idee. Ich lass mir genau das gleiche Tattoo wie Elise machen, als ewiges Zeichen unserer Verbundenheit als Bruder und Schwester!«

Elise lächelt gerührt.

»Wie süß von dir!«

»Wir wollen aber auch ein Tattoo!!!«, rufen die beiden Kleinen wie aus einem Mund.

Schockschwerenot. Wenn ich jetzt nicht eingreife, laufen wir bald alle wie die bunten Hunde durch die Gegend. Blitzschnell wittere ich meine Chance. »Ich mach auch mit. Das ist doch super! Wir gehen schön zusammen ins Tattoo-Studio und lassen uns alle den Kolibri auf die Schulter stechen. Als Zeichen unserer Verbundenheit! Mutter und Kinder! Dann sieht jeder, dass wir eine Familie sind, in der sich alle für immer lieb haben. Und dazu können wir ja auch stehen! Kann doch jeder wissen, dass es so ist!«

»Du? Hä? Das wäre dann ja wie bei Jimi Blue Ochsenknecht und seiner Mutter!«, kreischt Charlotte. »Die haben sich nämlich beide eine Brezel aufs Handgelenk tätowieren lassen, weil sie sich immer daran erinnern wollen, dass sie mal zusammen als Familie in München gewohnt haben.«

»Wunderbar! Wie schön ist das denn?«, lüge ich und freue mich über die unfreiwillige Steilvorlage von Charlotte. »Das muss Liebe sein. Das können wir auch. Kolibri für alle! Großes Kino! Lasst uns gleich morgen einen Termin im Tattoo-Studio machen. Auf meine Kosten! Ihr seid eingeladen! Ich hab gehört, das eine am billigen Ende vom Kudamm ganz gut ist – und sie geben Familienrabatt!«

Keiner verzieht eine Miene. Es ist plötzlich still geworden am Küchentisch. Meine Kinder starren mich ungläubig an, als suchten sie in meinem Gesicht nach einem Hinweis, der ihre Welt wieder einrenken könnte. Ich kann in ihren Gesichtern lesen, was sie finden: Achtung. Tattoos können bei Müttern Bewusstseinstrübungen, Halluzinationen und sogar Wahnvorstellungen verursachen.

11

Hauptsache, sie ist wieder da

»She's on her way back home«, steht morgens in der E-Mail aus Texas und zum Glück auch das: »12.30 p.m. at Tegel airport she'll be back in your arms.«

Wie schön, wenn Gasttöchter auf Gastmütter treffen, die dasselbe wie die Protagonisten in der Originalbesetzung tun: Töchter vergessen und Mütter denken an alles. Und weil Letztere so sind, können Erstere so sein.

Dem großen Tag fiebere ich in wechselnden Intensitäten seit dreizehn Monaten, einer Woche und elf Stunden entgegen, doch die genaue Uhrzeit ihrer Ankunft zu wissen, hätte mich am Abend vorher schon mächtig beruhigt.

Beunruhigt hat mich allerdings eher Charlotte, die gegen Mitternacht auf meiner Bettkante saß, mich wachrüttelte und lieb lächelnd fragte, ob ich zufällig noch vier weiße T-Shirts hätte, auf die sie »We love Elise« schreiben wollte und die wir dann am Flughafen morgen alle anziehen würden, wenn wir Elise abholen würden. Das Transparent, auf dem derselbe Satz, ergänzt mit »Wellcome home« stehe, sei schon fertig, und ob ich ihr sagen könnte, wie genau man das noch mal schreibe, mit einem oder zwei l?

Ungestörter Nachtschlaf wird generell überschätzt, und schon wenige Minuten später fand ich zufällig vier weiße T-Shirts, verwandelte das überzählige l auf dem

Transparent in ein Herzchen und vergaß darüber, mich nach der genauen Ankunftszeit zu erkundigen.

Morgens weiß ich dann Bescheid. Thank you, Jessica!

Am Flughafen besteht Leander darauf, dass ich für uns alle eine Runde teurer Tickets auf der Aussichtsplattform spendiere. Na klar, Hauptsache sie kommt wieder! Er will nämlich das Flugzeug, in dem seine große Schwester sitzt, beim Landen fotografieren. Wir haben noch zwanzig Minuten, also los. Als der Flieger vom Himmel schwebt, platze ich fast vor Ungeduld. Neben mir hüpft Charlotte auf und ab, und ich hüpfe einfach mit. Leander schüttelt missbilligend den Kopf und findet uns peinlich.

Da fällt mir wieder ein, wie verzweifelt die Zweijährige vor neunzehn Jahren war, als ich vor ihrem allerersten Flug auf ein Flugzeug am Himmel über Berlin deutete und ihr sagte, dass wir morgen auch in so einem Flugzeug sitzen würden. Sie brach in Tränen aus, weil es ihr viel zu klein vorkam, als dass wir dort alle Platz finden würden, und fürchtete, wir würden nicht mitgenommen, weil wir zu groß seien, oder irgendwie schmerzhaft zusammengestaucht, damit wir reinpassten. Und jetzt bin ich es, die sich nicht vorstellen kann, dass tatsächlich sie in diesem stählernen Riesenzäpfchen sitzt, das da über die Landebahn holpert. Wenn alles gut geht, kann ich mein Biest in ein paar Momenten in die Arme schließen.

Dass ich sie nicht so wiederbekommen würde, wie sie weggefahren ist, haben mir diejenigen Mütter bei unseren gelegentlichen Treffen der Anonymen Melancholikerinnen gesagt (eigentlich eine Art Selbsthilfegruppe für verlassene Mütter, powered by prosecco), die das Auslandsjahr eines Kindes schon hinter sich hatten und gerade das des zweiten durchlitten. Erwachsen würde sie sein, hieß es, längst kein Kind mehr, darauf sollte ich mich besser einstellen, wenn sie aus dem Tunnel der einjährigen Abwesenheit gekrochen käme.

Pah! Längst geschehen!

Ich jedenfalls, so rede ich mir ein, habe meine Hausaufgaben gemacht: Schon wenn die kleinen Mädchen heranwachsen, müssen die Mütter ihnen viel Freiraum lassen. Es besteht nämlich das Risiko, dass man die Leine bei Töchtern von Anfang an kürzer hält – aber nicht, weil ein Mädchen schwachgeschlechtlich, zerbrechlicher, zarter und empfindlicher wäre und schon deshalb mehr Gefahren ausgesetzt. Ein Junge ist ein fremdes Wesen, in einem Mädchen findet man sich selbst wieder. Und weil man hart zu sich selbst ist, erwartet man auch von einer Tochter viel mehr. Vielleicht jammern deshalb Mädchen weniger, wenn sie krank sind, lernen fleißiger in der Schule und packen auch im Haushalt eher mit an als ihre vermeintlich widerstandsfähigeren Macho-Brüder – weil die Mütter ihren Töchtern mieses Benehmen einfach nicht durchgehen lassen.

Doch trotz der trügerischen Identifizierungsgefühle: Meine Tochter ist nicht ich. Ich habe sie einfach in Ruhe gelassen und mir Mühe gegeben zu genießen, dass sie anders ist als ich. Und jetzt, mit dem frischen Blick des einjährigen Abstandes, wird mir das noch viel leichter fallen!

Hauptsache, sie ist wieder da.

Leander reißt mich aus meinen Gedanken: »Los, Mama, die blöde Kuh landet gerade.«

Wir rennen alle zusammen los, verlieren uns unterwegs, finden uns vorm Flugsteig wieder und stellen uns im Halbkreis vor der Glastür auf. Elises Freundinnen stehen cool herum, weshalb sich Nick weigert, das »We Love Elise«-T-Shirt anzuziehen. Ich finde die T-Shirts ja auch ein bisschen peinlich, aber gut – wenn Charlotte meint, das würde sie freuen …

Sie entrollen über meinen kleinlichen Bedenken das Transparent. Dann sehe ich Elise durch die Scheibe und sie sieht uns. Mir wird so warm ums Herz, und meine Kehle fühlt sich plötzlich an wie mit Stroh gepolstert. Sie lächelt, schaut, wendet sich ein wenig ab und winkt nur ganz klein. Offenbar findet sie die T-Shirts peinlich … oder etwa uns? Vor meinem inneren Auge taucht das Bild der Fünfjährigen auf, die mir im Flur entgegenrennt, begeistert »Mama!« schreit und sich wie die Halbverhungerte im Schlaraffenland auf die Mauer aus Griesbrei in meine Arme wirft. Ich wische das Bild schnell weg.

Eine quälende Ewigkeit später tritt sie durch die Tür, stockt, steht und strahlt. »Ach du Scheiße, meine Familie!«, ruft sie und »Awesome!«

Wir haben uns dann einfach auf sie gestürzt. Es wird nach Leibeskräften geherzt, geweint, umarmt und gedrückt.

»Wir wollen auch mal!« Die Freundinnen drängen heran, und Elise entwischt unseren drückenden Armen. Jetzt wird gequiekt, gekreischt, geküsst.

Als die Jungs an ihrem T-Shirt ziehen, um das hinlänglich kontrovers diskutierte, brandneue, bestechende Kolibri-Tattoo zu betrachten, das auf ihrer Schulter prangt, macht sie sich energisch los und deutet auf den Turm aus Koffern hinter ihr. Ohne Widerspruch machen Leander und Nick sich am Gepäck zu schaffen.

Da fällt auch mir wieder ein, dass wir hier ja nicht alleine sind. Ich schaue hoch und sehe viele fremde Augen auf uns gerichtet. Der Security-Mann wischt sich über die Augen und räuspert sich.

»Abgang, Leute! Nach Hause!«

»Das sagst du ja immer noch! Hat sich nichts verändert!«, kommentiert Elise meinen Schlachtruf, der ihr offenbar noch seit Kindertagen in den Ohren klingt.

Sie hakt sich bei ihren Freundinnen unter, und ich lächle den kleinen Stich, den mir das versetzt, einfach weg. Heute Nachmittag, wenn wir alleine sind, wird sich schon eine Gelegenheit für eine weitere Umarmung finden. Wenn wir erst auf dem Sofa sitzen und in aller Ruhe quatschen, wird alles wieder gut sein. Hauptsache, sie ist wieder da.

Ich kann meine Augen gar nicht von ihr lassen und unterdrücke den Impuls, sie wie früher auf der Hüfte mit mir herumzutragen. So ein Unsinn, weise ich mich zurecht. Doch das Tier in mir würde sein Junges jetzt am liebsten von oben bis unten konzentriert beschnuppern, um zu sehen, ob auch alles in Ordnung ist.

»Ey, du Arsch, du bist ja auf einmal größer als ich«, sagt sie zu Leander.

»Halt gewachsen«, knurrt er freundlich.

Dann stehen wir zu fünft vor meinem Auto, und schon geht die Motzerei los.

»Wo ist denn unser schönes großes Auto geblieben? Was hast du damit gemacht?«, fragt Elise und bohrt einen dunklen Blick in meine Augen.

»Verkauft!«

»Warum das denn? Spinnst du? Ich habe mich so darauf gefreut, unser Auto fahren zu können!«

»Das hier ist doch auch schön! Ich brauch nämlich kein Auto, das öfter zusammenbricht als ich.«

»Aha. Gut gesagt.«

»Das hatte ich mir schon länger zurechtgelegt. Ich habe nur auf den passenden Moment gewartet, diesen Satz zu platzieren.«

»Mama hat 'n Clown gefrühstückt«, erklärt Leander und rollt mit den Augen.

»Aber da passen wir doch gar nicht alle rein!«

»Können ja auch welche mit der U-Bahn fahren!«

Der skeptisch prüfende Blick, das abschätzige Kopfschütteln, das freche Grinsen – sie ist wieder da, und das ist die Hauptsache.

»Ich fahr mit den Girls«, grinst Nick, und weg ist er.

»Wir treffen uns bei mir!«, ruft sie ihren Freundinnen hinterher.

Als sie im Auto neben mir sitzt, schau ich sie an.

»Sag mal, deine Haare …?«

»Was gibt's denn an meinen Haaren auszusetzen? Das werden mal Dreadlocks. Was dagegen?«

»Nichts, wirklich nichts«, beeile ich mich zu versichern und kann's mir dann doch nicht verkneifen: »Sehen ein bisschen aus wie ein geplatztes Sofakissen. Da muss mal ein Kamm ran!«

Sie schnaubt. »Erziehen ist nicht mehr, Mummy«, sagt sie. »Ich bin jetzt erwachsen. Machst du mir Milchreis?«

»Kartoffelpuffer«, sage ich sanft und atme tief durch. »Ich hab dir Kartoffelpuffer gemacht.«

»Toll«, schnurrt sie. »Das haben wir uns schon gedacht. Die anderen kommen auch.«

Ich seufze ergeben.

Hauptsache, sie ist wieder da.

Warum sie mich eigentlich nicht wenigstens hat wissen lassen, wann genau sie ankommt?

»Ich hab's vergessen, sorry, Mummy, sorry, ehrlich und echt, you know, mein amerikanisches iPhone funktioniert hier doch in Germany nicht, das muss ich erst mal jailbreaken, sonst hätte ich schon aus Frankfurt angerufen!«

Denglisch vom Feinsten, Texmex gesprochen und German vergessen, eiert sie am Grat von Mutter- und Gastmuttersprache, und das finde ich schon jetzt verdammt strange.

»Außerdem habe ich die Uhrzeit doch bei facebook geposted. Kann ich doch nichts dafür, wenn du da nicht reinguckst.«

»Hm, da könntest du eventuell recht haben«, lenke ich ein, auch um meinen kommunikativen Reformstau einmal mehr zu verleugnen. Doch ich will die Stimmung auch nicht vorschnell trüben. Hauptsache, sie ist wieder da.

»Ich habe recht, das kannst du ruhig zugeben.«

Ich seufze. Sie ist wieder da.

Wenn man, wie meine große Tochter, ohne genaue Kenntnis des Verwendungszwecks von Telefonzellen aufgewachsen ist, ist doch ganz klar, dass sie schlicht keine Möglichkeit sah, ihre genaue Ankunftszeit mitzuteilen. Wenn man allerdings wie ich ohne facebook aufgewachsen ist, überschätzt man die altmodischen Kommunikationsmedien. Briefe, Postkarten und Telefonanrufe waren gestern. Whatsapp, facebook, Twitter – so geht das heute.

Deshalb wussten ihre Geschwister längst genau, wann sie landet.

Deshalb wussten alle ihre Freundinnen, die wenig später an unserem Küchentisch hocken, dass es bei uns Kartoffelpuffer geben würde, wenn Elise wieder da ist.

»Hey, komm doch erst mal ganz in Ruhe an«, schlage ich listig vor. »Und für morgen habe ich dich bei der Volkshochschule angemeldet. Deutsch als Fremdsprache – toller Kurs! Wird dir gefallen!«

»Nicht witzig. Kannst du eigentlich nur meckern?«
»War nicht böse gemeint.«
»Klingt aber so.«

Im Trubel am Küchentisch geht diese kleine Unstimmigkeit dann schnell unter. Die Bude ist voll von jungen Menschen, die gerade aus aller Welt zurückkehren, um die Kartoffelpuffer zu essen, die ich brate, während ich ihren Erzählungen lausche. Von betrunkenen Tasmaniern und Hai-Alarm in Melbourne ist die Rede, und da kann ich nicht mitreden, weil ich die fernen Länder nur aus dem Atlas kenne. Tornados in Florida werden mit Hurricanes in Texas verglichen, Zwischenfälle auf den Flughäfen dieser Welt berichtet, heiße Zufallsbekanntschaften an Stränden, in U-Bahnen, auf Partys erörtert, und Zusammentreffen mit giftigen Tieren im bolivianischen Dschungel noch einmal genüsslich vor geneigtem Publikum zelebriert. Überstandene Gefahren, gehabte Freuden, Beinahe-Katastrophen, gemeisterte Abenteuer – sie wetteifern in Worten, Gesten und Gedanken, giggeln und übertrumpfen einander mit haarsträubenden Geschichten aus aller Herrinnen Länder. Da soll man nicht neidisch werden?

Nein, soll man nicht. Klar, heute haben die Mädchen mehr Spaß und tollere Möglichkeiten als die Mütter in ihrer eigenen Jugend. Doch ist das nicht auch ein bisschen unser Verdienst? Mütter sollten ihren Töchtern das aufregende, abenteuerliche Leben auf Reisen nicht neiden, so undankbar die kleinen Biester sich auch manchmal aufführen. Sie stehen groß – auf unseren Schultern.

»Und was ist hier so los gewesen?«, fragt Elise in die Runde.
»Nichts Neues«, ruft Charlotte.

»Weihnachten, Silvester, Ostern. So halt«, winkt Nick ab.

»Mama hatte einen amerikanischen Lover, als du weg warst!«, petzt Leander.

»Einen?«, kreischt Elise vergnügt. »Ich hatte zehn!«

12

Lebst du noch oder bewirtest du schon?

Die Geburtstagsfeiern bei uns fand ich immer am allertollsten!«, sagt Elise plötzlich und wedelt mit der Fernbedienung. »Weißt du noch, Mama, wie schön das immer war mit den vielen Kindern und dem ganzen Kuchen und den Spielen, besonders die Schnitzeljagden und die Stadt-Rallye, die du dir einmal ausgedacht hast. Das hast du echt toll gemacht. Die Würstchen im Schlafrock waren der Hammer, und dann einmal die Konfettibombe dazu. Super! Die meisten wollten dann abends gar nicht nach Hause gehen und du hast immer erlaubt, dass sie bei uns übernachten dürfen! Ey, das war echt lieb von dir.«

Jaha, so geht die Sage.

Jaha, so konnte ich noch jedes Zähnezusammenbeißen für ein Lächeln ausgeben.

Jaha, wenn du wüsstest, wie froh ich war, wenn auch das letzte Kind am Morgen danach abgeholt wurde!

Doch ich hätte niemals gewagt, die Gastfreundschaft meiner Kinder mit kleinlichen Vorbehalten zu bremsen. Ich kann mir nämlich nichts Schlimmeres vorstellen, als dass meine Kinder keine Freunde hätten. Am Wochenende als einziges Kind der Klasse ohne Übernachtungsbesuch, abseits auf dem Spielplatz oder als einziges Kind nicht zu einem Geburtstag eingeladen zu sein: Diese Vorstellungen brechen mir das Herz. Kein Kindergeburtstag verging, ohne dass ich der irrwitzigen Idee aufsaß, es könnte niemand kommen oder es könnte denen, die kommen, nicht gefallen. Deshalb habe ich eigentlich immer viel zu viele Kinder eingeladen und die halbe Nacht vorher damit verbracht, Obst fürs Schokoladenfondue zu schnippeln, lustige Feen-Torten zu backen, Radieschen-Mäuse und Paprika-Konfetti herzustellen und Gurkenscheiben in Herzform auszustechen. Natürlich kamen immer alle, und wir hatten manchmal nicht genug Gästedecken, wenn sie bleiben wollten, weil es ihnen so gut gefallen hatte. Doch die Furcht, meine Kinder ohne Freunde aufwachsen zu sehen, war größer als alle gastgeberische Zurückhaltung, haushälterische Vernunft oder kleinkarierte Bedenken gegenüber dem hereinbrechenden Chaos. Dass es immer gleich verdammt laut wird, sobald Besuch da ist, stimmt ja. Doch das habe ich für mich behalten und mir jede Bemerkung gegenüber anderen Erwachsenen verkniffen, die den Eindruck erwecken könnte, soziale Kontakte seien etwas Ärgerliches.

Jetzt fühle ich mich plötzlich so – nominiert, kurz vor der Bekanntgabe des Oscar-Preisträgers. Immerhin war ich die Hauptverursacherin all dieser schönen Erinnerungen, in denen Elise jetzt auf dem Sofa schwelgt, von wo sie mir beim Putzen zuguckt.

»Stimmt«, seufze ich gerührt und stütze den Mythos wie einen kranken Mann. »Die Gästematratzen sind bei uns praktisch niemals kalt geworden. Das war wirklich schön!«

»Wir waren die einzigen Kinder, die immer noch viel mehr Kinder einladen durften, als sie Jahre alt wurden«, schwärmt Elise. Sie legt den Köder aus, und ich schnappe zu, bevor ich sehe, wo der Haken versteckt ist.

»Und wenn dann ein paar mehr kamen, warst du auch nie sauer. Echt toll von dir.«

Oh, ich Glückspilz. Ist das jetzt der große Moment der allumfassenden Anerkennung? Große Kinder sind doch was Wunderbares.

»Hast du schon mal über meinen Geburtstag nachgedacht?«, reißt mich Elises Stimme aus meinem inneren Missionsfest. »Nächste Woche. Ich werde doch 21!«

»Da bin ich auch schon drauf gekommen, stell dir vor! Ach, mein Herzchen, mir kommt's ja vor wie gestern. Was warst du für ein süßes Baby, und als ich dich zum ersten Mal im Arm hielt, dachte ich …«, schwärme ich.

Sie unterbricht mich hastig. »Jaja, ich fand's auch schön mit dir. Sag mal, wäre es okay, wenn ich 21 Leute einlade, also meine Freundinnen und dazu noch die Familie?«

Und schwupps, hänge ich am Haken. Wild zuckend überschlage ich in Gedanken, dass Freundinnen plus Familie ungefähr 30 bis 40 Gäste ergeben. Noch immer lächelnd, aber in seliger Verblödung zappelt der Rest von mir an der Angel. Gleich wird sie mich schnappen, mir auf den Kopf schlagen, mich ausnehmen, entschuppen, in Butter braten und mit Zitrone servieren. Doch was soll's. Es gibt auch glückliche Opfer!

»Klar, mein Schatz. Was soll's denn zu essen geben?«

Ein bisschen Kuchen, sagt sie, hätte sie schon gerne. Ein paar Muffins müssten auch dabei sein, vielleicht so sechs bis elf Sorten. Eine Torte wäre geil. Abends dann Lasagne, dächte sie. »Salagne, hihi, weißt du noch. Früher konnte ich das immer nicht aussprechen. Die macht niemand so gut wie du! Das finden alle meine Freunde!«

Oh, mir wird so wohlig. Sie zuckt mit den Schultern. »Natürlich nur, wenn's dir nicht zu viel wird!!!«

»Aber nein, wo denkst du hin! Ich mach das doch gerne. Wenn eines meiner Kinder Geburtstag hat, weißt du, das ist auch für mich ein ganz besonderer Tag, an dem ich immer daran denken muss, wie ich damals …«

»Gut«, sagt sie. »Hier, ich habe dir schon einen Einkaufszettel geschrieben.«

Sie überreicht mir lächelnd einen Stapel DIN-A4-Blätter.

»Wie engagiert von dir! Danke!«

Ich überfliege die Liste, rechne Materialaufwand plus Zeitbedarf hoch, überschlage Kosten, multipliziere das Ergebnis mit zehn, dividiere durch die Anzahl der Gäste, kalkuliere meine Kapazitäten, will im Gegenzug Mithilfe bei den Aufräumarbeiten verlangen oder wenigstens ein kleines Entgegenkommen bei der Vorbereitung der Feierlichkeiten.

Elise zuckt bedauernd die Schultern: »Ich komme erst am Sonntagabend vom Babysitten zurück, und vorher habe ich drei Wohnungsbesichtigungen.«

Und ich ergebe mich, denn sie hat durchblicken lassen, dass es der letzte ihrer Geburtstage ist, den sie zu Hause feiern wird. Bei drei Wohnungsbesichtigungen wird ja wohl was Mietbares dabei sein!

»Wie praktisch, dass der Geburtstag auf einen Montag fällt. Da habe ich das ganze Wochenende in der Küche! Wie stellst du dir das vor??«

Mein Anflug von Ironie perlt an Elise ab wie eine Träne an einem guten Make-up. »Erst mal zu Penny«, lächelt sie.

»Guter Plan!«, lobe ich und drücke ihr den DIN-A4-Stapel in die Hand und zwei große Scheine dazu. »Das müsste reichen. Nimm dir Leander oder Charlotte zum Tragen mit, oder am besten beide. Es ist ja doch eine ganze Menge zu schleppen!«

»Manno, Mama! Ich treff mich noch mit Lucy und ich dachte, du könntest …«

»Super, dann seid ihr ja schon zu viert! Das schafft ihr!« Ich mache auf dem Absatz kehrt und verschanze mich am Schreibtisch. Der Knall, mit dem sie die Tür zuschlägt, detoniert in meinem Rücken, und ich lächle fein vor mich hin, während ich mir einen Punkt im Mutter-Tochter-Pingpong auf der inneren Spielstandtabelle notiere.

Pah, Herzchen, ich hab dich groß gekriegt, ich krieg dich auch wieder klein!

»Echt, die will noch mit Familie und Freunden zusammen feiern? Nicht nur fünfzig Euro abgreifen und im Club feiern? Hast du's gut«, sagt die befreundete Kollegin am Telefon, bei der ich mich gerade ein bisschen beschweren wollte. »Das würde meinen nicht im Traum einfallen.«

Genau, jetzt fällt's mir wieder ein: Ich hab's wirklich gut. Und ich bin auch gut! Deshalb werde ich jetzt in aller Güte noch einmal tun, was eine Mutter tun muss. Von mir aus: Ich werde sie bewirten und verwöhnen, bis ihnen Lasagne und Häppchen aus den Ohren herauskommen.

Sogar Nick war da. Es hat alles gut geklappt. Torte und Muffins gut, Kuchen satt, fünf Kilo Lasagne hochwillkommen. »Oh, Essen ist pferdig!«, wieherte Nick aus aktuellem Anlass beim Anblick des dampfenden Nudelauflaufs. Die Mädchen, darunter etliche ehemals begeisterte Reiterinnen, kreischten entzückt. Dermaßen angespornt, lud er durch und feuerte eine Salve von Pferdewitzen nach der anderen ab. »In Fischstäbchen sind jetzt Seepferdchen gefunden worden, schon gehört?«

Ich hatte schon vorausgesehen, dass Elises Speisewunsch problematisch sein könnte, weil sich gerade alle Welt über das Pferdefleisch in allen möglichen Gerichten echauffiert, und vorsichtshalber zwei Variationen im Angebot: mit und ohne Fleisch. Das ist natürlich niemandem groß aufgefallen, und am Ende des Abends waren beide Platten geputzt.

»Bei euch ist es immer so schön! Danke!«, hauchte eines der Mädchen zum Abschied, und die anderen fielen begeistert ein.

»Ach, keine Ursache. Das hab ich doch gern getan!«, wehrte ich bescheiden ab und dachte – angesichts der Kraterlandschaft in der Küche nicht mehr ganz so wehmütig –, war ja wohl das letzte Mal.

Noch vor den Damen verabschiedeten sich Onkel, Tante, Cousin und Cousine. Und dann zog man nebst großem Bruder, der seine Rolle als Hahn im Korb mit Bravour spielte, in den Club. »Los Mädels, lassen wir's krachen!«, rief er – und weg waren sie. Sogar Charlotte ließ sich nicht lange bitten, würdigte ihre Bücher keines Blickes mehr und verschob das Abi auf morgen. Dann stöckelte sie wundersam geadelt mit den großen Mädchen in den Club.

Leander und ich haben den Abwasch erledigt und einmal mehr bedauert, dass die Spülmaschine seit zwei Jahren kaputt ist und nach Lage der Dinge auch bleibt.

»Macht ja nichts, Mama, ist ja nicht jeden Tag Geburtstag«, flüsterte er. »Und meiner ist erst in vier Wochen!«

Gerade wollte ich ein bisschen kapitulieren vor den bedrohlich schwankenden Stapeln von Tellern, Gläsern, Schüsseln, den Gabeln, Messern und Löffeln, die sich in der Spüle auftürmten. Doch da umarmte er mich, der gute Junge, brummte liebwarm und mannhaft nach

Baumarktmanier in meine Halsbeuge: »Machen wir's fertig, bevor's uns fertig macht. Üben wir schon mal für die Zukunft, wenn nur noch wir beide hier übrig sind. Und wenn die Weiber mit ihren Weibern endlich weg sind.«

Am nächsten Morgen versuche ich mir auf Zehenspitzen einen Überblick zu verschaffen, wie viele junge Menschen hier übernachtet haben und wie viel Frühstück zu richten wäre. Es müssten, wenn man die herumliegenden Schuhe zusammenzählt, mindestens zehn sein, vielleicht zwölf, die sich in Elises Zimmer tummeln.

Sie sollen sich alle von Herzen willkommen fühlen, denn sie sind allesamt reizende junge Geschöpfe. Ja, gut, das eine oder andere reizende Geschöpf lässt mal den einen oder anderen Tampon auf der Anrichte liegen, brennt beim heimlichen Rauchen ein Loch ins Sofa oder vergreift sich an meinen höchstpersönlichen Schnapsvorräten, aber man will ja nicht auf die letzten Meter noch knickrig werden. Einige der jungen Damen kenne ich noch aus meinen Zeiten als Sandkasten-Animateur, und meine Freude darüber, dass aus manch weinerlichem Dickerchen, der notorischen Petze, dem verwöhnten Biest oder der stotternden Heulsuse von einst blühende junge Frauen geworden sind, in verschiedenen akademischen Reifungsgraden und im Begriff, gleich nach dem Bachelor in BWL als Key Account Manager die Geschicke der Konzerne zu lenken oder dem internationalen Produkt-Design-Gewerbe aufzuhelfen, hat durchaus mütterliche Züge.

Wird man nicht irgendwie die Mutter von allen, wenn man die Mutter eines Kindes wird? Gelegentlich wird einem doch bewusst, dass wir im Grunde genommen alle zu einer großen Familie gehören – alle Kinder gehören allen Eltern. Außerdem ist es mir immer erstaunlich leichtgefallen, andere Kinder in ihre Schranken zu weisen, wenn sie sich wirklich einmal gehörig danebenbenommen haben. Von Freundinnen-Müttern lassen sie sich eben leichter was sagen als von den eigenen.

Alles in allem fand ich es immer reizvoll, eine ganze Rasselbande im Haus zu haben. Denn Freundschaften kann man gar nicht hoch genug schätzen. Was hat man schließlich sonst im Leben? Was nutzt es einem, wenn man reich, klug, schön und berühmt ist, aber einsam? Mehr als alles andere im Leben braucht man echte, zuverlässige Freunde. Wer sonst lässt einen schon im Notfall auf seinem Sofa übernachten, leiht einem Geld, ohne zu fragen wofür und für wie lange, bei wem sonst kann man einmal sein Herz ausschütten? Nur gute Freunde tun das füreinander. Und wenn ich einen Wunsch frei hätte, wäre es der, dass meine Kinder immer gute Freunde haben, mit denen sie in guten Zeiten feiern und in schlechten rechnen können. Dann, und nur dann kann ich mich mit der Tatsache abfinden, dass ich eines Tages einmal nicht mehr da sein werde.

Deshalb hätte ich schon früher nie gewagt, eine aufkeimende Freundschaft zu unterbinden. Auch wenn es mir manchmal missfiel, wenn eines meiner einwandfrei vernünftig ernährten Kinder mit einem anderen spielen wollte, das mit grellverschmiertem Mund nach weiteren neonbunten Süßigkeiten verlangte. Zugegeben, manchmal war es auch umgekehrt, und mit etwas unkorrektem Zuckerzeug ließen sich noch immer ein paar erzieherische Etappensiege erzielen.

Ich habe es meistens jedoch dabei bewenden lassen, freundlich meine eigenen Wertvorstellungen zu wiederholen und aufzupassen, dass das kleine frühreife Biest im glitzernden Spaghettiträger-Top wirklich mit meinem Sohn Hausaufgaben macht, auch wenn sie noch so laut von Lady Gaga schwärmt.

Freunde dürfen sich Kinder selbst aussuchen, und man darf es nicht wagen, sich da einzumischen. Immerhin vollbringt ein Kind seine erste soziale Lebensleistung, wenn es gelingt, einen Menschen außerhalb der Familie für sich zu gewinnen. Wenn alles gut geht, darf man sich nicht einmischen. Wohlwollende Neutralität hilft auch, wenn man einen Haufen kleiner Mädchen zu Besuch hat, die nur zum Spaß alle Nuancen einer Beziehung durchprobieren und damit eine Atmosphäre schaffen, die an Backstage bei Heidi Klum erinnert.

Außerdem, sagte ich mir tapfer, ist die Bude voller Kinder, die sich prächtig amüsieren, auch immer noch eine wunderbare Ausrede dafür, wenn das Niveau noch tiefer sinkt als sonst. Und die Kinder anderer Leute machen Spaß, weil man nicht direkt verantwortlich für sie ist und sie einem nie so auf die Nerven gehen wie die eigenen Kinder. Wenn sie zum Spielen kamen, achtete ich zwar darauf, dass nichts passierte, aber es war mir ziemlich egal, wenn sie ihre Schniefnasen am Ärmel abputzten.

Wenn sie heute zum Feiern kommen, sehe ich zu, dass es genug zu essen gibt, höre aber weg, wenn sie von Dingen erzählen, die beinahe schiefgegangen sind, oder neige verständnisvoll mein Ohr, wenn sie gefährliche Abenteuer erwähnen, von denen ihre Mütter niemals erfahren dürften. Auch wenn sie schlafen bis in die Puppen, während ich versuche, den Rest eines geordneten Tagesablaufs aufrechtzuerhalten, kann ich mich notfalls damit arrangieren. Sie sollen sich wohlfühlen bei uns. Ist die unmittelbare Umgebung des Kindes fröhlich, entspannt und aufgeschlossen, dann wird es selbst auch zufrieden sein und mit anderen gut auskommen. Ist die volle Bude nicht einmal mehr Beleg, dass meine zärtliche Rechnung gut aufgegangen ist?

Und wenn man nett zu ihren Freunden ist, fühlen sich auch die eigenen Kinder wohl – und wollen nicht so schnell ausziehen.

Aber wenn man zu nett ist, bleiben sie allzu gern und wollen gar nicht mehr gehen. Ich prüfe meine Reserven, schiene meine empfindlichen Nerven und harre der Dinge, die da kommen wollen.

Übernachtung ist offenbar ohne Frühstück. In allen Zimmern ist Ruh. Also friere ich die Schrippen ein, verstaue das Frühstück im Kühlschrank und verziehe mich aufatmend an den Schreibtisch. Mir soll's recht sein, brumme ich vor mich hin und hänge das Schild »Selbstbedienung« an den Kühlschrank. Bei all dem Spaß gibt's ja auch noch was zu arbeiten.

Dann plötzlich ist die Küche voll mit hungrigen jungen Menschen. Kochen hätte ich ja sowieso müssen, weil die Schulkinder nach Hause kommen. Wie gut, dass ich das Hefeteig-Rezept vorsichtshalber mal drei genommen und schon vor Stunden geknetet habe, man weiß ja nie. Sie essen alle gerne Pizza. Hat knapp gereicht. Dann sind sie plötzlich alle weg und am späten Nachmittag wieder da, um die Reste vom Kuchen zu verspeisen. Mir soll's recht sein. Ich gehe zum Sport, um dem Trubel zu entgehen, und freue mich auf einen schönen Abend, an dem ich die Welt um mich betrügen werde – auf meinem Sofa, mit einem Glas Wein werde ich gemütlich »Stolz und Vorurteil« anschauen. Keine Ruhe ist köstlicher als die nach dem Sturm.

Zwei Stunden später. Wieder zu Hause, alles ruhig, Elise duscht, Charlotte lernt, und Leander reift in seinem Zimmer vor sich hin.

Elise klopft bei mir an. »Du warst echt toll. Danke, Mama! Sie kommen heute Abend wieder«, sagt sie auf der Schwelle zu meinem Zimmer. Dabei hält sie mit einer Hand den Turban auf ihrem Kopf fest, mit der anderen rafft sie das lange Badetuch vor der Brust, tanzt ein paar Schritte und legt den Kopf schief.

»Wir wollen noch'n paar Filme gucken, Mädelsabend zum Abschluss halt, du hast doch nichts dagegen?«

Doch, verdammtnochmal, habe ich, aber sowas von! Ich will heute ganz in Ruhe …

»Nee, habe ich nicht.«

Wie auch? Ein strahlendes Lächeln ist mein schönster Lohn. Außerdem würde ich nicht riskieren wollen, dass meine Tochter mit ihren Freundinnen beleidigt abzieht, wenn ich darauf hinweisen würde, eigentlich gern einen ruhigen Abend gehabt haben zu wollen. Gäste machen, wie Kinder, doppelt Freude: wenn sie kommen, und wenn sie wieder gehen. Vielleicht habe ich vergessen, das auf den zwanzig Geburtstagen vorher mal am Rande zu erwähnen. Doch wie werde ich die Geister, die ich rief, jetzt wieder los?

Plötzlich geht mir durch den Kopf, dass ich mal einfach aufhören könnte zu kochen, denn wenn alles aufgegessen ist, gehen sie bestimmt nach Hause. Das sage ich natürlich nicht, aber jetzt klingelt's schon wieder ohne Unterlass, knallende Absätze im Flur, spitze Schreie, Gelächter und Getuschel beginnen, meinen Überzeugungen zuzusetzen. Wie lang soll die Party eigentlich noch dauern? Ich fühle mich längst wie zu Besuch – im Irrenhaus. Scheiß auf den Oscar für das Drehbuch der

Gastfreundschaft, die Regie der Feierlichkeiten und die dankbarste Nebenrolle im Partytrubel! Scheiß auf den Best-catering-ever-award! Wie komme ich hier wieder raus? Was genau müsste eine Mutter wie ich eigentlich wagen, um hier ein paar Hausverbote auszusprechen?

Den bösen Gedanken wische ich gleich wieder weg und kleide den Rest in ein gütiges Lächeln. Scheinbar scherzhaft winke ich mit dem Zaunpfahl und frage in die fröhliche Runde, ob sie mir wohl Bescheid sagen werden, wenn sie hier alle einziehen wollen. Elise grinst ausweichend, sagt aber nichts.

Ich gehe an meinen Schreibtisch zurück. Stunden später, gegen Mitternacht, während ich nur schrille Töne aus der Küche höre, treibt's mich noch einmal an den Kühlschrank zum abendlichen Käsebrot.

»Hey, Mama, gut, dass du da bist. Wir haben gerade eine tolle Idee!«, ruft Elise und löst sich aus dem Mädchenknäuel auf, neben und unter dem Sofa. »Hör mal. Es wäre doch total blöd, wenn wir alle ausziehen und du bist dann allein zu Haus. In unserer schönen großen Wohnung! Allein!«

Ich nicke stumm und kämpfe mit Käsebrot und Schluckauf.

»Überleg mal. Wie wäre es denn, wenn nicht wir, sondern du einfach ausziehst, weil ein Auszug viel leichter und auch billiger ist als drei Auszüge und ein neuer Einzug!«

Wie jetzt? Verdattert schaue ich sie an. Ein paar Mädchen kichern, und plötzlich entdecke ich meinen Ältesten mittendrin in dem Haufen.

»Ich könnte wieder einziehen! Was meinst du?«, fragt er schmeichelnd. »Das würde dir doch bestimmt gefallen!«

Elise setzt ein Lächeln auf, mit dem sie den Eskimos

Kühlschränke verkaufen könnte. »Ganz einfach. Wir übernehmen die Wohnung und machen eine tolle WG zusammen. Für dich allein ist die Miete doch sowieso viel zu hoch, und so viel Platz brauchst du doch gar nicht! Wir aber! Wir machen hier mit Nick und den Mädels eine WG! Und du könntest auch immer vorbeikommen, wenn du willst!«

Vor Schreck fällt mir das Käsebrot aus dem Gesicht. Manchmal, jetzt zum Beispiel, bekommt die Aussicht Mutti-allein-zu-Haus ganz warme, freundliche, verlockende Züge. Ehrlich gesagt, ich kann's kaum erwarten, endlich allein zu Haus zu sein. Andererseits: Nichts geht über gute Freunde. Wer welche hat, kann sich freuen.

13

Nachruf aufs Vorbild

»Also Mama, ehrlich«, schnaubt Charlotte und schüttelt entrüstet den Kopf. »Stimmt denn gar nichts mehr von dem, was du uns beigebracht hast?«

Ich sollte mich jetzt wirklich schämen, suggeriert ihr Blick. Sie wippt mit den Schultern, holt tief Luft und wirft den Kopf zurück.

»Phh! Hab dich mal nicht so«, überspiele ich meinen Anflug von Verlegenheit und rolle zur Warnung mit den Augen, damit sie kein weiteres Aufheben von diesem Vorfall macht.

Ein Ausrutscher, du liebe Güte! Was ist denn schon dabei, wenn man ein einziges Mal nicht so ganz oberkorrekt in Sachen Mülltrennung verfährt, wie jahrelang gepredigt und perfekt vorgelebt?

Ja, gut, ich habe die Plastiktüte mit dem stinkenden Biomüll in die Biotonne geschmissen. Ja, gut, ich habe sie nicht vorher ausgeleert, weil ich spät dran bin und außerdem keine Lust habe, den triefenden, pestenden Beutel, prall gefüllt mit einem moussierenden Durcheinander von Organischem, um das sich eine Horde Fruchtfliegen balgt, ordnungsgemäß entleert in die Plastiktonne zu werfen, mir dabei die Schuhe, die Hose und die Hände zu bekleckern und in einer Schwade von Kompostgeruch bei der neuen, schicken Chefredakteurin zum Antrittsbesuch aufzulaufen. Ja, gut, ich habe immer darauf bestanden und stets überwacht, dass der Müll nach Vorschrift getrennt wird, und schon mal ein mittelschweres Donnerwetter losgelassen, wenn wer die Kartoffelschalen in den Restmüll, die Plastiktüten in den Biomüll und die Essensreste in den Plastikmüll geworfen hat.

»Ist doch nichts dabei!«, gehe ich fröhlich strategisch aus Verteidigungsgründen zum Angriff über. »Jetzt sei mal nicht so streng. Du machst doch auch nicht immer alles richtig!«

»Aber du machst immer mehr falsch! Merkst du das eigentlich?«, tönt es hinter meinem Rücken. Charlotte grinst breit und freut sich über die Schützenhilfe ihrer Schwester, die ihr Pulver stets trocken hält und locker aus der Hüfte eine Salve meiner Verfehlungen abschießt. »Du sprichst manchmal mit vollem Mund, obwohl wir das nicht dürfen. Du trinkst aus der Flasche, wenn du glaubst, dass es keiner sieht«, lässt Elise es langsam angehen.

»Außerdem bohrst du selbst in der Nase, knibbelst an den Fingernägeln und isst ohne Messer, und uns hast du das alles immer verboten!«, eröffnet Charlotte die seitliche Front.

»Du schimpfst und fluchst beim Autofahren, und wir durften jahrelang keine Ausdrücke sagen!«, triumphiert Elise.

»Jetzt macht aber mal halblang, ihr Monster«, schimpfe ich zurück.

Ungerührt lädt sie nach. »Neuerdings wartest du öfter nicht mehr auf Grün, bevor du über die Straße gehst.«

Charlotte nickt emsig. »Genau! Das ist mir auch aufgefallen. Sogar wenn wir dabei sind, macht sie das!«

Meinen halblaut gemurmelten Einwand, dass ich mir die Schimpferei im Auto längst abgewöhnt habe, lassen sie beinahe gelten, doch während Charlotte mich noch lobt, dass ich das wirklich schon immer besser schaffe, reitet Elise die nächste Attacke.

»Und was ist mit Fernsehen?«, fragt sie rhetorisch. »Nicht hirnlos vor der Glotze abhängen, haha. Nur eine Sendung und dann abschalten, dazu hast du uns immer gezwungen. Aber du selbst glotzt nach der Tagesschau einfach weiter und pennst sogar manchmal beim dritten Krimi auf dem Sofa ein. Denkst du, wir hätten das nicht gemerkt?«

Die beiden wechseln einen vielsagenden Blick.

»Das ist etwas ganz anderes!«, werfe ich ein.

»Hm, schon klar«, sagt die Große. »Aber wenn man seinen Kindern etwas verbietet, spricht man sich auch selbst ein Verbot aus!«, sagt sie sehr langsam wie zum Mitschreiben.

»Denk mal drüber nach!« Charlotte lächelt milde und sagt: »Komm schon. Hol den Beutel einfach wieder raus und leer ihn aus! Dann ist alles wieder gut.«

Meinen jäh aufflammenden Trotz kann ich kaum unterdrücken, und bevor ich mich einmal mehr zusammenreißen kann, stampft mein Fuß auf: »Nö, mach's doch selber!«

Oje, habe ich das gerade gesagt?

Wenn mir jetzt nicht gleich etwas einfällt, um diesen Ausrutscher in eine absichtlich improvisierte Parodie kindlichen Trotzverhaltens umzumünzen, ist's um meine ohnehin schon schwächelnde Autorität geschehen.

»Schaut mal«, schlage ich schnell versöhnliche Töne an. »Als ihr klein wart, musste ich euch das alles doch erst einmal beibringen und ein gutes Vorbild sein. Jetzt seid ihr doch schon groß und wisst, wie man alles richtig macht«, schmeichle ich schlau und stifte zum Schulterschluss an. »Da wollen wir das alles doch nicht mehr so eng sehen.«

»Aha«, schnappt Charlotte, »und jetzt, wo wir groß sind, willst du also wieder klein werden? Ehrlich Mama, jetzt reiß dich mal zusammen und benimm dich ein bisschen.«

Ihre Schwester säuselt: »Für uns ist das übrigens auch nicht so einfach. Kinder müssen auch damit kämpfen, dass ihre Vorbilder keine Götter, sondern Menschen sind.«

Sie lächelt wissend, schürzt die Lippen und hebt auffordernd das Kinn.

Wie wahr! Wie hart habe ich all die Jahre an meiner Gottähnlichkeit gearbeitet! Sisyphos mag den Stein wohl mal auf halber Strecke geparkt haben und sich eine Pause, vielleicht eine Handvoll Oliven und einen Schluck Retsina gegönnt haben und den lieben Zeus einen guten Mann sein lassen. Ich hingegen hätte nie gewagt, unter den Argusaugen meiner Kinder die anspruchsvolle und störanfällige Metamorphose vom sorglosen, egoistischen, lebenslustigen Mädchen mit der höchsten Siff-Toleranz von allen in der Frauen-WG zur aufopfernden, selbstlosen, ordnungsliebenden und vorbildlichen Madonna in Gefahr zu bringen und den pädagogisch wertvollen Download zu stören.

Ist nicht die Mutterschaft von allen bewusstseinsverändernden Drogen die stärkste?

Kinder machen aus ganz normalen Frauen Mütter, die in der Hitze täglicher Gefechte zu wahren Musterexemplaren mit Sekundärtugenden aus Stahl aushärten. Pünktlichkeit wird oberstes Prinzip. Schließlich kann man schon früh den Gedanken nicht ertragen, dass der kleine Schatz im Kindergarten bitterlich weint, weil alle anderen schon abgeholt sind, während von seiner liederlichen Mama keine Spur zu sehen ist.

Ordnung wird zum hehren Ziel – einfach weil immer

und überall zu viel herumliegt, das aufgehoben, repariert, gereinigt und sortiert werden will. Fleißig wird man da von ganz alleine, denn es gibt immer etwas zu tun. Tischmanieren, gefälliges Benehmen und gutes Deutsch werden zu einem ganz großen Thema, bei dem man zuallererst sich selbst diszipliniert, damit die Kinder nicht irritiert werden. Fragen an der individuell-gesellschaftlichen Schnittstelle wie die von Moral und Müll habe ich von Anfang an beherzt zur Chefsache erklärt, bin selbstredend mit bestem Beispiel vorangegangen und habe tapfer übersehen, wenn ich mich umdrehte und sah, dass keiner mehr mir folgen mochte. Das Mülltrennen ist ein hervorragendes Beispiel und kann für viele andere Wege zur Tugend stehen: Erst wenn alle mitmachen, hat es eine gute Wirkung. Aber andererseits: Einer muss anfangen. Wir zum Beispiel – munter brachte ich die Message rüber.

Unbeirrt habe ich sogar den papiernen Werbemüll im Briefkasten von seiner Plastikhülle befreit, beides getrennt entsorgt und Fachgespräche mit anderen Müttern geführt, im Kindergarten, extra laut vor allen Kindern, die das nicht interessiert hat: Milchpackungen sind innen aus Plastik und außen aus Papier. In welche Tonne soll man die jetzt stecken?

Wie doch allein die Anwesenheit von Kindern das Gute, Richtige und zu Wollende im Menschen ans Licht zwingt! Wer außer Kindern könnte einem besser dabei helfen, das richtige Maß zu halten? Einfach, weil sie da sind, am nächsten Morgen früh aufwachen und mit ihnen die Aufgaben in den Startlöchern hocken. Sie brauchen Frühstück, Schulbrote und Zeichenblöcke, also hört man abends um zehn auf zu trinken. Man raucht nur heimlich auf dem Balkon, und am besten gar nicht mehr, weil sie sich über den Qualm beklagen könnten, man ein schlechtes Vorbild abgäbe und dann selber schuld wäre, wenn sie irgendwann zwischen Schnuller und ersten Küssen zur Kippe griffen.

Außerdem lernt man mit den Jahren das Sparen: Unspektakuläre Sonderangebote von Aldi weiß man zu schätzen, sogar wenn man vorher an seinen Füßen nur echte Nikes ertrug. Denn das Zusammenleben mit Menschen, die dreimal im Jahr die Schuhgröße wechseln, kostet richtig viel Geld. Also wird man schon von ganz allein so sparsam und bescheiden, wie es die eigene Mutter einst vergeblich empfohlen hat.

Das Ganze hat natürlich auch Vorteile. Während man erkennt, dass ausreichende Nachtruhe überschätzt wird, und man, um sich in den täglichen Stullenwahnsinn zu stürzen, zu einer Zeit aufsteht in der man früher erst nach Hause kam, entwickelt man eine robuste Gesundheit. Denn wer Kinder zu versorgen hat, wird einfach nicht krank.

All diese wundersamen Persönlichkeitsveränderungen dienen natürlich nicht nur dem reibungsarmen Ablauf des Familienirrsinns, sondern nutzen auch der Gesellschaft. Kennen Sie irgendeine Mutter, die sich noch nie mit jemandem angelegt hätte? Selbst die Sanften drängt es auf einmal danach, für Gerechtigkeit, gesunde Lebensmittel, sichere Straßen und saubere Spielplätze zu kämpfen. Selbst die Schüchternen ermannen sich, für bessere Schulen zu streiten. Dahinter steckt der Wunsch, die Gesellschaft und die nachwachsende Generation möge ein bisschen besser werden, als sie jetzt schon ist.

Vielleicht schließen wir uns nicht mehr den großen, weltumspannenden Kampagnen an oder wandern wöchentlich entschlossen demonstrierend durch die Straßen, um für den Weltfrieden einzustehen, aber wir opfern einen ganzen Abend, um einen scharfen Brief an den Senat zu verfassen, in dem wir gefährliche Spritzen und Hundekot auf dem Spielplatz anprangern. Wie glücklich, sorglos und unpolitisch wir jemals gewesen sein mögen: In uns tickt eine Zeitbombe aus persönlicher Tugendhaftigkeit und sozialem Verantwortungsbewusstsein, Moralfuror und Gutmenschlichkeit: Die Geburt hat sie gezündet. Wummm!

Nach dem langen Weg zur Perfektion darf ich jetzt Stück für Stück in seliger Ermattung die Erziehungsarbeit niederlegen, denn sie sind ja schon groß und wissen immerhin zu sagen, wohin welcher Müll gehört, wie man schön spricht, dass man morgens früh aufsteht und abends nicht zu lange fernsieht.

Gute Vorbilder wirken eben früh, wenn man genau hinguckt und nicht zu viel erwartet. Vielleicht aber auch nie, weil Kinder groß werden und dann selbst entscheiden, wie sie sich verhalten. Wahrscheinlich spätestens, wenn sie selbst Kinder haben und sich dabei verrenken, denen das Essen mit Messer und Gabel oder die Mülltrennung beizubringen.

Ich wittere schon jetzt die Freiheit, das Joch des zweitklassigen Vorbildes abstreifen zu dürfen und mal zu schauen, wie es der erstklassigen Ausgabe meiner selbst inzwischen so geht. Und deshalb wachse ich ab jetzt nicht mehr über mich hinaus, sondern wieder in mich hinein und werde morgen vielleicht einfach mal im Bett bleiben, wenn die beiden Jüngsten in die Schule müssen.

Ungeahnte Möglichkeiten tun sich auf, während ich langsam den geordneten Rückzug antrete und die Madonna ab sofort ausgewildert wird.

Ha!

Ich gehe über die Straße.

Bei Rot.

14

Schwangerschaftstest

Was denkst du eigentlich über Abtreibung?«, fragt Charlotte und wirft ihrem Spiegelbild prüfende Blicke zu. Sie stolziert im Flur auf hohen Hacken auf und ab, bedenkt ihren Bauch mit einem missbilligenden Seitenblick, zieht ihn kräftig ein und zückt den Lippenstift. Schockschwerenot, mein Herzschlag setzt einen Moment aus, bevor ich mich wieder fangen kann.

»Theoretisch oder praktisch?«, frage ich in diesem freundlich interessierten, aufgeschlossenen, aber nicht übermäßig aufgescheuchten Tonfall, den ich seit Jahren für jede noch so abseitige Frage und für besonders extravagante Anliegen meiner Kinder reserviert habe. Doch hier geht's nicht um den Wunsch, einmal rote Götterspeise mit Ketchup probieren zu wollen, im Schlafanzug mit Gummistiefeln den Kinderladen zu besuchen oder im Vorgarten unseres Hauses zu zelten.

»Abtreibung ist immer praktisch gemeint«, murmelt sie dunkel, legt einen Hauch überlegener Nachsicht in ihre Stimme und schenkt ihrem Spiegelbild ein herausforderndes Lächeln. Sie gibt sich einen Ruck, greift nach der Schultasche. An der Haustür dreht sie sich noch einmal um, stöckelt zurück, korrigiert den Sitz einer Haarsträhne und drückt einen Kuss in mein verdattertes Gesicht.

»Egal, ich muss los. Später können wir vielleicht darüber reden.«

Sie lächelt ein bisschen zu verständnisvoll und platziert einen genau bemessenen Nadelstich. »Falls du mal mit deiner Arbeit fertig wirst, würde ich nämlich gerne etwas mit dir besprechen.«

Dann fällt die Tür krachend ins Schloss und ich bin allein zu Haus, was für sich genommen ein sehr erstrebenswerter, weil komfortabler Zustand ist. Doch ich bin nicht allein! Charlotte hat offenbar ihre Sorgen hiergelassen, denn jetzt umringen mich Gespenster und reden auf mich ein. Sie tuscheln, seufzen und rufen aufgeregt durcheinander. Sie heften sich an meine Fersen, rekeln sich auf meinem Schreibtisch, fallen mir ins gedankliche Wort, tippen mir auf die Schulter, ziehen an meinem Arm und zielen mit spitzen Zeigefingern auf mein Herz. Sie versperren mir den Weg zum Schreibtisch, schneiden Fratzen auf dem Monitor und halten mir keck den Spiegel vor: Wenn man nur lange genug über seine Kinder nachdenkt, kommt man unweigerlich bei sich selbst an.

Himmel hilf! Mein Kind kriegt ein Kind. Oder nein, hat Angst, ein Kind zu kriegen! Oder kriegt eins und will keins. Ganz allein trägt sie die schwere Bürde dieses Dilemmas, ohne das seit Menschengedenken kein Frauenleben auskommt. Allerdings hat, was die Tiefkühlkost der berufstätigen Mutter geschenkt hat, auch die Pille und die Möglichkeit des Schwangerschaftsabbruchs für den erwachsenen weiblichen Menschen vollbracht: die Würde, eine Wahl zu haben, auch wenn das zunächst Qual bedeutet.

Darüber will sie mit mir reden! Egal was es ist, wir finden eine Lösung! Darauf kann sie sich verlassen. Hektisch und wie zum Hohn weht die Fahne der stets verständnisvollen Gutmutterschaft über den rauchenden Trümmern meines besten Vorsatzes. Der Schreck sitzt mir in allen Gliedern und begleitet mich auf der Reise durch diesen Tag, bedrängt mich in der U-Bahn, setzt sich im Wartezimmer des Zahnarztes neben mich, quatscht mich in der Schlange vor der Kasse im Supermarkt voll, singt mir in den Ohren, während ich versuche, am Telefon die Antworten eines Interviewpartners zu notieren, und sendet verwirrende Signale, während ich die Wäsche aufhänge.

Ich muss mir dringend einen belastbaren Standpunkt erarbeitet haben, der sich ansatzweise mit der Hauptaufgabe in meinem Arbeitsplatzprofil vereinbaren lässt, bis Charlotte heute Abend im Heimathafen einläuft: mich einfach mal in einen Fels in der Brandung zu verwandeln, wenn die Wellen höher schlagen.

Außerdem, rede ich mir gut zu, gehört das auch dazu. Wer Babys hat, muss damit rechnen, dass sie eines Tages Babys kriegen, und wenn es so weit ist, muss man die Größe haben, den Fortbestand des Lebens aus dem eigenen vergänglichen Fleisch mit Ehrfurcht zu betrachten.

Allmählich entwickeln sich die Jungvögel zu Teenagern und schauen über den Nestrand hinaus. Sie breiten die Flügel aus, strampeln sich frei und beginnen zu fliegen. Das große Verdienst einer guten Familie liegt darin, dass sie ein Kind befähigt, selbstbewusst, allein und ungehindert davonzufliegen – imstande, eine andere Familie zu gründen, Geborgenheit und Kraft in die nächste Generation weiterzugeben.

Aber doch nicht so früh!

Wie lange geht das wohl schon so? Hätte ich nicht bemerken müssen, dass sie irgendwie verändert schien? Wirkte sie nicht blasser, angespannter als sonst? Hat sie weniger oder mehr oder anderes gegessen als sonst? War da was? Gut, das ganze Glas saurer Gurken, das sie gestern auf dem Heimweg vom Einkaufen gleich im Auto verspeist hat, das hätte mir etwas sagen können. Allerdings hat sie auch als Baby schon gerne Oliven, saure Gurken und Thunfisch gefrühstückt. Kann alles was bedeuten, muss aber nicht.

Die Neigung, in Tränen auszubrechen, wenn in den Nachrichten über Mord und Totschlag berichtet wird, wütend zu schimpfen, wenn in der Zeitung etwas über Kindesmissbrauch steht, war mir damals allererstes Anzeichen für den blinden Passagier an Bord, lange bevor der Streifen im Teströhrchen sich verfärbte. Die Erinnerung daran lässt Charlottes Wutanfall und ihre gellende Forderung nach Wiedereinführung der Todesstrafe gestern Abend, als wir in den Nachrichten einen Bericht über ein entführtes Baby sahen, plötzlich in einem ganz anderen Licht erscheinen.

Und wenn schon. Was wäre eigentlich so schlimm daran, wenn mein Kind ein Kind kriegte? Nun, meine Liebe, stell dich mal nicht so an. Welcher Typ Großmutter möchtest du eigentlich sein?, flüstert eine Stimme in meinem Kopf. Die lieb lächelnde, grauhaarige alte Dame im Ohrensessel, die Geschichten vorliest, begeistert von ihrem Enkelkind und entschlossen, der anstrengenden Seite des Lebens den Rücken zu kehren, weswegen Windelnwechseln, Baden oder auf dem Boden herumkriechen für sie nicht in Frage kommen? Allerdings gibt sie ein geduldiges Publikum für einstündige Liedvorträge und unverständliche Rollenspiele ab, hört sich noch die hundertste Wiederholung eines pointenlosen Witzes an und lässt sich auf unübersichtliche Erörterungen über die Entscheidungen des Lehrers in der Schule ein.

Oder wäre ich die zupackende, stets hilfsbereite Großmutter, die alles besser weiß und in Wahrheit nur die glorreichen Momente ihrer eigenen Mutterschaft wiederaufleben lassen will? Völlig verzückt von meinem Enkelkind, würde ich in der bezaubernden kleinen Person nach Ähnlichkeiten mit meinen Lieblingen fahnden und meine Tochter mit strammen Vorstellungen über Schlafenszeiten, Kinderwagen, Stützräder an Pumuckl-Rädchen und selbstgekochtes Essen nerven.

Vielleicht wäre ich aber auch eine jener aufregenden Großmütter Anfang fünfzig, die sich in der aktivsten Phase ihres Lebens wähnen und nicht im Traum daran denken, ihre wiedergewonnene Freiheit in glücklicher Erleichterung niederzulegen und sich um ein neues Baby zu kümmern.

»Ich würde ihn ja gerne nehmen, aber leider jagt heute ein Termin den anderen. Zuerst das Meeting im Verlag, dann Fitnessstudio, dann zur Kosmetikerin und dann schnell nach Hause, heute Abend erwarte ich Gäste zum Essen. Bestimmt findest du einen Babysitter – ach, er ist wirklich zum Knuddeln, unser kleiner Schatz – tschüssi, ihr beiden!«

Doch wenn das Kind größer geworden ist, könnte ich vielleicht auch eher die Rolle einer ledigen, etwas liederlichen Tante spielen, mit der man aufregende Dinge unternehmen kann, die Mama nie erlauben würde, und dabei in fröhlicher Verantwortungslosigkeit fragwürdige Botschaften wie die vermitteln, dass man alles darf, solange man sich nicht erwischen lässt.

Ja, eine Verwöhn-Oma, das könnte ich auch sein. »Was, Herzchen, Mama will dir keine Süßigkeiten erlauben? Wie furchtbar! Immerhin seid ihr ja nur einmal so klein. Komm mal her, wollen mal sehen, was Oma hier in ihrer Schublade für dich hat. Lass mal die Mama, wir machen's uns jetzt so richtig nett zusammen.«

Vielleicht wäre ich auch einfach perfekt. Ohne mich aufzudrängen, wäre ich immer zur Stelle, um einzuspringen, wenn meine Tochter überfordert wäre, würde gesundes Essen kochen und die Komplimente darüber bescheiden abwehren. Ich würde bunte Kleidchen für die Puppen stricken, Apfelschnitzchen und Kekse bereithalten, wenn ich den Enkeln abends vorlese, und wäre immer bereit, mich in bezaubernde Gespräche über Müllautos, Dampfloks und Feuerwehrautos verwickeln zu lassen. Ich könnte alles besser als meine Tochter und würde trotzdem nie vergessen, ihr zu versichern, was für eine Supermutter sie ist, wie bewundernswert gelassen sie Familie und Beruf zu stemmen weiß und wie wohlgeraten ihre Kinder sind.

Aber muss das denn jetzt schon losgehen? Ich wäre ja zu allem bereit, doch meine Tochter? In einem Monat macht sie Abitur und dann, so betont sie täglich, fängt das Leben erst an. Deshalb will sie mit mir über Abtreibung reden! Dabei habe ich vor Abtreibungen genauso viel Angst wie vor Teenager-Schwangerschaften. Doch wie kann ich mein Kind im Schwangerschaftskonflikt zukunftsweisend beraten, ohne dass es all das Für und Wider auf sich selbst und die erfreuliche Tatsache seiner Existenz bezieht? Man weiß doch, dass Eröffnungen wie die, nicht geplant, sondern einfach passiert zu sein und ja, vielleicht auch anfangs nicht gewollt zu sein, verstören können. Was, wenn es gar nicht um sie, sondern um ihre ältere Schwester geht?

Der Gedanke an eine Welt ohne die vier erfüllt mich mit Entsetzen. Wie viele nicht gemachte Witze, wie viele nicht passierte Umarmungen, wie viele nicht gedachte Gedanken. Hätte ich dieses Wunder viermal weggeschickt und wie bei einem unverlangt eintreffenden Paket die Annahme verweigert, würden nette Geschöpfe ungeboren im Nichts lauern. Doch immer weniger bedaure ich, dass all die wundervollen Vorrichtungen in meinem Bauch, die noch so gut in Schuss sind und nur vier sorgsame Vormieter hatten, nie mehr zum Einsatz kommen dürfen und nun mit Würde vor sich hin welken. Alle Spatzen gefangen.

Einmal muss Schluss sein. Doch nachdem ich das längst entschieden habe, überfiel mich noch eine Zeit lang diese seltsame Traurigkeit, die kurz aufflackert und mich manchmal verstohlen in fremde Kinderwagen schauen lässt, in dem ein nach Milch und Vertrauen duftendes Baby liegt. Beim Gedanken daran, dass es kein fremdes, sondern ein verwandtes Baby sein könnte, das mich zur Großmutter macht, rollt die nächste Panikwelle heran und begräbt die leise Hoffnung, dass es sich um blinden Alarm handeln könnte, als ich im Badezimmer einen positiven Schwangerschaftstest finde.

Ich rase durch den Flur und stocke, als ich die Stimmen meiner Töchter höre. Auf Zehenspitzen komme ich näher. Offenbar unterhält man sich über ein Ultraschall-Bildchen.

»Guck mal, wie süß! Da sind schon Arme und Beine dran!«, zwitschert Charlotte, und mir wird heiß.

»Könnte auch'n Frosch sein«, lässt sich Elise vernehmen. »Es sieht auch ein bisschen eklig aus!«

»Echt, findest du?«, flüstert Charlotte.

»Aber wenn man überlegt, dass da ein richtiger Mensch …«

Ich halte es nicht mehr aus, reiße die Tür auf und fuchtel mit dem Teststäbchen herum.

»Wer ist hier schwanger? Raus mit der Sprache!«

Kurz ist es still und ich höre nur mein Herz klopfen. Die beiden schauen sich an. Dann prusten sie los.

»Äh, du vielleicht?«

»Quatsch. Lenk nicht ab!«, fauche ich. »Also wer? Sagt mir endlich, was los ist!«

Elise kugelt sich vergnügt im Bett herum, Charlotte lacht sich schlapp. Allmählich werde ich sauer.

Charlotte beschwichtigt. »Chill mal, Mama! Es ist nämlich so. Katharina ist im dritten Monat schwanger, und deshalb hat ihre Mutter sie rausgeworfen und ihr Freund hat auch Schluss gemacht.«

Misstrauisch halte ich das Teststäbchen hoch. »Und was ist das hier? Lüg mich nicht an!«

Charlotte zuckt mit den Schultern. »Das ist ein Schwangerschaftstest. Den hat Katharina letzte Woche hier vergessen!«

»Soso. Und dieses Bild?«

»Hat sie mir heute mitgegeben, weil ich's Elise mal zeigen wollte.«

Während mir ein riesiger Stein vom Herzen fällt und dabei wieder auf die Größe eines drei Monate alten Embryos schrumpft, fragt Charlotte unschuldig, ob Katharina ein paar Tage bei uns übernachten könnte.

»Wo sie doch jetzt nicht weiß, wo sie hinsoll!«

»Ja, klar! Ihre Mutter hat sie wirklich rausgeworfen?«, frage ich ungläubig.

»Du würdest das doch bestimmt nicht tun, oder?«, vergewissert sich Charlotte mit bangem Augenaufschlag.

»Nie im Leben! Wir würden das schon zusammen durchstehen, ganz egal wie eine von euch beiden sich entscheiden würde!«, beteuere ich und denke, dass das soooo schlimm jetzt auch nicht gewesen wäre, wenn der winzige Embryo zur Familie gehört hätte: »Gibt's Kirschen, gibt's Körbe.« (Danke, Oma!)

»Vielleicht kannst du auch mal mit ihrer Mutter reden?«

»Wenn sie das möchte, mache ich das!«

Hochzufrieden lehnt Charlotte sich an Elises Seite.

»Wusste ich doch. Das habe ich auch Katharina gesagt. Wenn sie nachher kommt, könnten wir alle drei zusammen mit ihr über Abtreibung reden.«

15

Ich bin hier Gast!

Also, dein Nick ist ja ein Traum! Den könnt ich glatt adoptieren!«

So ruft die Dame schon von Weitem in schrillem Diskant und kommt mit ausgestreckten Armen auf mich zu, als hätte sie meinen mühsam unterdrückten Fluchtimpuls gerochen. Seit ihre Tochter Nicks Freundin wurde, treffen wir uns immer häufiger zufällig auf der Straße und tun das, was Frauen zuweilen tun, wenn sie sich am liebsten beißen würden: Küsschen rechts, Küsschen links, wie schön dich zu sehen, toll siehst du aus, geht's dir gut, hast du abgenommen? Auf Wiedersehen.

Doch so schnell komme ich heute nicht davon. Ausdauernd singt sie Lob in höchsten Tönen und kostet genüsslich aus, dass mein Sohn, der übrigens deutlich aus dem adoptierfähigen Alter heraus ist, seit ein paar Monaten ihren Haushalt beeindruckend häufiger mit seiner Anwesenheit schmückt als den meinigen. Was ich allerdings stoisch als den Lauf der Dinge nehme und deshalb gar nicht erst groß angefangen habe, auf Besuche, Anrufe, E-Mails und SMS zu warten, seit Nick ausgezogen ist.

Gefreut habe ich mich schon, wenn er was von sich hören ließ. Aber aufgedrängt habe ich mich eher nicht, sondern versucht ihm vorzuleben, wie schön das Leben ohne Kinder ist. Dass man seine Kinder nicht wie verrückt lieben darf, sondern sie mit Vernunft lieben muss, habe ich aus einem Interview mit der Schauspielerin Isabelle Huppert erfahren. »Daran muss man wirklich arbeiten«, sagt sie, »sonst droht die Katastrophe; in der Mutter-Kind-Beziehung existiert eine offene Tür, hinter der diese abartige und wahnsinnige Sache lauert.« Wohl wahr, und damit ich das nie vergesse, habe ich den Satz aus der Zeitung herausgerissen und an meinen Kühlschrank geklebt.

Ich nahm schon das frühe Fremdgehen nicht allzu persönlich: Seinem Drang, in fremden Betten zu übernachten, an fremden Tischen zu hocken, Sitten und Gebräuche in anderen Familien zu erkunden, die nur beim ersten Mal fremd waren, habe ich kaum mütterliche Bedenken in den Weg gelegt. Sobald ein Kind nämlich das erste Mal bei einem anderen übernachtet hat, öffnen sich neue Räume und erweitert sich der Horizont. Über die teilnehmende zur vergleichenden Beobachtung reift die Erkenntnis Tolstois: Alle glücklichen Familien ähneln einander; jede unglückliche aber ist auf ihre eigene Art unglücklich – in der einen werden die Kinder zuerst bedient, in der anderen zuletzt, in der nächsten überhaupt nicht. Und nirgendwo bedienen die Kinder die Eltern.

Von seinen Expeditionen kam Nick mit erstaunlichen Einsichten zurück: »Sie sprechen dort ein Tischgebet!« Oder: »Man darf nicht mal ›Scheiße‹ sagen.« Und: »Abends müssen alle in die Badewanne! Auch der Hund!« Andere Familienscherze, andere Gebräuche, merkwürdige Kleinigkeiten hinterlassen tiefe Eindrücke und schaffen eine neue, spannende Atmosphäre. Manchmal verlieben sich Kinder heftig in andere Familien, und als Teenager wohnen sie praktisch bei ihren Freunden, weil ihnen deren Lebensweise –zumindest vorübergehend – besser gefällt.

Doch jetzt wird's mir gerade ein bisschen zu bunt.

»Ich habe mir ja nie vorstellen können, dass man einen Sohn gewinnt, anstatt eine Tochter zu verlieren, wie man auf Hochzeiten so sagt«, prahlt sie und zwinkert mir zu. »Aber genau so ist es!«

Ich zucke zusammen, und sie gerät erst recht in Fahrt. Er grüße stets höflich, wo andere junge Menschen, die zu Besuch kämen, doch gewöhnlich die Zähne nicht auseinanderbrächten, wenn sie durch die Wohnung schlenzten. Er halte Türen auf, habe immer ein freundliches Wort für sie. Er räume sogar die Spülmaschine aus, ohne darum gebeten zu werden. Er trage ihr die Einkaufstaschen nach oben und erböte sich, den Müll mit runterzunehmen, wenn er ginge. Er habe ihr letztens in den Mantel geholfen. Ein echter Gentleman! Peinlich genau achte er darauf, nie etwas von seinen Sachen herumliegen zu lassen. Er bedanke sich vor jeder gemeinsamen Mahlzeit für die Mühe des Kochens und habe sogar vorgeschlagen, selbst an einem Abend mal für die kleine Familie der Freundin zu kochen. Er lege ganz selbstverständlich Hand an beim Tischdecken und Abräumen. So umsichtig, so rücksichtsvoll, so freundlich, so höflich, so wohlerzogen, eine reine Freude, wirklich, dieser junge Mann, ein toller und deshalb gern gesehener Gast.

»Ja, so ist er halt, der gute Junge«, presse ich heraus und gebe vor, mit diesen erfreulichen Verhaltensweisen seit Langem vertraut zu sein. Dann bestreite ich artig und bescheiden, irgendeinen Anteil am Zustandekommen dieses Wunders zu haben, schütze einen dringenden Termin vor und eile davon. Der Spruch des weisen Salomo aus der Bibel geht mir durch den Kopf: Denn die Lippen der fremden Frau sind süß wie Honigseim, und ihre Kehle ist glatter als Öl, hernach aber ist sie bitter wie Wermut und scharf wie ein zweischneidiges Schwert.

Auf dem Heimweg denke ich daran, wie er so ist, wenn er zu Hause ist. Schuhe, Jacke, Tasche und Motorradhelm fliegen in irgendeine Ecke, sobald er die Wohnungstür hinter sich zugezogen hat. Ohne Zeit zu verlieren, steuert er den Kühlschrank an, isst, was immer er findet, und lässt sich ächzend aufs Sofa fallen. Nie würde er den Müll runtertragen, die Aufforderung nach dem Sonntagsessen, den Tisch abzuräumen, den Vorschlag, das nasse Handtuch nach dem Duschen auf den Halter zu hängen, die Bitte, seine Kaffeetasse wenigstens in die Spüle zu stellen, quittiert er mit dem rechtschaffen empörten Hinweis: »Ich bin hier Gast!«

Scheinamüsiert lächle ich über den kleinen Stich hinweg. Wenn Söhne zu Gästen werden, fühlt sich das überraschend lange Zeit so an wie eine Wunde, die geheilt noch schmerzt. Das dazu passende Geräusch ist das von ins Schloss fallenden Türen, die den ruhigen Fluss des Lebens mit Kindern in ein Davor und ein Danach teilen.

Seit vor zwei Jahren die Tür ins Schloss fiel, erleben wir keinen gemeinsamen Alltag mehr. Allermeistens weiß ich weder, wo er steckt, noch, mit wem er zusammen ist, oder was er überhaupt macht. Und schon gar nicht, in welcher Familie er gerade reüssiert.

Und wenn schon! Schließlich habe ich damals, nachdem ich von zu Hause ausgezogen bin, auch nur angerufen, wenn ich Geld brauchte. Keinen Gedanken habe ich daran verschwendet, wie sich meine Eltern fühlten, als ich weg war und von da an nichts mehr ausließ, was Spaß versprach: ins besetzte Haus zog, mit dem Motorrad nach Korsika fuhr, nach London trampte und wochenlang nichts von mir hören ließ – alles Dinge, über die ich heute ausflippen würde, wenn eines meiner Kinder sie täte. Meine Eltern haben meinen Abnabelungsprozess viel gelassener hingenommen als ich den meiner Kinder. Oder haben sie nur nichts gesagt und sich einfach gefreut, wenn ich pflichtschuldigst zum Geburtstag angerufen habe?

Nick kommt zu Besuch, und darauf kommt es an. Sonntags, weil er muss und hoffentlich auch will. Und mir widerfuhr einmal im Großen und seither bei jedem Besuch im Kleinen wieder etwas Ähnliches wie die fünf Stufen des Abschieds, wie sie die Sterbeforscherin Elisabeth Kübler-Ross beschrieben hat.

Verleugnung

Dass er ausgezogen ist, wollten Teile meines Unterbewusstseins lange nicht wahrhaben. Deswegen kochte ich regelmäßig zu viel und stellte einen Teller mehr als nötig auf den Tisch, sprach Leander versehentlich mit dem Namen seines Bruders an.

Zorn und Ärger

Dass er, kaum dass er da ist, die Bude zumüllt, den Kühlschrank leer isst und keinen Finger rührt, hat mich anfangs irritiert. Dass er zu spät kommt und zu früh geht, wie er gerade will, habe ich meist grummelnd hingenommen. Dass es nie das kleinste Dankeschön geben würde, war mir früh klar. Trotzdem kämpfte ich mit komplizierten Empfindungen, als ich in seiner Abi-Rede nicht vorkam.

Verhandeln

Wollen wir mal wieder was zusammen unternehmen? Einen Ausflug, quatschen, zusammen essen? Verhaltene Reaktionen. Von hundert Malen, an denen ich beim Abschied fragen wollte, wann wir uns wiedersehen, habe ich das höchstens einmal laut getan, auch weil ich die Antwort schon kannte: Mal sehen. Aber das Sonntagsessen ist Pflicht!

Depression

Was bleibt von mir, wenn ich nicht mehr gebraucht werde? Innere Leere, Verlust, dabei Reue über die Fehler, die ich gemacht und die Versäumnisse, die ich nie wiedergutmachen kann. Ein mutterloses Kind mag eine schlimme Sache sein, doch harmlos verglichen mit einer kinderlosen Mutter, bei der schon die Logik Adjektiv und Substantiv zusammenschmiedet. Freidrehendes Selbstmitleid macht mir das Leben schwer.

Zustimmung

Es ist, was es ist. Ich nehme mein Schicksal an, freue mich auf seinen nächsten Besuch. Bin erschöpft, ziehe und halte mich zurück, dränge mich auf eine fürsorgliche Weise nicht auf. Natürlich fehlen mir die familiären Kuschelrunden auf dem Sofa vor dem Fernseher. Aber was soll ich tun? Vielleicht einen superfiesen Horrorfilm in der Videothek ausleihen, damit sie richtig Angst kriegen, sich an mich klammern, auf meinen Schoß springen und ihr Gesicht an meinem Hals verbergen?

Die Klingel reißt mich aus meinen Gedanken. Ich öffne die Tür – und da steht Nick.

»Hi Mama, war gerade in der Gegend.«

Überwältigende Wiedersehensfreude lässt mein Herz höher schlagen, was er mit einem nachsichtigen Lächeln quittiert, meine Umarmung brav über sich ergehen lässt, sich aus der Jacke schält, um sie samt Helm und Tasche in die Ecke zu pfeffern.

»Wie geht's dir? Hast du Hunger?«, will ich gerade fragen, aber da ist er schon am Kühlschrank, mustert stirnrunzelnd den Inhalt und greift zu. Mit vollem Mund kauend, zwei Würstchen in der Faust, fläzt er sich aufs Sofa.

»Und sonst so?«

Das nehme ich für eine Einladung zum Gespräch und freue mich. Hach, mal wieder richtig schön quatschen, wie früher! Schon sprudelt's aus mir heraus – wie mein Tag so war, was die Arbeit so macht, wer mich geärgert und was mich gefreut hat ...

»Kaffee wär gut«, sagt er, lächelt lieb und greift nach der Fernbedienung, checkt gleichzeitig sein Handy.

»Sag mal, hast du nicht Lust, nach dem Kaffee mit mir ...«, nehme ich vorsichtig den Faden wieder auf.

»Nee, lass mal, muss gleich weiter. Zum Konzert. Nur vorher noch schnell duschen.«

Eigentlich wollte ich vorschlagen, dass wir wieder mal was zusammen unternehmen, vielleicht ins Kino gehen oder am Wochenende einen richtig schönen Ausflug mit allen zusammen machen. Meinetwegen sogar shoppen. Doch jetzt trau ich mich nicht mehr und fühle mich wie eine schmachtende Fünfzehnjährige, die nicht wagt, sich an den coolen Typen aus der Zehnten ranzumachen.

»Wie läuft's denn so? Was macht die Arbeit?«, nehme ich einen neuen Anlauf. »Alles gut bei dir?«

»Mhhm, alles super.«

»Ich hab mir schon Sorgen gemacht«, schwatze ich drauflos. »Ich hab dich ein paarmal angerufen in den letzten Tagen, aber du bist nicht rangegangen.«

Oje, das war falsch. Gleich wird er sich zurückziehen wie ein scheues Waldtier.

»Funkloch«, nuschelt er.

Hab ich's denn noch immer nicht kapiert? Funkloch oder leerer Akku sind die Chiffren der Verzweiflungstaten erwachsener Kinder, um sich Mutters fürsorglicher Belagerung zu entziehen! Hab ich denn plötzlich alles vergessen, was ich mir mühsam draufgeschafft habe, um meine Kinder nicht mit Kontrollwahn, Klammerblues und kleinlichem Gemäkel zu belasten?

Wozu habe ich mich eigentlich so gründlich in die amerikanische Therapeutensprache eingefuchst, um die Message glaubhaft rüberbringen zu können: »Mein Sohn, ich bin stolz auf dich, was immer du auch tust.«

Wenn der fragliche Sohn um vier Uhr nachmittags bei schönstem Sonnenschein hinter geschlossenen Vorhängen auf dem Sofa lümmelte, die Ohren verstöpselt, in der Hand ein elektronisches Gerät, auf dem er mit dem Finger herumwischte, und mit dem Zeh, der aus dem Loch im Socken ragte, den Fernseher einzuschalten versuchte, war das manchmal etwas schwieriger, und ich musste die Botschaft anpassen, wenn ich beispielsweise Mithilfe im Haushalt erwirken wollte: »Mein Sohn, ich weiß, du besitzt einzigartige Talente. Dürfte ich dich vielleicht dabei unterstützen, sie zu nutzen?«

Manchmal grunzte er nur, aber es klang zumindest einigermaßen erfreut. Ich bin nämlich kein weinerlicher Feldwebel, die Küche kein Exerzierplatz und Kinder keine Rekruten – sondern Gäste, die nach dem Weg fragen …

Während er duscht, wasche ich seine Kaffeetasse ab, räume den Käse zurück in den Kühlschrank, verschließe die aufgerissene Wurstpackung, wische die Krümel weg, hebe die Jacke auf und versuche, nicht allzu sauer zu werden. Ja, bin ich denn sein Dienstmädchen? Was denkt der eigentlich, wer ich bin? Eine Servicetankstelle, die immer offen ist? Ein prallgefülltes Regal im Supermarkt, aus dem er sich nach Herzenslust bedienen kann? Alt genug ist er ja wirklich, um seinen Kram selbst wegzuräumen. Wie lange soll das Füttern auf Verlangen eigentlich noch weitergehen? Und wieso duscht er eigentlich nicht bei sich zu Hause – hat er vielleicht gerade sein Bad geputzt?

Gleich, wenn er wieder weg sein wird, werde ich in seliger Verblödung das nasse Handtuch auf den Halter legen, die Shampooflasche schließen, seine dreckigen Klamotten in die Waschmaschine packen und einen Moment lang den Rest der Deoschwaden, die er versprüht hat, sehnsüchtig erschnuppern. Von all dem kriegt er natürlich nichts mit, weil er längst gegangen sein wird.

»Das Konzert, Mama, ich bin spät dran! Tschüssi!«

Die Tür fällt ins Schloss. Vielleicht bin ich auch wirklich etwas ungerecht in meinem Ärger darüber, noch immer als Hotel Mama zu fungieren. Ich seufze und gehe ins Bad, das Handtuch aufheben.

Doch da gibt's nichts zu tun: Kein nasses Handtuch am Boden, keine dreckigen Klamotten vor der Badewanne, keine rasierten Haare im Waschbecken, und der Klodeckel ist auch geschlossen. Alles in schönster Ordnung, alles, wo es hingehört. Ich bestaune dieses Wunder und atme tief durch, vermisse die Deoschwaden und schließe das Fenster, das er vorsorglich geöffnet hatte, der gute Junge.

Eine SMS reißt mich aus meinen rührseligen Gedanken. Nick schreibt: »Mamachen, ich brauche morgen drei Marmorkuchen für die Kollegen auf Arbeit, und jetzt muss ich ins Konzert. Könntest du so lieb sein? Bittebitte!«

»Von wegen, jetzt habe ich mal Funkloch«, trotze ich.

Beim Backen denke ich versöhnlich, es reicht ja, wenn er's bei anderen schafft, freundlich, rücksichtsvoll und höflich zu sein – ein guter Gast zu sein, der doppelt Freude macht: wenn er geht und wenn er wiederkommt.

16

Downshifting

»Hier müsste auch mal ausgemistet werden!« Elise rollt mit den Augen und deutet streng auf die Kartons, die sich auf dem Schrank im Flur stapeln, hoch wie Gefängnismauern. »Und hier erst! Wie das aussieht!« Sie reißt die Schranktüren auf und seufzt.

»Na und? Das ist ja wohl meine Sache, wie's hier aussieht!«, sage ich schnippisch und schließe die Schranktüren wieder. »Außerdem weiß man ja nie!«

Elise schüttelt den Kopf und lächelt mitleidig. »Manno, Mama! Uns hast du früher immer zum Ausmisten gezwungen, aber selber drückst du dich davor!«

Ist ja schon gut! Weil ich es hasse, irgendetwas zu verschwenden, und insgeheim glaube, dies oder jenes könnte ich eines Tages wieder brauchen, häufen sich in meinen Schubladen halbvolle Kleistertuben, Tennisbälle, Fotorahmen aus Pappe und Eieranpieker, kaputte Armbanduhren, Gummiringe, Knöpfe, Stoffreste, Kerzenstummel und das, was von Überraschungseiern übrig bleibt, wenn die Schokolade verputzt ist.

Außerdem sammeln sich Kisten auf Schränken, Hängeböden und im Keller, in denen ausrangierte Kinderkleider lagern, die ich längst zum Flohmarkt hatte bringen wollen, einzelne Schuhe, die ich nicht wegwerfen wollte, weil das eine Schande wäre, Blumenvasen mit scheußlichen Mustern und Stoffballen für Gardinen, die ich seit acht Jahren nicht genäht habe.

Weil ich meiner gelegentlichen Rührseligkeit nur schwer Herr werde, kann ich mich kaum von den Kunstwerken trennen, die meine Kinder aus dem Kindergarten und der Schule mitgebracht haben. Doch noch schwerer fällt mir der Abschied vom einstmals heißgeliebten Spielzeug.

Ich hab's ja versucht! Doch das Verkaufen der ersten Spielsachen auf dem Flohmarkt habe ich beinahe als Prostitution empfunden – so als würde ich meine Töchter auf die Straße setzen. Ich lieferte etwas ganz Privates dem kapitalistischen Resteverwertungskreislauf aus, dachte ich damals hinter dem Tapeziertisch, auf dem ich Kuscheltiere, das Bobby-Car und Spielzeugautos aufgebaut hatte, und wurde sauer, wenn Interessenten versuchten, mit mir über den Wert eines Bilderbuchs zu feilschen, an dem noch Reste von Babyspucke klebten. Das Schachern und Feilschen, erst recht der Verkauf erschien mir wie Hochverrat.

Der Wert von Dingen, mit denen Kinder gern gespielt haben und an denen die Erinnerungen an viele glückselige Momente haften, steigt ins Unermessliche, während der reale Wert im Blick des Fremden deutlich unter 50 Cent bemessen wird. Deshalb ist der Keller randvoll gefüllt mit verwaisten Puppenhäusern, verlassenen Tankstellen, toten Stofftieren, kaputten Drachen, einer Million Matchbox-Autos mit deutlichen Gebrauchsspuren. Ein Vermögen steckt in den Playmo-Duplo-Legosteinen, die in Kartons verstaut sind.

Weil ich Familiensinn habe, horte ich auch etliche große blaue Müllsäcke voller Babysachen, bis das Enkelkind meiner besten Freundin zur Welt kommt und ich ihr die ganzen süßen Sächelchen aufzwingen kann, ob sie will oder nicht.

Wenn man wie ich ständig die Kleidergröße wechselt, ist es ganz normal, riesige Körbe, Schränke und Keller voller Sachen zu besitzen, die zwar aus der Mode gekommen sind, mir aber eines Tages wieder passen oder irgendwann wieder total angesagt sein könnten. Sollte ich in diesem Jahr zwanzig Kilo abnehmen und gebatikte Hippie-Kleider, grellrote Jacketts mit Schulterpolstern oder samtene Schlaghosen nach dreißig Jahren ihre modische Wiedergeburt feiern – ich bin bereit.

Allerdings wird, wer wenig besitzt, umso weniger besessen, sang Friedrich Nietzsche das Loblied der kleinen Armut. Eine vage Sehnsucht danach, mit weniger als hundert Dingen leben zu wollen, befällt mich. Sie kommt aus der Vergangenheit, denn bevor ich Kinder hatte, war ich überzeugt minimalistisch unterwegs. Mit kleinem Gepäck wollte ich durchs Leben reisen! Wie konnte ich das nur vergessen?

Mit den Kindern kam der Krempel. Dass ein gewisses Durcheinander nur ein Zeichen für ein gesundes, ungezwungenes Familienleben sei, tröstete ich mich, während ich knietief im Spielzeug watete und nur darauf bestand, die Versorgungswege frei zu halten. Untadelige Ordnung in einem Haushalt, wo Kinder leben, erschien mir beklemmend. Dieselbe Ordnung in einem Haushalt, in dem immer weniger Kinder leben, kommt mir verlockend vor: Freie Flächen, geordnete Stapel im Schrank, gerade Linien und nichts steht rum – das wäre doch ein schönes Ziel, wenn alle Kinder aus dem Haus sind! Chaos kann auch bedrohlich und bedrückend wirken. Je größer die Wohnung, desto schlimmer das Problem. Warum eigentlich sollte nicht jetzt allmählich die

Vernunft über die Sentimentalität siegen? Eine große Wohnung schluckt Unmengen, bis sie wie alle Vielfraße ungesund und niederdrückend wirkt und einen schädlichen Einfluss ausübt.

Aber ich müsste sehr konsequent sein, wenn ich mich über die emotionalen Habseligkeiten hermachte. Man würde mich der Günstlingswirtschaft bezichtigen, wenn ich den geheiligten Sperrholznachttisch von Charlotte in den Müll werfe, aber die Steinesammlung ihrer Schwester verschone. Das widerliche, zerrissene Hertha-Trikot von Leander nicht anzurühren wage, aber Nicks erste Fußballschuhe pietätlos zur Altkleidersammlung gebe.

»Halt durch, schmeiß weg!«, ruft Elise durch's Telefon, als ich ihr meine Überlegungen präsentiere.

Beim nächsten Sonntagsessen versuche ich, alle Familienmitglieder zur gemeinsamen Entscheidungsfindung zu überreden, was weggeworfen werden soll, woran das Herz hängt und was wirklich noch gebraucht wird.

»Musst du uns damit nerven?«, fragt Leander.

»Es gibt bestimmt ein Internet-Forum für Mütter mit ähnlichen Problemen!«, fällt Nick ein.

»Eins? Zig gibt's davon!«, kichert Elise.

»Ich helfe dir beim Ausmisten!«, schnurrt Charlotte und wirft ihren Geschwistern einen unendlich überlegenen Blick zu.

Ich bin ein bisschen beleidigt, geb's aber auf und gehe ins Bett. Ein böser Traum sucht mich heim. Ich habe unsere Wohnung gekündigt und ziehe allein in ein helles, kleines, aufgeräumtes Haus am Meer. In meinem Traum wandere ich traurig umher und klage: Wo sind all die alten Stofftiere? Und was mache ich im Winter mit den Taucherbrillen, Schnorcheln, Wasserpistolen und Schwimmreifen? Wo ist mein Wunderschrank mit seinen geheimnisvoll nachwachsenden supertollen Sonderüberraschungen? Sag mir, wo die Legos sind, wo sind sie geblieben? Kein Dachboden! Kein Keller! Hilfe, schnell, ich brauche ein paar große, stabile Kartons!

Meines Durcheinanders beraubt, erwache ich schweißgebadet und sehe ringsum die vertrauten, gestern noch so tröstlichen Haufen und überquellenden Schränke und Schubladen meines Familienlebens, die plötzlich etwas Bedrohliches ausstrahlen. So viel Mist um mich herum. Geliebter, vertrauter Mist, aber er gehört in die Mülltonne, den Altkleider-Container, den Secondhandladen oder einfach verschenkt.

Was würde eigentlich passieren, wenn ich die zerschlissene Marienkäferchen-Bettwäsche wegwerfen würde? Werde ich diesen Roman ein zweites Mal lesen? Wozu brauche ich Töpfe, Besteck und Geschirr in Kompaniestärke?

Ich fange mit den Fenstern an, und als alle geputzt sind, arbeite ich mich langsam ins unwegsame Landesinnere vor. Entrümpeln, ausmisten, Ballast abwerfen. Schon bald fühle ich mich leichter, unbeschwerter und beweglicher. Wunderbar!

Nur Elises Zimmer rühre ich nicht an. Sie ist vor drei Tagen ausgezogen, und seither gehe ich nur mit geschlossenen Augen an ihrer Zimmertür vorbei. Die Tür bleibt zu, weil ich nicht traurig werden will. Ich kann mir nämlich schon vorstellen, wie's da drin aussieht. An den schönen orange gestrichenen Wänden mit den roten Kullern, die sie vor drei Jahren gemalt hat, wird kein einziges Poster mehr hängen. Vielleicht klebt noch der Fächer aus verblassten, eselsohrigen Tickets längst vergangener Konzerte an der Wand, da, wo ihr Schreibtisch stand. Den Schrank wollte sie dalassen, weil er ihr nicht mehr gefiel, genau wie ein paar andere Habseligkeiten, für die sie momentan keine Verwendung hat.

»Meine neue Wohnung hat nämlich keinen Keller, und du hast doch bestimmt nichts dagegen, wenn ich hier noch ein paar Kisten stehen habe?«

»Ich doch nicht!«, habe ich gesagt und einmal mehr gehofft, dass sie meinen ironischen Unterton bemerkt, versteht und richtig deutet.

Hat sie aber nicht.

»Willst du nicht endlich mal in Elises Zimmer gehen? Es ist leer, und du wolltest doch dein Bett da reinstellen!«, fragt mich Charlotte täglich.

»Morgen vielleicht.«

Sie schüttelt den Kopf. »Versteh ich nicht! Wie lange willst du denn noch traurig sein?«

»Ich habe mich für den klassischen Weg der Trauerarbeit entschieden. Ich denke einfach nicht weiter drüber nach.«

»Verstehe, ohne diesen tollen Trick würde hier auch gar nichts mehr laufen.«

»Ich mach das öfter, als du denkst! Jedes Mal, wenn mich etwas ärgert. Jedes Mal, wenn ich traurig werde. Jedes Mal, wenn wieder einer auszieht.«

»Und deshalb gehst du nicht in das Zimmer? Toll, wenn das für dich okay ist.«

»Es ist nicht okay.«

Nach einer Woche wage ich's doch. Langsam öffne ich die Tür und pralle erschrocken zurück. Die Wände strahlen in frischem Weiß, der Holzboden schimmert wie flüssiger Honig, sogar die Fenster sind geputzt. Das

Zimmer ist leer und wirkt unberührt wie frisch gefallener Schnee.

Auf dem Fußboden liegt ein Zettel:

Liebe Mama,
mach doch mein altes Zimmer zu deinem neuen Schlafzimmer, dann hast du Arbeiten und Schlafen wieder getrennt. Es ist auch viel ruhiger hier – und frisch gestrichen. Ich komm am Wochenende mal vorbei.
Tausend Küsse
Elise

Ich ruf sie gleich an, und sie lacht mich aus. »Das war ein Test! So lange hast du dich also nicht getraut, ins Zimmer zu schauen?« Dann erzählt sie mir, wie sie alle vier zusammen an einem Nachmittag das Zimmer gestrichen haben, als ich weg war – Überraschung!

»Wovor hast du eigentlich Angst gehabt?«

Das habe ich vergessen, aber wenn die Kinder imstande sind, den Abschied würdevoll und großmütig hinzunehmen, denke ich, dann kann ich das auch.

17

À la mode

»Tschüss, Mama!«, tönt es kurz angebunden aus dem Flur, und schon fällt die Tür ins Schloss. Hm, keine Zeit mehr für das obligatorische Tschüssi-Küsschen?

Ich stehe in der Küche und beginne gerade mit den Aufräumarbeiten nach der allmorgendlichen Stullenschmier- und Möhrenschnippsel-Zwangsarbeit, da fällt mir ins Auge, was einer Vollblutmutter niemals ins Auge fallen darf, will sie sich nicht mit allen pädagogisch geschulten Obrigkeiten anlegen und schlimmstenfalls einer Karriere als Kundin beim Jugendamt entgegensehen: Charlotte hat ihr Frühstück auf dem Tisch stehen lassen! Abgemagert ist sie zwar nicht eben, und in den vier Stunden bis zum Mittagessen würde sie wahrscheinlich gerade noch mal dem Hungertod entgehen, aber trotzdem – eine Mutter muss tun, was eine Mutter tun muss. In Bestzeit hechte ich zur Wohnungstür, reiße sie auf, als wollte ich jemanden aus lodernden Flammen retten, nehme vier Stufen auf einmal und hole das Kind im zweiten Stock mit angeknackstem Knöchel, aber glücklich ein.

Charlottes mascaraüberschwemmtem Blick haften gleichzeitig Schuldbewusstsein, Trotz, vorauseilende Wut, Genervtheit, aber auch dieser immer noch kindliche Wille zur Resignation vor der stets Sicherheit bietenden Ersten Instanz an.

»Ach, daher weht der Wind«, keuche ich, meinen strengen und in Nullkommanichts angesäuerten Blick auf das glänzende Kleidungsstück gerichtet, das, wäre es etwas breiter, glatt als Gürtel durchgehen könnte. (Es muss in üppigen Zeiten wohl mal neben einer Shorts gelegen haben.) Etwas höher bietet sich der mit einem rosa Möchtegern-Diamant verzierte Bauchnabel dar, das Ganze harmonierend mit einer Art ölgraugrünem Tanktop, das nicht den kleinsten Zweifel darüber lässt, von welcher Beschaffenheit jede einzelne Faser des BHs ist, den Charlotte genauso gut über das Top hätte ziehen können. Korrespondierend dazu, hat Charlotte sich für eine trendige schwarze Feinstrumpfhose mit Laufmaschen – eine ganz große von den ca. fünfen auf der Oberschenkelinnenseite – entschieden und das Ensemble gekonnt unterstrichen durch das Tragen mannshoher Keilabsatz-Ankle Boots, die irgendwann einmal ein Leomuster vorweisen konnten. Wie konnte sie damit überhaupt die Treppen herunterkommen, denke ich, geschweige denn, so schnell? Die Dinger gehören ihrer Schwester.

Elise ist über zwanzig, und sehr zum Leidwesen ihres Vaters und ihrer Großmutter mütterlicherseits mische ich mich in ihre geschmacklichen Irrungen und Wirrungen nicht mehr ein. Sie sollen ja schließlich ihren Weg gehen, die Kinder, ja, und dazu gehört es, sich auszuprobieren, nach Herzenslust abchecken zu dürfen, was nötig ist, um Innenleben und Außengestaltung so deckungsgleich hinzubekommen, dass man sich irgendwann einmal wohl und sicher fühlt. Im besten Fall weiß man mit dreißig endlich, welcher Typ Frau man ist, und hat es nicht mehr nötig, wöchentlich wechselnd Goethes Farbenlehre am eigenen Haupthaar zu erkunden. Wenn alles gut ging, braucht man im Erwachsenenstadium zwölf

Minuten zum Fertigmachen, bevor man sicheren Schrittes und mit geradem Rücken in eine Verhandlung geht. Und wie, wenn nicht durch eigene Erfahrung, soll man dahin kommen?

Ich habe das als Mutter immer so verfochten und bereue es nicht, auch wenn ich etliche Male beim Anblick meiner herausgeputzten großen Kinder nahe daran war, an Augenkrebs zu erkranken. Allzu erinnerlich sind mir noch die als Schläge empfundenen Ratschläge meiner erwachsenen Verwandten, wenn ich nur daran gedacht habe, Jeans statt Rock zu tragen. Was dazu geführt hat, dass ich blöderweise immer noch am liebsten Jeans trage. Mir war sonnenklar: Meine Kinder dürfen sich entfalten.

Sympathisch und stets eine Hilfe bei meinen mütterlichen Gelassenheitsübungen war mir der weise Leitsatz meiner geliebten Oma, der lautete: »Das Leben wird es sie/ihn schon lehren.« Also dachte ich, als Elise damals mit den erwähnten Ankles freudig zur Tür hereinflötete, Omas haben immer recht, wenngleich es mich in diesem Moment sehr viel guten Willen kostete. Verkneifen konnte ich mir dann allerdings doch nicht den Hinweis darauf, dass damals, als ich so jung wie sie und die Erde noch eine Scheibe war, Frauen derlei Schuhe an *einem* Fuß tragen mussten, weil sie ein wesentlich zu kurzes Bein hatten. Klumpfüße nannten wir sie. Ungerührt retournierte Elise, dann habe sie halt zwei wesentlich zu kurze Beine und müsse die unbedingt an beiden Füßen tragen! Übrigens: Oma hatte recht! Die 10 Zentimeter hohen Leo-Ankle-Boots verwaisten alsbald im hintersten Winkel des Schuhregals (um den 13 Zentimeter hohen im Military-Look Platz in der vordersten Reihe zu machen).

»Sofort kommst du mit hoch und ziehst dich um!«, höre ich Fräulein Rottenmeiers Stimme, die in diesem Fall mir gehört.

»Hallo? Mama! Ich muss zur Schule!«

»Eben drum. Ab nach oben!«

»Dann komme ich zu spät, und wir haben erste Stunde Bio bei Frau Meier-Rotte! Die killt mich! Ich hab sie neulich im Bus schon nicht gegrüßt!«

Charlotte kämpft mit den Tränen, und sie tut mir wahnsinnig leid. Nicht nur, dass ich jetzt ihren Willen brechen muss – sie wird zu spät kommen, eine Rüge einstecken müssen. In Bio steht sie zwischen Zwei und Drei, und ich weiß, dass allein ihr Zuspätkommen Frau Meier-Rotte zur Drei tendieren lassen wird. Dass ich Frau Meier-Rotte für diese Art der Entscheidungsfindung gerne gehörig die Meinung sagen würde (und sie im Bus auch nicht grüßen würde), stimmt zwar, und vielleicht müsste ich in diesem Fall anders reagieren als ich es tue, allein, um Frau Meier-Rotte den Wind aus den altjüngferlichen Segeln zu nehmen.

Aber das steht auf einem anderen Blatt und hier nicht zur Debatte. Jetzt muss ich noch mal stark sein, denn es geht hier um Charlotte. Darum, ob ich sie sehenden Auges wie eine – Verzeihung – Stricherin vom Bahnhof zur Schule gehen lasse oder aber ihr die Geborgenheit liefere, einfach besser als sie zu wissen, bis zu welchem Grenzstein ihre kindliche Freiheit sich zu bewegen hat, auch wenn sie gerade achtzehn und damit offiziell volljährig geworden ist. Darauf durften sie sich alle vier verlassen, als sie noch klein waren und von meiner liebenden Hand Mützchen aufgesetzt, Hosenställe zugemacht oder das zum Wetter passende Schuhwerk zugebunden bekamen. Und zumindest meine beiden »Kleinen« mit Schuhgröße 39 und 43, die ihre Fußnägel noch unter meinem großen Küchentisch entweder lackieren oder bepopeln, dürfen sich noch ein Weilchen meiner Argusaugen als Gradmesser bedienen.

Mein Herz krampft, aber ich werde ihr die Mauer bieten, an der sie sich kraftvoll abstoßen kann, statt des Sofakissens, in dem sie doch nur versinken würde. Einen halben Meter größer als noch vor zehn Minuten, mache ich auf dem Treppenabsatz kehrt und gehe voraus. Auf halber Treppe zum dritten Stock höre ich immer noch keine Schritte hinter mir. Kurz drehe ich mich um, werfe einen nachdrücklichen Blick auf mein trauriges, wütendes Mädchen und versuche eine richtungweisende Kopfbewegung, wie ich sie gestern in einem Krimi gesehen habe, als der Gefängniswärter den Delinquenten in die Zelle wies. Und, puh, sie setzt sich in Bewegung. Mein Herzchen verschwindet in seinem Zimmer, und was ich daraus höre, klingt wie Grabenkämpfe in Nahost. Schranktüren fliegen auf und zu, Schubladen erweisen sich als Geschosse, Ankle Boots als Handgranaten. Nebenbei wird geflucht, dass man glatt wieder religiös werden könnte. »Verdammte Scheiße!«, vernehme ich, und habe ich da gerade »Kack Mama!« gehört? Oder war es gar ein »F… Mama!«? Okay, auf diesen Ausbruch hat sie ein Recht, zumal ich ja so tun kann, als hätte ich nichts gehört. Jetzt in der Zimmertür zu erscheinen, zähmend auf Charlottchen einwirken zu wollen und sie damit auch noch zu beschämen, erscheint mir harakiriesk.

Womm!, fällt die Tür ins Schloss. Das Frühstück steht wieder auf dem Küchentisch, und in aller Ruhe mache ich mich über Nutella- und Käsebrote mit Möhren- und Apfelschnitzen her. Muss eigentlich ein tolles Gefühl sein, wenn jemand einem Brote schmiert und Obst in

Herzchenform bringt, denke ich und widme mich meiner Lektüre, die ich nach drei Zeilen wieder aus der Hand lege, weil mir eine Frage interessant erscheint. Ob es ein Glück ist, immer selbst entscheiden zu dürfen? Vor gar nicht langer Zeit gab es überhaupt keine Diskussion über angemessene Kleidung, und man hatte möglicherweise den Kopf freier als die Lebenslehrlinge heute. Man musste sich keine Gedanken darüber machen, welche Länge oder welchen »Cut« die neue Hose haben soll, denn: Hosen kamen nicht in Frage! Ja, man war um das Fällen einiger Entscheidungen erleichtert. So wie meine vier, als sie noch klein waren. Mami hat sie morgens warm oder luftig angezogen, während sie sich längst mit den Abenteuern befassten, die sie heute zu überstehen gedachten. Ist nicht lange her, dass es auch den Erwachsenen so ging. Zumindest die Kleiderfrage war geklärt. Andererseits: Ich persönlich fühlte mich unfrei, gegängelt, täglich gemaßregelt. Und außerdem müsste man ja dann einem Knastbruder auch dazu gratulieren, dass er sich an einem Frühsommerwochenende nicht entscheiden muss, auf welchem See er nun ein Ruderboot mietet. Fazit, während ich ins Nutellabrot beiße: Jawohl, es ist ein Glück für meine Kinder, so frei zu sein, wie sie sind. Und ich werde mich halt weiterhin anschicken, ihr Glück mit meinem Gemeckere zu krönen und auf diese Weise ein wenig im Korsett zu halten.

Alle Wogen waren bereits am gleichen Abend wieder geglättet und sind es jetzt erst recht, als meine fantastischen vier am Sonntag zum gemeinsamen Pflichtessen anrücken. In einem Affenzahn machen sie sich über die Spargeltarte her, als sei es nichts, so ein Ding á la Jamie Oliver hinzudengeln, und quatschen vergnügt bis ranzig, also wie immer, durcheinander.

Nachmittags wollen sie alle zusammen los zu irgendeinem Multi-Kulti-Fest, und ich finde es einmal mehr gluckenhaft wunderbar, dass sie sich nicht spätestens beim letzten Bissen sofort wieder aus dem Weg gehen und man von jedem nur noch eine Staubwolke sieht. Einer für alle, alle für einen, so stehen sie jetzt vor mir, murmeln »Danke fürs Essen«, geben mir brav Küsschen und sich untereinander letzte Ratschläge die Outfits betreffend, für die meiner leider immer unmaßgeblicher werdenden Meinung nach nur noch das Wort »verboten« gerechtfertigt ist.

Aber ich wollte meinen Mund halten! Heute ist Sonntag, sie sind zu viert, und Charlotte soll sich heute nicht in Kleiderfragen von mir gängeln lassen müssen. Von mir aus, bitteschön ... Sollen sie doch nackt gehen! Ihre große Schwester findet »voll gut«, was Charlotte gewählt hat, und wenn ich Elise ansehe, überrascht mich das nicht.

Und wenn ich's nie wieder tue, das hier kann ich ihnen gerade nicht vorenthalten: »Sagt mal, kennt ihr eigentlich dieses schöne Zitat von Coco Chanel?«

»Oh, Mama, das meinst du jetzt nicht ernst, oder? Ob wir das Zitat kennen, das du seit zwanzig Jahren herbetest?«, fragt Nick süffisant.

Leander fängt an, und die anderen drei Schlauberger fallen im Chor ein: »Alter schützt vor Liebe nicht, aber Liebe vor dem Altern.«

»Hmm, schon ganz gut«, kontere ich mit der Überlegenheit einer neununddreißigjährigen Frau, »aber ich meine ausnahmsweise ein anderes. Ich meine: ›Eine Frau kann mit achtzehn entzückend, mit neunundzwanzig hinreißend sein, aber erst mit neununddreißig ist sie absolut unwiderstehlich. Und älter als neununddreißig wird keine Frau, die einmal unwiderstehlich war!‹«

»Ähm … ja, und?«, grunzt Nick. Sie wollen eigentlich los und gucken so verdattert, als wolle ich ihnen schnell noch das Bernoulli-Prinzip erklären.

»Ich will sagen«, hebe ich an und richte meinen altersweisen Blick auf meine Töchter, »wenn eine Frau mit neununddreißig und darüber hinaus diesen Status erreichen will, diesen Unwiderstehlichkeitsstatus, und wenn sie mit neunundzwanzig hinreißend sein will, dann muss sie mit achtzehn wenigstens entzückend sein! Und nicht wie ein zerbissener Straßenköter mit Klumpfüßen daherkommen!«

Oje, ich beiße mir auf die Zunge. Zu weit gegangen? Mitnichten. Meine Boshaftigkeiten prallen einfach an ihrer guten Laune ab. Milde belächeln sie einhellig raunend, wie niedlich es ist, wenn ältere Leute sich in Klamottenfragen Gehör verschaffen wollen.

Leander guckt nachdenklich an die Decke – und hat mich ertappt: »Mama, irgendwas stimmt da nicht mit der Zahlenfolge. Kann es sein, dass es ›mit neunzehn‹ statt ›mit achtzehn‹ heißen muss? Wäre doch totaler Quatsch: 18, 29, 39 …«

Charlotte kichert: »Ist ja noch ein Jahr, also chill mal, Mama!«

Ich geb's auf, denn: Sie sind einfach hinreißend.

18

Lachende Erben

Sei nicht so frech, verdammt noch mal, sonst ... sonst ... sonst ...«

»Ja, ich höre, was sonst?«, näselt Elise und funkelt kurz mit den Augen, bevor sie sich wieder dem Lackieren ihrer Fingernägel widmet.

Wer immer gesagt hat, dass eine Frau wehrlos sei, solange der Nagellack trocknet – er irrte. Erwartungsfroh belauern zwei Brüder und eine kleine Schwester diese neuerliche Attacke auf meine erzieherische Performance. Keiner sagt was, alle warten mit den Augen. Ein maliziöses, wissendes Lächeln umspielt die Mundwinkel des Ältesten. Die Kleine hat die Arme vor der Brust verschränkt und morst mit den Augen solidarische Botschaften an ihre Geschwister. Der Jüngste unterdrückt ein Kichern.

Mist, mir fällt nichts ein. Für den stillen Stuhl ist sie zu schwer, für einen Rausschmiss zu groß, für eine Ohrfeige viel zu süß ... Die üblichen Strafen, ohnehin immer nur halbherzig durchgezogen, erscheinen mir auf einmal so zielführend wie der Versuch, eine Einundzwanzigjährige abends mit Griesbrei zu füttern, in die Badewanne zu stecken, ihr spielerisch die Ohren zu waschen, sie scherzhaft zum Zähneputzen aufzufordern und beflissen Gute-Nacht-Lieder trällernd ins Bett zu verfrachten. Lächerlich! Also, was sonst?

»Sonst wirst du enterbt.«

Sofort prusten sie alle los. »Du hast doch eh nix!«, gibt die Große ungerührt zurück.

»Ich will die Bücher!«, markiert der Älteste sein Terrain.

»Kannste haben«, winkt die Große ab. »Und die Pflanzen meinetwegen auch.«

Einen Moment lang ist es still.

»Sie hat einen Mac!«, gibt der Jüngste zu bedenken. »Wie wollen wir den denn durch vier teilen?«

»Lass gut sein, bis Mama stirbt, ist der Mac ein Fossil«, höhnt meine Tochter.

»Ja, dann hat sie noch weniger als gar nichts, wenn sie erst viel später stirbt«, fasst der gute Junge zusammen.

Mir wird langsam mulmig. Beklommen schlage ich die Augen nieder, doch das schert hier keinen. Im Gegenteil. Sobald ich bei einem schwierigen Thema unbehaglich auf dem Stuhl herumrucke, scheint sie das nur anzuspornen, die widerlichsten Ideen kaltschnäuzig und ohne Rücksicht auf zwischenmenschliche Kollateralschäden einfach auszuspucken und sich mit abartigen Vorschlägen wiehernd gegenseitig zu übertrumpfen.

Charlotte mischt sich ein. Sie flötet lieblich mit einem Stimmchen wie Musik: »Also, ich finde das überhaupt nicht gut, dass ihr hier so über Mama redet. Wo sie doch dabei ist und alles mithört!«

Sie schaut drein wie ein Engel, und während um ihr rundes Gesichtchen mit den großen grünen Welpenaugen und dem niedlichen Stupsnäschen über dem Kirschmündchen ein zarter Heiligenschein zu glimmen anfängt, hackt die große Schwester einmal mehr präzise zu.

»Pass du mal besser auf, dass du auf deiner Schleimspur nicht ausrutschst!!«, faucht sie.

»Manno!«, wispert die Kleine. »Das verletzt Mama doch, wenn ihr hier über ihren Tod redet!«

Den anderen dreien ist das offenbar schnurz. Das habe ich jetzt davon, dass ich mich den letzten Fragen in den letzten Jahren so scheinbar unerschrocken in tapferer Simulation gestellt habe und mein Entsetzen noch hinter einem madonnenhaften Lächeln zu tarnen verstand, als sie schon lange Zeit darüber stritten, was auf meinem Grabstein mal stehen sollte. Und als sie sich nicht einigen konnten und beschlossen, dass ich einmal vier Grabsteine haben werde. Nicht mal gezuckt habe ich, als sie die Beerdigung mit Playmobil-Figuren nachgespielt haben und den dringenden Wunsch äußerten, beim Beerdigungsunternehmer mal ein paar Särge anzugucken, probeliegen wollten und herauszufinden versuchten, wie viele verschiedene Bestattungsarten es gibt. Sogar ein schulisches Praktikum beim Bestatter hätte ich noch achtsam begrüßt, wenn das wer ernsthaft gewollt hätte, obwohl ich in Wirklichkeit schon eine Gänsehaut kriege, wenn ich an der Ampel stehe und ein Leichenwagen auf der Straße vorbeifährt.

»Gefällt's dir hier?«, fragte Elise vor vielen Jahren, als wir über San Michele, die Friedhofsinsel vor Venedig wanderten. Ich nickte beklommen. Sie wollte wissen, ob ich's hier gut fände und ich wohl hier mal beerdigt werden wollte. Mit Blick auf Venedig! Wäre doch cool! Und nicht irgendwo billig und ohne Blumen in Berlin-Schöneberg als Asche in einem Pott verstaut. Ich nickte tapfer und wollte gerade schon ein bisschen gerührt sein über so viel mitfühlendes Vorausdenken und mutiges Aussprechen der letzten Dinge, hätte beinahe die aufkeimende Reife einer fast erwachsenen Tochter mit einem kleinen vormittäglichen Ombra zu feiern in Aussicht gestellt.

»Dann musst du dir aber schon jetzt mal ein Tod-Konto anlegen. Das ist nämlich bestimmt teuer hier«, sagte sie da und ließ den Blick vielsagend schweifen über die versammelten, zum Sterben schönen und todtraurig erstarrten Marmorengel in einem Meer von aus grellbunten Plastikblumen aufragenden Monumenten immerwährender Liebe über den Tod hinaus. Sie jedenfalls, das war die deutliche Botschaft, würde das nicht bezahlen wollen müssen.

Das habe ich jetzt davon: Wer immer ganz offen ist, ist eben auch nicht ganz dicht. Staunend höre ich, wie mein Nachlass schon heute am Küchentisch verteilt wird. Es wird wohl sehr viel auf dem Müll landen. Alte Liebesbriefe vernichte ich wohl besser beizeiten. Vertrocknete Nabelschnurklemmen, wohl verwahrt mit diversen Milchzähnen, das Stückchen Kerzenwachs aus einer glücklichen Stunde – iiieeehh, würden sie schreien, wenn sie meine nachgelassenen Geheimnisse fänden. Kurz hoffe ich, dass ich die kleine Zeit haben werde, das alles zu vernichten, bevor die Zeit mich vernichtet. Und dass mir bis dahin nichts Dämliches passiert.

Meine Schätze wollen meine Schätze nämlich gar nicht haben. Einigermaßen hilflos versuche ich, dem Gespräch eine andere Richtung ins Visionäre zu geben. Und wenn ich nun einmal reich würde? Einen Bestseller nach dem anderen schriebe, die alle verfilmt würden, bald schon nach Stockholm gerufen würde? Dann würden sie alle auch nach meinem Tod noch Geld kriegen.

»Reich? Mit Bücherschreiben? Du? Vergiss es«, höhnt der Jüngste und grinst meinen Protest einfach weg.

»Das schaffst du schon, wenn du es wirklich willst«, gurrt meine Kleine. »Du musst nur einfach mal was Gutes schreiben. Was mit Liebe und so!« Sie greift nach meiner Hand und versenkt ihren grünen Blick in meine Augen. »Ich glaub an dich, echt, vergiss die Penner doch!«

Als ob das nötig wäre, deutet sie mit dem Kinn auf die, die sie meint, und macht die Augen kugelrund.

Nachdenklich und etwas verträumt räuspert sich die Große. »Es müssten dann aber schon vier Millionen sein«, rechnet sie und legt die Stirn in Falten. »Noch besser wären acht, denn das kann man noch leichter durch vier teilen. Damit wir keinen Streit beim Aufteilen kriegen«, sagt sie versöhnlich. »Denn das willst du doch nicht!«

Nein, das will ich nicht, und deshalb trainiere ich schon seit Jahren eisern, immer schön nach dem Guten im Schlechten zu fahnden. Es machte schließlich schon vor vielen Jahren einen enormen Unterschied, ob man das Chaos im Kinderzimmer sieht oder das versunken spielende Kind in all dem Krempel. Ärger über trotzende Kleinkinder oder aufbegehrende Großkinder konnte ich mir fast immer umdeuten in die Freude über das taufrische Erwachen eines eigenen Willens, einer ureigenen Persönlichkeit.

Schuleschwänzen ist nicht schön, aber immer noch besser als Drogenexperimente! Nächtelang auf irgendwelchen Teenagerpartys unterwegs – immer noch besser als jeden Abend einsam und ohne Freunde zu Hause hocken! Kratzer, Schrammen, Beulen in meinem Auto – Hauptsache, dir ist nichts passiert! Tagelang keine Nachricht vom urlaubenden Teenager in Dänemark – ist doch schön, wenn sie alleine klarkommt! Eine Fünf in Mathe – nicht so schlimm, hätte ja auch eine Sechs sein können!

Und was ist jetzt gut an der Diskussion über meinen Nachlass? Gibt es Klügeres, als früher an später zu denken? Außerdem lieben sie mich offenbar um meiner selbst willen und nicht, weil ich reich und vermögend bin, das kann man an diesem Gespräch ganz klar erkennen. Wie schön: Hat nicht jeder von ihnen die Erfahrung gemacht, als Baby kein Bankkonto zu besitzen und trotzdem die wichtigste Person im ganzen Haus zu sein?

Ich falle in einen Tagtraum: Alle vier im Jaguar auf den Brandenburger Alleen unterwegs und bester Laune. Es ist Frühling, strahlender Sonnenschein, und sie freuen sich des Lebens, steuern den einstmals verbotenen Drive-In von Burger King an.

»Ach, wenn Mama das noch erleben könnte, sie würde sich im Grab herumdrehen«, kichert der Jüngste.

»Aber das würde ihr gefallen«, sagt Elise, und die anderen drei nicken sehr gerührt.

»Im Himmel«, ergänzt mein Großer, »heißt sie wahrscheinlich ›Lotte, der Quirl‹.«

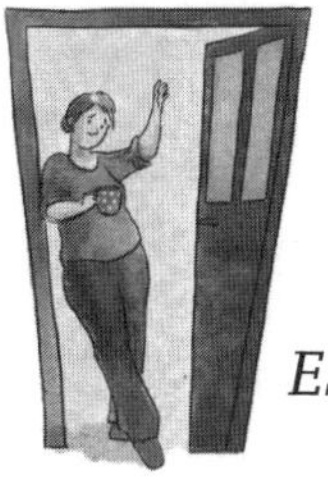

19

Es könnte schlimmer sein

»Du bist die gemeinste Mutter von der ganzen Welt!«, brüllt Charlotte und knallt die Tür zu. »Total bescheuert, bekackt!«, höre ich sie durchs Zimmer toben. »Das kriegst du wieder!«, schrillt es, und ich zucke unwillkürlich zusammen. Nein, da geh ich jetzt nicht rein und versuche, die Wogen zu glätten. Ich schnappe mir meine Sporttasche und gehe ein bisschen Adrenalin verdampfen. Streit mit meinen Kindern macht mich immer völlig fertig, und das sollen sie nicht merken. Wäre ja noch schöner!

Zwei Stunden später ist meine Friedfertigkeit wieder hergestellt. Auf meinem Schreibtisch finde ich einen Brief:

Liebe Mama!

Du weißt, dass ich dich liebe und ich wollte dich auch wirklich nie verletzen. Es tut mir leid, dass ich das jetzt mache, aber ich bin auch nur ein kleines Küken, das sich entschlossen hat, aus dem Nest zu hopsen und zu fliegen.
Du weißt doch, wer Jeremy war? Der süße Franzose mit den grünen Augen und den schwarzen Locken, den ich mit Elise in Texas kennengelernt habe und in Las Vegas heiraten wollte? Ich weiß, es hat damals nicht geklappt, weil Elise uns

einfach nicht nach Las Vegas fahren wollte. Sie meinte, du würdest ihr den Kopf abreißen, wenn sie das machen würde. Aber seitdem habe ich den Kontakt mit ihm gehalten. Wir haben uns ganz oft geschrieben und bei Skype telefoniert. Zweimal haben wir uns heimlich in Berlin getroffen, wo er seine Austauschfamilie aus der zehnten Klasse besucht hat. Das habe ich dir aber nicht gesagt, weil du bestimmt dagegen gewesen wärst, dass ich bei ihm übernachte. Aber ich habe nicht bei Katharina geschlafen. Bitte sei nicht böse, dass ich dich angelogen habe.

Ich habe mich sehr in ihn verliebt.

Vor zwei Tagen ist er an unserer Tür aufgetaucht, als du beim Sport warst. Er hat mich gebeten, mit ihm nach Paris zu kommen und dort mit seinen Freunden und ihm in eine WG zu ziehen. Er hat gesagt, dass er mich noch besser kennenlernen will und mich sehr aufregend findet.

Und genau das werde ich jetzt sein: aufregend. Wenn du das liest, dann sitze ich schon neben ihm in seinem Auto auf dem Weg nach Paris. Er fährt einen tollen, alten, klapprigen Citroën, ein richtiges Schiff.

Es tut mir leid, aber ich muss das jetzt ausprobieren. Einfach mal weg und genießen, dass ich jung bin. Du hast mich immer geärgert, wenn ich fürs Abi gelernt habe, und gesagt, ich sei ein Streber. Ich habe darüber nachgedacht, und du hast recht, ich bin ein Streber. Deswegen habe ich mich auch entschlossen, das Abitur erst einmal zu schmeißen. Ich meine, es wären nur noch vier Prüfungen gewesen, aber ich habe jetzt Lust auf Abenteuer und du hast ja selbst immer gesagt, dass man auch ohne Abi ein richtiger Mensch ist.

Ich danke dir dafür, dass du mich immer darin bekräftigt hast, mutig zu sein und meinen eigenen Weg zu gehen. Wer weiß, vielleicht stehe ich in drei Monaten ja wieder vor deiner Tür und mache mein Abi doch noch …

Ich weiß nicht, wie es bei Jeremy aussieht und ob ich da In-

ternet habe, und ich habe ja auch kein französisches Handy, also mach dir bitte keine Sorgen in nächster Zeit, ich werde mich so schnell wie möglich melden, aber das kann schon ein paar Wochen dauern! Aber Jeremy hat schon gesagt, er passt auf mich auf ☺
Jeremy liebt mich, das hat er mir geschworen und er möchte jetzt, wo er einen neuen Kellnerjob in einem kleinen Café bekommen hat, gut für mich sorgen.
Ich glaube, ich habe meine große Liebe gefunden, auf die ich schon seit siebzehn Jahren warte!!!
Ach so, und kannst du Papa Bescheid sagen? Ich glaube nicht, dass er was dagegen hat – er hat selbst gesagt, dass er nicht möchte, dass ich sofort anfange zu studieren, denn ich soll mich erst mal in der Welt umschauen. Das mache ich jetzt! Ich will nur, dass er Bescheid weiß …
Ich werde dich vermissen und danke dir für alles, was du in den letzten siebzehn Jahren für mich getan hast, das werde ich dir nicht vergessen.
Jeremy wartet unten auf mich, ich muss jetzt los …
Ich hab dich lieb!

Deine Charlotte

PS: Ich hoffe, dein Treffen mit diesen Journalisten war gut?!

PPS: Falls du mich noch aufhalten willst, könntest du jetzt in mein Zimmer kommen und mir erlauben, auf diese verdammte Party von Finn zu gehen. Bitte Mama, du warst doch auch mal jung!!!!

20

Entschuldigung!

Sorry, Mama, ich brauch noch 'ne Entschuldigung!«, haucht mein Jüngster den Satz der Sätze und ragt turmhoch neben meinem Bett auf. Robotergleich, wie ferngesteuert gezündet, setze ich mich auf und greife mit geschlossenen Augen nach dem Stift und Block, den er mir reicht. Ich kann das mittlerweile im Schlaf.

»Sehr geehrte Frau Dingsbums/sehr geehrter Herr Sowieso!

Meine Tochter/mein Sohn konnte am ... aufgrund eines grippalen Infekts/einer Erkältung/Halswehs/Ohrenschmerzen/einer Grippe/einer Lungenentzündung/eines Brechdurchfalls/einer Magenverstimmung/starker Rückenschmerzen/hohen Fiebers/schwerer Bauchschmerzen/Kopfschmerzen/heftigen Unwohlseins ... nicht am Unterricht teilnehmen. Ich entschuldige sein/ihr Fehlen im Unterricht. Mit freundlichen Grüßen ...« Unterschrift.

Hauptsache Entschuldigung. Denn unentschuldigte Fehlzeiten, sagen sie in der Schule, stehen dann auf dem Zeugnis, und jeder künftige Arbeitgeber unserer Erstklässler wird zuerst darauf schauen. »Wie Ihr Kind in Mathe oder Deutsch dasteht, fällt gar nicht mehr ins Gewicht, wenn auf dem Zeugnis unentschuldigte Fehlzeiten stehen«, intoniert die Lehrerin forsch.

Wir zucken kollektiv zusammen. Da lässt man sich nicht lumpen, da kann man als Mutter etwas für den Bildungserfolg tun! Wenn die Schullaufbahn der eigenen Kinder nicht so erfolgreich wie, sagen wir, das rumänische Raumfahrtprogramm sein soll, müssen wir ran und entschuldigen, was das Zeug hält und nicht nur das. Was die Stunde geschlagen hat, wenn die Schule beginnt, ist bekannt: Tränen und Geschrei bei den Hausaufgaben, eine Flut von Mitteilungsblättern, die an die Küchentische ganz normaler Familien schwappt, verschwafelte Elternabende und verkrampfte Lehrergespräche, ungerechte Noten, verhauene Klausuren und selbstherrliche Paukerschikanen, hirnlose Prinzipienreiterei und hohle Machtdemonstrationen – kurz: Man bekommt es als erwachsener Mensch auf einmal wieder mit der überheblichen Borniertheit von Lehrern zu tun und lädt Schuld schon auf sich, wenn das Kind im Unterricht fehlt.

Erst, wenn das letzte Kind die Schulpflicht erfüllt hat, werde ich aus dieser einförmigen Nebenrolle als Handlanger, Hilfslehrer, nützlicher Schulidiot und Verfasser von Entschuldigungen für alles Mögliche entlassen sein. Dann werden zwanzig Jahre im Schuldienst zu Ende gehen, und das ist gut so, denn es sind zwanzig Jahre, in denen sich das Thema Schule in meiner Familie ausgebreitet hat wie ein wiederkehrender Brechdurchfallerreger.

Es ist auch eine Geschichte des grandiosen Niedergangs der hehren Ambitionen. Was mit dem sorgfältigen Beschriften von Briefkarten in Schönschrift mit Füller begann, hat die Tendenz offenbart, sich nach der hundertsten Wiederholung enorm zu verflüchtigen. Zuerst blieben die Umschläge ungefüttert, dann wich der Federhalter dem Kuli, wenig später fiel der Umschlag ganz weg und statt der Briefkarte genügte ein Zettel, Kommata waren manchmal falsch gesetzt und blieben es auch. Doppelnamen in sehr speziellen Ausfertigungen wurden immer wieder fehlerhaft orthografiert. Frau Dingel-Domdei oder Frau Dingl-Domdey? Egal. Hauptsache Entschuldigung. Welche Mutter wollte schon leichtfertig riskieren, dass ihre Kinder dereinst beim Rennen um die Fleischtöpfe der Zukunft leer ausgehen, weil sie die Entschuldigung nicht in der erwarteten Form ablieferten, während chinesische Tigermütter rituelle Demutsgesten wie das Schreiben von Entschuldigungen erledigten, ohne sich groß anzustellen, und damit ihrem Nachwuchs den Weg in die Chefetagen dieser Welt ebneten, weil auf dem Zeugnis immer stand: Fehlstunden: 0, davon unentschuldigt: 0

Morgens um halb sieben kann noch nicht mal ich die Dingels und Domdeis mit der gebotenen Sorgfalt behandeln. Entschuldigung!

»Ihre Entschuldigung kann ich so nicht akzeptieren!«, verkündete die Lehrerin an einem der vielen Elternabende vor vielen Jahren. »Sie müssen mich um Entschuldigung bitten! Sie können das Fehlen Ihres Kindes nicht selbst entschuldigen!«, plusterte sie sich auf und half ihrem geschundenen beamtoiden Ego wieder auf die Sprünge.

»Anruf genügt nicht, E-Mail geht nicht, SMS geht gar nicht«, skandierte sie. »Schriftlich und am ersten Fehltag des Kindes muss die Entschuldigung unter Angabe des Grundes vorliegen.«

Ich verließ freundlich lächelnd, rückwärts unter vielen Verbeugungen den Klassenraum, entschuldigte mich und bat von da an brav um Entschuldigung, wo ich vorher in eitler Selbstüberschätzung selbst entschuldigte, verschob die Klärung der Schuldfrage auf einen späteren Zeitpunkt und entschuldigte ungebrochen, wann immer das geboten schien. Verkniff mir sogar meistens selbstbewusste Posen à la »Ich halte es für besser, dass er/sie wieder ganz und gar gesund ist und seine Magenverstimmung auskuriert, bevor er/sie wieder am Unterricht teilnimmt«.

Krankheiten sind die häufigsten Ursachen für das Fehlen im Unterricht. Doch in Ausnahmefällen wird auch eine familiäre Verpflichtung, ein Behördengang oder unumgänglicher Arztbesuch als Grund, dem Unterricht fernzubleiben, geduldet. Dagegen werden ein verlängertes Wochenende, unüberwindliche Abneigung gegen den Unterrichtsstoff, Angst vor schlechten Noten oder akute Lustlosigkeit von der Schulleitung eher nicht akzeptiert. Auch deshalb sind Krankheiten die häufigste Ursache für das Fehlen im Unterricht.

Allerdings steht mir mein Aberglaube im Weg, wenn ich Krankheiten imaginieren muss, die gute strategische Entschuldigungen bemänteln. Ich bin gegen Quengeln und Betteln immun, seit mir mit der jeweiligen Entbindung Quengelklappen an den Ohren gewachsen sind. Guten Argumenten gegenüber bin ich aber durchaus aufgeschlossen: Wenn mir ein 16-Jähriger erklärt, dass er am kommenden Tag einen Physik-Test schreibt, den er am übernächsten Tag nachschreiben und mit »sehr gut« bestehen könnte, wenn er noch einen weiteren Tag zum Üben hätte, an dem im Übrigen außer dem Physik-Test nur zehn Vertretungsstunden stattfänden, in denen zwanzig Filme geguckt würden und kein Unterricht im engeren Sinne gehalten würde – ja, das finde ich logisch und zielführend. Da bin ich dem strategischen Entschuldigen nicht grundsätzlich abgeneigt.

Auch indem ich den altersgemäßen Schulvermeidungstendenzen der Pubertisten schlau mit der Erlaubnis entgegentrat, einen blauen Tag im Monat zu genehmigen, und zwar unter der Bedingung, dass die anderen Schultage vorschriftsmäßig absolviert würden, konnte ich damit immer schöne erzieherische Etappensiege einfahren und das Schwänzen deutlich reduzieren. Gefälschte Unterschriften kommen praktisch gar nicht mehr vor, seit ich gezielt die Stärken stärke und die Schwächen schwäche, wie das im Schulprofil-Sprech gerne genannt wird.

Ganz ehrlich: Ich kann nichts Verwerfliches daran finden, einem Kind hin und wieder zu erlauben, einen Tag zu Hause zu bleiben, auch um dem Eindruck entgegenzuwirken, Schule sei eine Art Knast mit Nachmittagsfreigang und harten Bewährungsauflagen wie der, für jede Fehlstunde ein ärztliches Attest abliefern zu müssen. Schließlich sind sie per Gesetz dazu verdonnert, tagein, tagaus ruhig auf ihren Stühlen sitzen zu bleiben, sogar wenn der Lehrer hemmungslos eine Unterrichtsstunde nach der anderen mit ausführlichen Erzählungen aus seinem Privatleben verquasselt und die Lehrtätigkeit, für die er eigentlich bezahlt wird, verweigert. Erst wenn der erlösende Dreiklang des Pausengongs das Signal des Aufbruchs ins wirkliche Leben gibt, dürfen sie gehen. Da wandelt sich die Schulpflicht vom Segen in einen Fluch, der erst mit der Volljährigkeit aufgehoben wird.

Dann nämlich können die Kinder ihre Entschuldigungen selbst schreiben – und tun es mit Freuden, das verkaterte Haupt hoch erhoben. Nach durchtanzter Nacht ging Elise, die während der Schulzeit achtzehn wurde, manchmal morgens nach vorne und reichte dem Lehrer einen Wisch, auf dem stand, sie müsse leider dem Unterricht fernbleiben, da sie sich nicht wohlfühle. Hochachtungsvoll, Elise Kühn.

Aber ich bin abergläubisch – aus Erfahrung: Wenn ich schreibe, dass er oder sie krank ist, dann wird er oder sie es nämlich garantiert auch werden. Und das hat man ja auch nicht so gern. Also zermartere ich mir das Hirn über karma-neutrales Wording, das in elegant vielschichtigem Schimmer dem Adressaten selbst die Aufgabe überlässt, den gewählten Ausdruck mit Bedeutung zu füllen. Es muss doch etwas geben, was nicht gelogen ist, aber dennoch den Lehrer glauben macht, das Kind sei krankheitshalber verhindert, am Unterricht teilzunehmen, und ihn davon abhält, genauer nachzufragen – nicht ganz wahr, aber auch nicht ganz gelogen … etwas Überzeugendes eben, vergleichbar mit dem ehrenwerten Impuls, aus moralischen Gründen nur Sonderangebote zu klauen.

Allerdings mache ich zu meiner Verteidigung einen veritablen Befehlsnotstand geltend. Ich werde nämlich zum Lügen gezwungen. Ein verstauchter Knöchel wiegt zehnmal mehr als die Seelenpein einer durchweinten Nacht, nach der ich es nicht übers Herz bringe, ein verheultes Kind in den Mathe-Unterricht zu schicken. Also lüge ich, bis die Schwarte kracht: Aufgrund einer Sportverletzung kann mein Sohn heute nicht am Unterricht teilnehmen.

Schulpolitisch korrekt, überzeugend und gendersensibel muss der Grund für das Fehlen im Unterricht sein. Unterleibsbeschwerden bei Jungs zum Beispiel gehen gar nicht, Sportverletzungen bei Mädchen nur sehr dosiert.

So führte ich »Beschwerden«, »Unwohlsein« oder auch schlicht »Krankheit« als Grund an, um für das Fehlen im Unterricht Entschuldigung zu erbitten. In besonders hartnäckigen Fällen auch »wegen Verdachts auf …« (siehe Pschyrembel).

Immer wieder fällt mir der alberne Uralt-Witz ein, den man sich in der ländlichen Umgebung, in der ich aufgewachsen bin, zuraunte, angeblich von einer Bauersfrau nach dem großen Tag im Herbst verfasst, wenn die Würste gestopft werden: »Mein Sohn konnte gestern nicht in die Schule kommen. Das Schwein wurde geschlachtet.«

Und jetzt legt mir Leander ein Schriftstück auf dem Küchentisch in den Weg, das ich auch ohne Brille beim morgendlichen Hin- und Herrennen zwischen Bad und Küche als eines erkenne, auf dem nur meine Unterschrift noch fehlt.

Hört das denn nie auf?

Mir doch endlich egal.

Ich unterschreibe.

Leander pfeift anerkennend durch die Zähne und klopft mir auf die Schulter.

»Cool. Mama Zwei Null. Erkennt selbsttätig, wo noch was unterschrieben werden muss.«

Charlotte kichert. Sie reißt Leander das Blatt aus der Hand und liest vor:

»Sehr geehrter Herr Sowieso!

Mein Sohn Leander kann wegen vergessener Sportsachen leider nicht am Sportunterricht teilnehmen. Entschuldigen Sie bitte sein Fehlen!«

21

Ehrgeiz macht einsam

Eine Stunde am Tag muss sein! Das sagt Frau Blonsky auch«, erklärt mir Charlotte empört und reckt streng den Zeigefinger.

»Aber zwei sind zu viel! Egal, was Frau Blonsky sagt«, widerspreche ich und finde launige Worte für meine Besorgnis, demnächst an Ohrenkrebs zu erkranken, weil ich täglich eine Überdosis Fingerübungen, Tonleitern und Sonatinen abkriege.

Nun ist es eine Sache, in die vielstimmig geführte Mutterklage einzustimmen, wonach es ein nervenzehrendes Unternehmen sei, das Kind zum täglichen Klavierüben zu bewegen. Eine ganz andere ist es, ein Kind und seine Klavierlehrerin davon abbringen zu wollen, dauernd zu üben, um sich selbst, aber auch nahe Familienmitglieder vom Rand strafbewehrter Tätlichkeiten zurück in die Gewalt ächtende Mitte der Gesellschaft zu holen.

Charlotte übt stundenlang Klavierläufe, und wenn sie ausnahmsweise nicht übt, müssen alle leise sein, weil sie lernt. Denn das Abi, sagt sie, ist das Wichtigste überhaupt im Leben.

»Ey, hast du kein Leben? Geh doch mal feiern!« Leander tippt sich an die Stirn. »Mit Leuten! Ey, dein ganzer Jahrgang chillt heute im ›Alptraum‹, und du hängst hier rum und paukst wie besoffen!«

Charlotte hält ihre Bücher vor der Brust umklammert wie eine Amazone ihren Schutzschild und funkelt ihren kleinen Bruder böse an: »Wie stellst du Penner dir das denn vor, wenn ich am nächsten Tag ein Referat habe? Da kann ich doch nicht feiern gehen!«

Leander kann sich da viel vorstellen. Schließlich ist er mit einem großen Bruder aufgewachsen, der unbeeindruckt dreizehn Jahre Frontalunterricht verpennt und im Abi ganz auf männliche Intuition und mündliche Prüfungen gesetzt hat, in denen er hoffte, seinen Charme entfalten zu können. Danach konnte Leander seine erste Schwester dabei beobachten, wie man mit minimalem schulischem Aufwand ein passables Abi ergattern kann, ohne einen riesigen Freundeskreis allzu stark dafür beeinträchtigen zu müssen und den soliden Ruf als nachtaktives Feierbiest zu keinem Zeitpunkt zu gefährden. Die zweite Schwester sprengt mit ihrem infernalischen Fleiß sein Weltbild, und er gibt sich große Mühe, sie auf den ausgelatschten Pfad der familiären Untugenden zurückzuführen.

»Dann halt morgen! Dann geh morgen feiern!«

Hoheitsvoll lässt sie ihn wissen: »Nach dem Referat ist vor dem Referat. Übermorgen habe ich auch eins! Englische Landschaftsgärten im Vergleich mit Barockgärten. Und nächste Woche Sturm und Drang.«

»Cool«, höhnt er. »Das Buch haben wir auch mal gelesen.«

Er gibt kopfschüttelnd auf und zieht sich zurück. Charlotte keift hinterher: »Könnte dir auch nicht schaden, mal ein bisschen was für die Schule zu tun!«

Dagegen kann noch nicht mal ich etwas einwenden. Die Versuchung ist groß, nicht das Kind zu sehen, das man vor sich hat, sondern sich die eigenen Kinder in einer Art

Modulbauweise vorzustellen. Wäre ich froh, wenn etwas von Charlottes Ehrgeiz Leanders Phlegma, Nicks Sorglosigkeit oder Elises Partylaune aufweichen könnte! Ihre Leistungsbesessenheit reichte glatt für alle vier. Ihr täte ein wenig von Elises Amüsiertrieb gut, vielleicht auch eine Prise brüderliche Trägheit, wenn sie sich vor Klausuren in ein memorierendes Nervenbündel verwandelt, das unablässig Geschichtszahlen, Lateinvokabeln oder alle Punkte des Versailler Vertrages vor sich hin murmelt. Oder mich morgens um sechs fragt, was noch mal die Hauptthesen der Theodizee waren, und beleidigt ist, wenn ich darauf hinweise, dass ich vor dem ersten Kaffee noch nicht mal weiß, was meine eigene Hauptthese für diesen Tag sein soll.

Was habe ich da bloß falsch gemacht? Törichte mütterliche Bildungssünden haben weder ihre noch die frühe Kindheit ihrer Geschwister belastet. Pränatale Anglistik, Partiturenlesen post partem, Kanton-Colloqium statt Krabbelgruppe waren meine Sache nicht. Auch habe ich nie wegen schelmisch tadelnder Kopfnoten im Grundschulalter künftige Karrieremöglichkeiten gefährdet gewähnt. Nie habe ich versucht, meinen Sohn als Solo-Star in der Fußballmannschaft zu sehen, geschweige denn eines meiner Kinder zu Höchstleistungen im Umgang mit Musikinstrumenten getrieben. Im Gegenteil, die Welt braucht nicht nur Musiker, sondern auch Zuhörer, habe ich ihnen gesagt und sie zu ihren Legosteinen entlassen. Doch wie man's macht, ist es verkehrt.

»Als ob ich keine Hobbys hätte!«, blafft er zurück, dann kracht die Tür ins Schloss, dass der Putz rieselt. Aus anonymen Briefen der Mieter unter uns weiß ich, dass sich das von unten noch viel lauter anhört, und überlege, ob es schon wieder so weit ist, dass ich mal wieder einen Kuchen vorbeibringen müsste.

Entschlossen schiebt mich Charlotte aus dem Türrahmen auf den Flur. »Ich muss jetzt wirklich weiterlernen! Könntest du vielleicht deine Musik ein wenig leiser drehen?«

Dann schließt sie die Tür, und während ich noch überlege, ob ich mal was sage, macht sie die Tür wieder auf und steckt den Kopf raus. »Wenn du wieder telefonieren musst, könntest du dann auf den Balkon gehen? Oder wenigstens nicht so laut lachen? Das lenkt mich total ab und ich höre jedes Wort!«

»Streber!«, entfährt es mir in diesem leicht ironischen, doch immer noch liebevollen Tonfall, den meine Kinder noch immer nicht richtig mitbekommen. Nach wie vor leben sie von der Wärme des Gemüts, nicht der Schärfe des Intellekts, und verstehen Ironie kein Stück.

Doch ich glaube, jetzt ist sie doch unsicher, wie das gemeint war. »Machst du mich jetzt auch noch an, weil ich lernen will?«, schreit sie auf.

»Das war ironisch gemeint!«, beteuere ich und sage, dass es mir leidtut.

»Du lügst!«

Ja und nein. Aber ich mache mir schon Sorgen, weil sie lernt wie besessen und um Mitternacht noch lange nicht aufhört. Freunde hat sie auch nicht. Oder doch? Jedenfalls keine, die ich kenne, außer denen, mit denen sie sich zum Lernen trifft. Neulich war ich abends weg, da erreichte mich eine SMS: »Bringst du mir Club Mate von der Tankstelle mit? Muss noch Geschichte lernen.«

»Manno. Du sagst immer solche Sachen, und ich weiß dann nicht, ob das jetzt ernst gemeint ist oder ironisch.«

»Dein Abi ist dir wichtig, schon klar. Ich find das ja

auch gut und so, aber ich mache mir manchmal Sorgen, dass du dich selbst zu sehr unter Druck setzt.«

»Druck ist gar nicht so verkehrt!«, patzt sie zurück. »Nur unter Druck entstehen Diamanten. Sagst du doch immer!«

Das macht mich stutzig. Ein böser Verdacht keimt auf, und ich schwenke um.

»Fühlst du dich etwa von mir unter Druck gesetzt? Strengst du dich meinetwegen so an? Das musst du nicht! Mir musst du nichts beweisen! Ich hab dich lieb, ganz egal, wie dein Abi ausfällt.«

»Das hast du bei den anderen auch gesagt! Und wie ist es ausgefallen? Siehst du!«

Jetzt bin ich sprachlos. Irgendetwas läuft hier schief, und ich muss sorgfältig Ursachenforschung betreiben.

»Mach dir keine Sorgen. Ich weiß, was ich will.«

»Was?«

»Eine Eins vor dem Komma. Dann werde ich in Stanford Molekularbiologie studieren!«

»Stanford liegt in Amerika!«

»Richtig. Du hast's erfasst.«

Auf einmal kriege ich so ein komisches Gefühl. Sollte hinter der ganzen Lernbesessenheit einfach nur der Wunsch stecken, möglichst schnell hier raus- und wegzukommen?

»Kannste sicher sein, das kriege ich hin. Nach dem Abi bin ich weg. Ausgezogen.«

Ausgezogen – das klingt auf einmal so nackt und schutzlos. Auch wenn ich allen, die es hören wollen, und vor allem mir selbst, immer wieder erkläre, dass meine Kinder jetzt alt genug sind, um ihre Angelegenheiten eigenverantwortlich zu regeln, falle ich immer wieder in meine langgeübte Schutz- und Aufsichtsfunktion zurück. Versuche, noch in letzter Minute Verhalten zu korrigieren, Absichten zu durchkreuzen und möglichst unauffällig meine eigenen Absichten und Pläne auf die Kinder zu übertragen. Zwinge sie zu nichts, übe keinen offensiven Druck aus und mache keine Vorhaltungen. Doch es ist ihnen schon klar, welche Entscheidung ich gutheiße, alimentiere, sehr unterstütze und welche nicht.

Erst wenn das Kind auszieht und sich, wenn auch noch nicht jeder Unterstützung, so doch jeder Aufsicht und kleinlichen Bevormundung begibt, erst dann ist kein Zweifel mehr möglich: Das, was man landläufig als Erziehung betrachtet, kann als abgeschlossen betrachtet werden. Auf die Langzeitwirkung der pädagogischen Investitionen bin ich schon heute gespannt. Doch bis dahin werde ich es nicht an der nötigen Ausdauer fehlen lassen und hier und da den Wahnsinn beschränken.

Das Alter des Kindes spielt dabei gar keine Rolle, deshalb mache ich von meinem Einspruchsrecht sehr geschickt Gebrauch. Da bin ich eigentlich immer glasklar, unsentimental und entschlossen. Nur jetzt gerade geht mir durch den Kopf, dass es ja auch in Berlin drei renommierte Universitäten gibt. Da wird man doch um Himmels willen irgendwo auch Molekularbiologie studieren können. Da könnte sie zur Not auch erst mal weiter zu Hause wohnen, meinetwegen Klavier spielen, bis der Arzt kommt, und dann sähe man weiter. Na ja, sie könnte sich schon dazu entscheiden, die ersten Semester noch hier zu verbringen.

»Großartig. Du wirst es noch weit bringen.«

22

Hier! Für dich!

An dem Tag, als die Saftpresse explodiert und eine volle Ladung Matsch aus Apfel-Karotte-Rote-Bete in die Küche schiebt und der Saft bis an die Decke spritzt, kommt mir eine tiefgründige Wahrheit zu Bewusstsein: Man muss sich auch mal von was trennen können. Und jetzt alle im Chor: Wer loslässt, hat die Hände frei!

Fassungslos betrachte ich drei Quadratmeter Küchenschranktüren, auf denen die Explosion eine Schneise der Verwüstung in das geschlagen hat, was mir lieb und wert ist und teuer war. Es sieht aus, als hätte hier soeben ein Blutbad stattgefunden, und genauso dramatisch empfinde ich es auch: Einundzwanzig selbst gemalte Kinderbilder sind dem Unglück zum Opfer gefallen, fünfzehn weitere wurden schwer verletzt, zwei kamen zwar mit dem Schrecken davon, sind am Ende aber auch nicht mehr zu retten, als ich auf ihrer fettigen Oberfläche drei Spinnenleichen entdecke.

Für die Kinderbilder kommt jede Hoffnung zu spät.

Betrübt löse ich die Gemälde von den Schränken, unterdrücke allzu sentimentale Gebärden, schniefe ein wenig angesichts des jämmerlich verschmierten Stapels und beschließe, weil ich den Anblick kaum ertragen kann, das ganze Elend sofort in der Tonne zu bestatten – am besten, bevor einer der vier fleißigen Schöpfer der bunten Bildchen nach Hause kommt und unter vorwurfsvollem Stöhnen, Tränen sogar, von mir verlangt, mit Pinsel und Pinzette den roten Matsch von den Gemälden abzutragen und mit der Restaurierung zu beginnen.

Vor der Mülltonne hole ich tief Luft, öffne langsam und feierlich den Deckel, halte inne und verabschiede mich einzeln von jedem bunten Bild, das mir aus dem schönsten aller Gründe in all den Jahren überreicht worden ist: um mir eine Freude zu machen.

Unwiederbringlich dahin, die unersetzlichen Unikate. Nie wieder werden meine Augen sich an dem schielenden Sockenmonster, dem lachenden Ferkel, dem bösen Zwerg, der schönen Prinzessin auf dem Pferd, dem Spukhaus mit tausend Fenstern und der bunten Blumenwiese mit Schmetterlingen oben und Häschen unten laben können.

Ich atme tief durch und spüre den Kloß in meinem Hals schwellen. Dann gebe ich mir einen Ruck, murmele ein paar dankbare, anerkennende Abschiedsworte für Nick, Elise, Charlotte und Leander und werfe den Stapel in die Tonne. Plötzlich erleichtert, lasse ich den Deckel herunterkrachen, als ob zu fürchten sei, dass die Wunderwerke entwischen, wiederauferstehen und den Weg an die Küchenschrankwände selbstständig zurückfinden könnten.

Schon auf dem Rückweg in die versaute Küche entwickle ich prompt Gewissensbisse, weil ich mich schon früher nicht so rückhaltlos für Bilder und Basteleien begeistert habe wie andere Mütter, denen es offenbar immer ganz leichtfiel, im krakeligen Strich der Vierjährigen den Picasso-Nachfahren, Kandinsky-Erben und Baselitz-Vorläufer aufscheinen zu sehen.

Doch auch auf mich übten eine Zeit lang fröhliche Knubbelgesichter, Kugelkörper mit spinnenfingrigen Armen dran und eine herzhaft lachende Sonne mit rot geschminktem Mund über alldem einen gewissen Reiz aus. Aber der Glanz verblasste, sobald ich das Gefühl hatte, nie wieder auf blitzblanke Küchenschranktüren schauen zu dürfen.

Fast würde ich aus Reue und Scham noch umgekehren. Schließlich werde ich niemals wieder kleine bunte Bilder von meinen kleinen Kindern gemalt bekommen. Doch man muss sich auch trennen können.

Als ich den rot-orangefarbenen Matsch abwische, kommen da, wo all die schönen Bilder geklebt haben, hässliche, schwarze, fettige Rahmen zum Vorschein, ein sehr trauriger Anblick, zugegeben.

Mit Benzin entferne ich die Klebereste und schrubbe die Küchenschranktüren noch einmal. Herrlich! Nichts als blanke, leere, spiegelnd weiße Fläche. So glatt und sauber, dass jedes Bedenken einfach abrutschen muss. Ha! Dass mir beim Putzen dann aus dem völlig überfüllten Küchenregal ein mit Erbsen und Sonnenblumenkernen beklebter Bilderrahmen entgegenfällt und zerbricht, ist echt keine Absicht! Mein Herz bricht kurz gleich mit.

Beinahe schon wieder weinend löse ich das Foto von Charlotte und Leander aus dem zerbrochenen Rahmen, hach, Arm in Arm vor dem Brunnen am Viktoria-Louise-Platz stehend, grinsen sie mich an: mein Geburtstagsgeschenk vor sieben Jahren. Ich nehme es heraus und lege es in die Schublade zu dem dicken Stapel von Kinderfotos, die ich eines Tages, wenn ich mal Zeit habe, und deutlich bevor ich mich nicht mehr erinnern kann, welches der Kinder da so süß aus dem Bild lächelt, sortieren, datieren, mit launigen Kommentaren in Silberschrift versehen und in ein schweinsledernes Album kleben will.

Sooo schlimm finde ich es eigentlich nicht, dass der Bilderrahmen zerbrochen ist. Immerhin gibt es jetzt wieder Luft im Regal. Zufrieden stelle ich die Pfeffermühle hinein, die seit elf Jahren neben dem Fernseher eine Notunterkunft, aber eben lange nicht ihren angestammten Platz gefunden hat.

»Boah. Du hast unsere Bilder abgerissen! Gemein!«, schreit Leander wenig später. Sein Kinn zittert, die Arme hat er in die Seite gestemmt.

»… und wohl gleich weggeschmissen!«, ätzt Charlotte hinter ihm.

Sofort streite ich alles ab wie der Ertappte neben der Leiche, der sich mit der Tatwaffe bloß die Fingernägel säubern wollte.

»Es ist nicht das, wonach es aussieht! Es war ein Unfall!«

Die Polizisten blecken höhnisch die Zähne, als ich die Geschichte mit der Saftpresse erzähle.

»Jaja, und die Erde ist eine Scheibe.«

Bevor sie mich jetzt verhaften, beteure ich schnell: »Mir tut es doch am allermeisten weh! All die schönen Bilder, die ihr für mich gemalt habt! Was meint ihr, wie traurig ich erst bin?«, klage ich hoffentlich überzeugend, und für einen Moment ist die Polizei tatsächlich verunsichert. Sie werfen sich einen fragenden Blick zu.

Sicherheitshalber schniefe ich ein bisschen und wische mir über die Augen, während ich mir vorstelle, wie schön es hier aussähe, wenn alle Schranktüren wieder blank wären, die Aufkleber von den Zimmertüren verschwänden und der Erfinder der Fenstermalfarbe in der Hölle schmoren würde. Große, klare Fensterscheiben ohne Blümchen und Herzchen, ja, das wäre auch ein feiner Anblick …

»Sei nicht traurig, Mama, wir können dir ja neue malen!«, wispert Leander, und Charlotte prescht vor: »Was wünschst du dir denn eigentlich zum Geburtstag?«

Leichthin hat sie gefragt und beeilt sich nun hastig zu versichern, dass sie natürlich längst eine Überraschung für mich habe, aber nur mal wissen wollte, ob es etwas gebe, das ich mir dringend wünschte. Sogar Leander merkt auf.

Ach Kind.

»Vielleicht ein Bild? Ja, ein selbstgemaltes Bild wäre schön!«

Es klingt vielleicht ein wenig lahm, aber ich will ja nicht, dass sie ihr bisschen Geld für mich ausgeben. Schlagartig wird mir klar, warum meine Mutter sich auf genau diese Frage hin immer »liebe Kinder« wünschte.

Leander schnaubt verächtlich.

»Neulich hast du noch gesagt, du bräuchtest dringend eine neue Handtasche! Was denn jetzt?«

Charlotte tippt sich freundlich an die Stirn. »Ein Bild. Das sagst du immer. Aber ich bin jetzt erwachsen. Da malt man nicht mehr!«

Meinem skeptischen Blick begegnet sie mit großer Geste und deutet auf die Wände meines Zimmers.

»Da ist doch auch gar kein Platz mehr für noch ein Bild!«

Wohl wahr. Dicht an dicht drängen sich die Werke meiner Kinder an meinen Wänden: Zarte Buntstift-Etüden, großformatige Plaka-Farben-Exponate, deutungsoffene Entwürfe großer Landschaftsansichten, genau abgezirkelte Viermaster mit detaillierten Kanonen in unbewegtem Blau, mit Filzstift gekritzelte Phantasien, die an Fieberträume erinnern.

Nicht schön im klassischen Sinn ist diese Kinderkunst, manches genaugenommen sogar scheußlich, aber so schön, dass schon der Gedanke, diese Gaben im Papiercontainer zu versenken, mir zutiefst zuwider ist.

Ob sie mir wohl dereinst im Altersheim gestatten werden, meine Wände im Originalmaßstab eins zu eins zu füllen? Oder ob mich hoffentlich eine resolute Altenpflegerin mit dicken Beinen in Gummischuhen davon abhalten wird, in der Vergangenheit zu schwelgen, weil ich keine Zukunft mehr habe?

»Wie schön. Und wie viel Mühe du dir gegeben hast!«

»Wunderbar! Ich freu mich so! Danke!«

»So ein großes Pferdebild habe ich mir immer schon gewünscht!«

So habe ich Jahr für Jahr gelogen. Aber nur ein bisschen, denn den dringenden Wunsch der Kinder, mir zum Geburtstag eine Freude zu bereiten, konnte ich noch in jeder Kritzelei und allem Gebastelten, jeder unaussprechlichen Scheußlichkeit ganz deutlich erkennen. Das hat mir das Herz gewärmt, und weil man warme Herzen nicht sehen kann, schien mir die symbolische Hängung das Mindeste, um in der Kreation den Kreateur zu ehren.

Alles begann damit, dass meine kleine Schwester mir einst zum Geburtstag eine Schatzkiste mit klappernden Kronkorken schenkte, die sie auf der Rückseite mit Anstecknadeln beklebte und auf der Vorderseite mit roten Herzchen, Blumen, aufgescheuchten Friedenstauben und meinen Lieblingsparolen (Frauenpower auf die Dauer! Runter mit dem Männlichkeitswahn! Keine Macht für niemand! Macht kaputt, was euch kaputt macht!) bemalt hatte. Der Button war geboren und das Unheil nahm seinen Lauf. Ich konnte mich nicht dazu bringen, die Dinger wegzuwerfen, und so horte ich diese Geburtstagsgeschenke bis heute in den Tiefen der Kommode. Wozu eigentlich?

Ja, meine Wände sind lückenlos mit Bildern gepflastert, die Regale quellen über und die Schränke bersten.

Das ist kein Mist, sondern der gebastelte und gemalte Fall-Out heißer Kindesliebe, die an etwa zwanzig Geburtstagen detoniert ist, zu denen vier Kinder auf Teufel komm raus geklebt, geschnippelt, geknetet, gewerkelt, gesägt, geschnitzt haben. Für mich!

Nicht Sinn, Zweck oder die Optik spricht für den Krempel, sondern allein der Wille des Schöpfers. Nie könnte ich so kaltschnäuzig sein und diese Kreationen wegwerfen, und bin deshalb längst zum Mutter-Messie, hm, muttiert, weil sich hier nichts als Liebe manifestiert: Die aus Wollresten gewebte Handytasche. Kartoffelförmige Skulpturen aus bröckelndem Salzteig. Knubbelige Papierblumen. Das Aquarium im Schuhkarton, mit Papierfischen, echten Steinchen und batteriegespeister Beleuchtung. Die Alu-Grillpfanne, gefüllt mit einem bröckligen bunten Gipsrelief, in der ich nach kurzer Erläuterung sofort die eiszeitliche Endmoräne erkannte, die einst den Platz für Berlin in den Sand gefräst hat. Die Kerze, auf der filigrane Muster kleben, die sich um ein goldenes »Mama« ranken. Die vielen gestickten Lesezeichen. Der Kurzschal aus Strickliesl-Würsten. All die Bilderrahmen, mit Glitzersteinchen, Bonbons, Nudeln und Perlen beklebt. Mit Schmetterlingen bedruckte Feldsteine. Die zarte Lichterkette aus Pappmaché-Kugeln. Frühe Laubsägearbeiten, mit Wasserfarbe und Filzstift bemalt. Die Schatzkiste aus Sperrholz, beklebt mit Kronkorken und kleinen Perlen, in der die Quittungen fürs Finanzamt wohnen. Der Eierkarton mit vergilbten Strohhalmen war, glaube ich, als Mähdrescher gemeint. Das unförmige Riesenzäpfchen aus Speckstein – ja, das ist ein Delfin!

In den Wochen nach meinem Geburtstag trage ich seit Jahren tonnenschwere Ketten aus Kastanien, Perlen, Nudeln und Muscheln. Noch immer staple ich meine Bücher auf einem schiefen, wackligen Tischchen, das Charlotte als Fünfjährige aus Sperrholzresten zusammengeklebt und mit Wasserfarbe angestrichen hat. Das fliegt, unter uns gesagt, als Erstes raus, wenn sie erst ausgezogen ist.

Bis dahin jedoch gehe ich sorgsam mit den Geschenken meiner Kinder um und erwäge höchstens heimlich und immer sehr einfühlsam, wann wohl der Moment gekommen sein mag, mich von all dem Mist zu trennen und frei und unbeschwert Geschmack walten zu lassen, wo jetzt nichts als Gefühl die Szene beherrscht. Noch fehlt mir der Mut dazu.

Wir haben doch alle gewisse abergläubische Gefühle für häusliche Gegenstände – warum sollten wir nicht gelegentlich darin schwelgen? Immerhin hängt an jedem Gegenstand eine Geschichte. Man nimmt zum Beispiel eine verstaubte, verblichene Pappschachtel in die Hand, aus der blasse Strohhalme ragen, und schon kommen die Bilder: der Fünfjährige, der mit strahlendem Lächeln ein unförmiges Päckchen überreicht, aufgeregt von einem Bein aufs andere springt, während ich es auspacke, und dann schreit: »Ein Mähdrescher! Für dich!«

Tagelang muss er daran gesessen haben ... Das soll ich wegwerfen? Hieße das nicht, wahre Liebe wegzuwerfen?

»Danke! Einen Mähdrescher habe ich mir schon immer gewünscht!«

Doch, der entfesselte Selbstbasteltrip der Kinderkünstler hat mir viel Schönes beschert.

Das Coupon-Buch von Leander aus dem letzten Jahr war echt ein Hit. Säuberlich beschriftete Gutscheine für siebzehn Mal Einkaufen gehen, drei Mal Flur und Küche putzen, sieben Mal Dicker Kuss, zwei Mal Müll runterbringen, vier Mal feste Umarmung, fünf Mal Museum besuchen, drei Mal Spaziergang und fünf Mal Auto von innen putzen.

Und es ist noch vollständig! Bis auf die kostbaren Umarmungsgutscheine natürlich, die habe ich vor lauter Begeisterung alle auf einmal eingelöst.

Ich war immer außen gerührt, nur dezent innen geschüttelt. Nur einmal haben sie mich kalt erwischt. Versehentlich habe ich auf die Frage, was ich mir zum Geburtstag am meisten wünschte, gesagt, was ich wirklich dringend bräuchte: ganz viel Geld. Sie haben nicht weiter gefragt und hinter verschlossenen Türen stundenlang gebastelt. Zum Geburtstag bekam ich eine Schatzkiste mit dicken Bündeln bunter Scheine. Alle selbst gemalt.

Doch jetzt? Sie sind alle groß und malen und basteln endlich nicht mehr. Adieu Stiftekiste, Arrivederci Buntpapier, Auf Wiedersehen Farbkasten, Gips und Knete, Tschüß Origami, Bye bye Glitzer, Flitter, Federchen. Nie wieder Serviettentechnik – auch Schere, Kleber und Buntpapier ... macht's gut! Schön und schade und schön, dass das vorbei ist.

Abends dann will ich mir ein wenig Sentimentalität gestatten und all die Ereignisse um Windel, Wandel und das Wunder des Erwachsenwerdens mit einem Glas Wein würdigen. Doch da, wo gestern noch eine Flasche stand, steht heute keine mehr. Verdammt, wie komme ich jetzt zu meiner Revision der Vergangenheit, wie zu meiner Vision künftiger Freiheiten?

Und was ist hier eigentlich los?

Kichernd huscht Charlotte durch die Wohnung, Leander stampft beständig brummend hinter ihr her. Es raschelt, knistert, klirrt – und mir schwant Schlimmes. Denn übermorgen habe ich Geburtstag ...

Auf Zehenspitzen schleiche ich in Charlottes Zimmer.

»Nicht reinkommen!«, kreischt sie.

»Draußen bleiben!«, blökt Leander erklärend.

Aber da habe ich den Berg aus Klorollen, Draht, Wollknäulen, Farfalle, Klebstofftuben, blinkenden Scheren und Stoffresten schon gesehen. Nur die schön blanken Küchenschranktüren hören mein Seufzen.

Wie konnte ich so blöd sein, die Wein-Vorratshaltung zu vernachlässigen?

Ich schleiche zurück in mein Zimmer, lasse mich aufs Bett fallen und starre die Decke an. Was um Himmels willen werden sie mir jetzt basteln? Doch bitte keine Handtasche ... Was habe ich mir eigentlich in letzter Zeit aus Versehen laut gewünscht? Werden sie mir jetzt einen Mann backen, weil ich unlängst erwähnte, nach dem Auszug des Jüngsten tatsächlich wieder ein richtiger Single mit allen dazugehörigen Freiheiten zu sein? Gnade mir Gott ... bitte nicht!

Eine Schreibtischlampe. Endlich ist die alte kaputt gegangen, war das schön! Artemide Tolomeo Tavolo, jawohl, das erschien voreilig leuchtend vor meinem inneren Auge, als der Ikea-Schrott, mit dem ich mich seit Studentenzeiten behelfe, krachend vom Schreibtisch rutschte.

Sie werden mir doch keine Lampe basteln?

Allerdings habe ich mir laut und deutlich etwas Selbstgemachtes gewünscht. Hilfe! Erst jetzt kann ich sehen, wie klug meine Charlotte inzwischen geworden ist. Erwachsene malen nicht, Erwachsene haben Jobs und deshalb auch Geld, um Geschenke zu kaufen.

Hat sich ausgebastelt, wenn man erwachsen ist. Gut

so! Und meine großen Kinder haben Geld. Sie passen auf kleine Kinder anderer Leute auf, tragen Zeitungen aus, geben Nachhilfestunden, sortieren Pfandflaschen, und einer hat gerade einen Arbeitsvertrag unterschrieben, der ihm monatlich anderthalb tausend Schleifen auf dem Konto beschert. Geschieht mir doch recht, wenn sie einmal im Jahr etwas davon für mich abzweigen, anstatt die Euros zu Saturn zu tragen, Starbucks in den Rachen zu werfen oder H & M noch höher über den Break Even Point zu katapultieren.

»Was wünschst du dir denn jetzt wirklich?«, reißt mich Charlotte aus meinen Gedanken, will's offenbar wissen und rattert los: »Ein Buch? Ein Paar Ohrringe? Pralinen? Nagellack? Lipgloss? Was richtige Frauen sich so wünschen! Eine Blumenvase? Blumen? Einen Gutschein?«

Ach Kind.

Plötzlich schlägt das Imperium zurück. Der Bastelteufel reitet mich. Abends überreiche ich ihr einen Wunschzettel, den ich in Herzform gefaltet, mit Blümchen verziert und mit ein paar Glitzersternchen beklebt habe.

Immerhin sind sie alle über sechzehn, da kann ich's wohl wagen: »Bringt Getränke statt Geschenke!«

23

Sentimental journey

»Was hältst 'n du davon, wenn wir morgen früh um neun zusammen frühstücken und danach fahren wir zur Buchmesse nach Leipzig?« Spät am Samstagabend höre ich hinter mir die seit einiger Zeit so grausam verstimmte Stimme meines Jüngsten krächzen. Seit ein paar Wochen sehe ich sofort eine rostige Gartentür verloren im Wind schwingen, sobald er spricht. Schlimm ist das! Doch noch schlimmer ist es, wenn er, wie meistens, nicht spricht und nur brummend wie Kaspar Hauser seiner Wege zieht, die Freuden des Gesprächs verachtet und meine Gesellschaft weiträumig umfährt wie ein ortskundiger Fahrer den Stau zum Feierabend.

Ich traue meinen Ohren nicht ganz. Seit wir nur noch zu dritt sind, haben mich so viele wehe Gedanken an früher heimgesucht, die guten alten Zeiten, als die Kinder noch klein waren und die Familie noch groß, dass jetzt wohl auch noch akustische Halluzinationen meinen sentimentalen Erinnerungsoptimismus verschärfen. Ich drehe mich langsam um.

»Hast du was gesagt?«, frage ich vorsichtig.

Er lächelt schief, lehnt sich an den Türrahmen und schlenkert verlegen mit den langen Armen. »Buchmesse. Leipzig. Klingelt da was? Da waren wir vor drei Jahren zusammen und ich fand's übertrieben gut! Ähm … (brumm) … morgen ist doch da letzter Tag!«

Ungläubig trete ich einen Schritt zurück, und dabei fällt mein in disziplinierter Tristesse akkurat im DIN-A5-Format gebügelter Stapel Geschirrtücher zu Boden.

Er bückt sich und hebt ihn auf, reicht ihn mir nach oben.

»Sag schon. Ja oder nein?«

Ein Wunder. Bei aller Liebe und mit allem Nachdruck ist es mir bislang nicht gelungen, ihn für die schlichte Wahrheit zu gewinnen, dass man für eine Dame aufhebt, was ihr herunterfällt.

Noch ein Wunder. Er ist groß, er wird bald sechzehn. Und er spricht! In ganzen Sätzen! Mit mir!

Und noch ein Wunder. Er will tatsächlich mit mir einen Ausflug machen!

Wenn man Wunder zusammenfassen kann, dann in diesem Fall nur so: Und er bewegt sich doch!

»Wie früher!«, ruft er jetzt auch noch und trifft damit das Zauberwort, mit dem all mein Misstrauen in sich zusammensackt und reiner Freude weicht.

Vor lauter Begeisterung überhöre ich die kritische Stimme in meinem Kopf, die fragt, warum um Himmels willen jemand seinen Wünschen den mütterlichen Passierschein aufklebt und etwas »wie früher« machen will – jemand, der mit Riesenschritten auf Riesenfüßen unterwegs ist, um seine Kindheit hinter sich zu lassen, und in abgrundtiefe Verlegenheit stürzt, wenn man vor Freunden und Verwandten launige Anekdoten aus seiner Zeit als jüngstes Baby in diesem Haushalt ausgräbt und genüsslich preisgibt. Sobald ich in goldenen Erinnerungen an niedliche Missgeschicke, reizende Missverständnisse und bezaubernde Malheurchen schwelge, überstandene Konflikte verkläre und offene verleugne, simuliert er zuerst Brechreiz und sucht dann mit Todesröcheln zu überzeugen. Ja, den Anblick der eigenen Kinderfotos an der

Wand kann er kaum ertragen, und schon ein einziges »Weißt du noch?« führt unweigerlich dazu, dass er fluchtartig den Raum verlässt und sich wochenlang in seinem Zimmer verschanzt, das ich selbstverständlich nicht betreten darf. »Mathe ist ein Arschloch«, steht an seiner Tür und gleich daneben: »Mama! Draußen bleiben!« Und jetzt will er mich ernsthaft von der Notwendigkeit eines gemeinsamen Sonntagsausflugs überzeugen.

Na gut, hier geht's wohl um was anderes. Nur: um was?

Eigentlich habe ich überhaupt keine Lust, zur Buchmesse zu fahren, denn im Moment bin ich auf die Büchermenschen-Branche eher nicht so gut zu sprechen. Außerdem hätte ich morgen auch noch so viel zu erledigen, dass mir heute schon schwindelig geworden ist, als ich die lange Liste der lästigen Pflichten aufgeschrieben habe.

Plötzlich ist mir das egal. Die Aussicht, mit ihm zusammen etwas zu unternehmen, besticht. War das immer schön: offenen Auges mit ihm ziellos durch die Gegend zu streunen und sich dabei in bezaubernde Gespräche über Enten oder Baustellen verwickeln zu lassen, früher!

Ich bin hin und weg und lasse innerlich alles stehen und liegen, während ich nur zum Test ein paar leicht überwindbare Vorbehalte anbringe.

»Ich muss aber noch tanken.«

»Machen wir.«

»Und noch Geld holen.«

»Machen wir.«

»Den anderen Bescheid sagen, dass das Sonntagsessen ausfällt.«

»Machen wir.«

»Die Route googeln!«

»Machen wir.«

Am nächsten Morgen holt er sogar Brötchen und macht leichte Konversation am Frühstückstisch. Nur mit Charlottte spricht er nicht, irgendein Zwist schwelt zwischen den beiden. Sie schneiden Grimassen, treten sich unterm Tisch gegenseitig auf die Füße und reden kein Wort. Solange er nur weiter mit MIR redet, soll's mir recht sein.

Gestiefelt und gespornt steht er kurz darauf im Flur und wartet geduldig, bis ich meinen Schlüssel gefunden habe. In seiner Tasche hat er Proviant verstaut. Reiswaffeln, Schokolade, zwei Äpfel und acht Hörbücher.

Acht?

»Na, für die Fahrt!« Paul-Temple-Krimis seien das, sagt er, die ihm sein Freund Conni geborgt habe, und er wolle jetzt bei der Gelegenheit mal wissen, wie ich die finde. »Also, falls dich überhaupt interessiert, was ich so höre.«

Bitte?

Wir haben dann keinen einzigen Krimi gehört. Denn er hat pausenlos geredet, was dem achten Weltwunder gleichkommt. An die kommunikativen Begleiterscheinungen seiner Verpuppung habe ich mich nie gewöhnen können und je nach Tagesform geschimpft, gefleht oder zur Geduld verdonnert. Animalische Grunzlaute, Augenrollen, erdenschwere Seufzer als Antworten auf meine freundlichen Nachfragen, wie es ihm gehe, ob er gut geschlafen habe oder wie's in der Schule war: langweilig – und damit war das Gespräch stets im Keim erstickt. An den unwirtlichen Klippen seiner schlechten Laune ist noch jedes Schiffchen zerschellt, das ich aus Sorge, aus Liebe, aus besorgtem Interesse aufs Wasser ließ.

Irgendwo in dem großen, unproportionierten, breitschultrigen Kerl mit der ohrenkrebserzeugenden Stimme ist der süße Bengel mit dem Engelsgesicht und dem begeisterten Interesse an allem, was die Welt zu bieten hat, verschwunden. Dass aus rosigen Babys eines Tages Männer werden – geschenkt. Aber die schier endlos erscheinende Etappe dazwischen, die aus grantigem Schweigen und mürrischen Bemerkungen besteht, die man niemals nie persönlich nehmen darf, habe ich sofort vergessen, als sein älterer Bruder aus dem abgedunkelten Schweigetunnel kam, in den er sein Zimmer verwandelt hatte, mich ansah und mit einem reizenden Lächeln siegte. Jetzt ist es also wieder so weit. Und mir graut, ehrlich gesagt, vor der Zeit, in der ich mit ihm alleine sein werde, wenn die anderen drei ausgezogen sind. Was soll man mit einem Schweiger reden? Dass wir miteinander nichts zu lachen haben könnten, ist mein größter Horror.

Jetzt quatscht er auf einmal wie ein Wasserfall. Als Erstes eröffnet er mir, dass er sich überlegt habe, es sei aus strategischen Gründen besser, ich schriebe ihm eine Entschuldigung für die Englischprüfung am kommenden Freitag, denn dann könne er sie nach Ostern wiederholen und sei auf diese Weise seinen Prüfungspartner los, der keine Ahnung habe und ihn nur belaste … Und am besten schriebe ich auch eine für den morgigen Sportunterricht, den er nicht besuchen könne, weil sein Fuß wehtue und ich ihm einen Gefallen tun könnte, wenn ich den Arzt anriefe und um einen Termin bäte, denn sein Fuß tue wirklich sehr weh. So jedenfalls könne er nicht zum Training gehen, und das sei mir doch auch wichtig, dass er regelmäßig zum Training geht oder jedenfalls nicht unentschuldigt fehlt.

Aha, denke ich, da läuft der Hase lang.

Meinen Einwand, dass er das genauso gut selbst tun könne, bleibt mir im Halse stecken, denn es folgen weitere Eröffnungen, die vielleicht die Welt nicht bewegen, aber Mütter in Schockstarre versetzen können: die genaue Schilderung der Missetaten von Mitschülern, unter Drogeneinfluss begangen und dummdreist auf Facebook gepostet.

»Wie doof ist die Polizei eigentlich, wenn sie die Leute sucht, die eine ganze Straße voll parkender Autos demoliert haben, und noch nicht mal auf die Idee kommt, bei facebook zu gucken?« Meine Antwort will er gar nicht hören. »Bleibt aber unter uns, ja?«

Ich nicke. Wer weiß, was da noch kommt. So eine Vertrauensstelle kann man schnell wieder verlieren. Also: »Klaro. Bleibt alles unter uns. Dieses Auto ist praktisch ein Beichtstuhl mit 160 PS.«

Er lacht sogar ein bisschen, und ich atme auf. Alles richtig gemacht!

Dann folgen ein paar unklare, wolkige Bemerkungen, Mädchen betreffend.

»Hmm. Ach so. Ja. Versteh ich.«

Mehr muss ich gar nicht sagen, und schon sprudelt das nächste Thema hervor: »Also bald ist ja Ostern.«

»Hm. Stimmt.«

Vorsichtig erkundigt er sich, ob Papa mitfeiern könne, und überhaupt müsse man seinen Geburtstag am Ostersamstag jetzt mal planen. Frühstück mit Familie wie immer, Torte, Kerzen, Geschenke, bisschen Training, nachmittags ins Kino mit Leuten und abends großes Geburtstagsessen mit allen. Chili con carne wäre schön, obwohl die meisten sich Würstchen im Schlafrock wünschten, wie früher halt.

Wie Schuppen fällt's mir von den Augen, welcher Zweck das Mittel eines gemeinsamen Ausflugs heiligt. Es geht nicht um sein Interesse an den Neuerscheinungen des Frühjahrs und auch nicht um einen Ausflug mit mir. Worum aber dann?

»Was wünschst du dir denn zum Geburtstag?«, umkreise ich auf Zehenspitzen meinen Verdacht und rechne mit dem Schlimmsten: Ein MacBook Pro, ein Motorroller, die neue PSP, endlich ein iPhone ... was sie sich halt so wünschen.

»Ach, ist jetzt nicht so wichtig. Habe ich dir bei facebook gepostet, mit 'n paar Links, damit du die Sachen auch findest und online bestellen kannst.«

Was ist es dann, das ihn an diesem Sonntag das Bett fliehen und meine Gesellschaft suchen lässt? Nur darf ich nicht direkt fragen, dann scheut er womöglich und alles ist verdorben. Wie man Hunde nur mit der Zeitung schlagen soll, damit sie keine Angst vor der Hand kriegen, darf man fünfzehnjährige Männer nie direkt fragen, sondern muss abwarten, beiläufig klingen und sachte formulieren, dann aber die Ohren spitzen, sobald sie Anstalten machen, von sich aus über etwas reden zu wollen.

Ich bin so froh über diesen strategischen Einfall, dass ich die Anträge einfach abnicke. Okay, kriegst eine Entschuldigung. Okay, ich bin froh, dass du bei so 'nem Scheiß nicht mitmachst. »Machst du doch nicht, oder?«

»Nein! Was glaubst du denn von mir!«

»Okay, ich denke sogar mal über deinen Vorschlag nach, mit Papa Ostern zu feiern«, schwenke ich schnell vorsorglich die weiße Fahne, um den kostbaren Frieden nicht zu gefährden.

Wir streifen durch die prall gefüllten Hallen. Wenn ich jetzt allein hier wäre, würde ich wissen, was ich täte: Claus Kleber angucken, vielleicht. In neuen Büchern schwelgen, bestimmt. Die Manga-Mädchen betrachten, in aller Ruhe.

»Iiieehh«, schreit er vor den bemühten Arrangements von Klett & Co, »Mama, weg hier. Schulbücher! Braucht kein Mensch.«

Ich bin da nicht so sicher.

Wir machen kehrt. »Was möchtest du denn gerne noch anschauen?«

Er zuckt mit den Schultern. »Rumlaufen halt und gucken.«

Ich ziehe ihn sachte zu dem Stand, an dem die dicken Brockhaus-Bände locken. Er macht den Rücken steif. »Mama, dafür gibt's heute Google!«

»Na gut.«

Ich vertage meinen Vortrag über Recherchekompetenzen im Medienzeitalter und zeige auf die Kochbücher. »Nee, das brauchen wir nicht.« Er schüttelt den Kopf. »Du kannst doch schon alles kochen!«

Auch wieder richtig.

Dann zeige ich ihm eben die Stände aller Verlage, in denen Bücher von mir erschienen sind, und er lässt sich das brav gefallen.

»Weißt du noch, wie du früher immer in Buchläden meine Bücher herausgezogen und vor die Reihen gestellt hast?« Ich wage mich weit vor und riskiere damit mutwillig den Brechreiz. Der bleibt aus.

»Im KaDeWe war's am schlimmsten, die haben abends immer wieder die Bücher eingeräumt. Da mussten wir manchmal jeden Tag wieder hin.«

Wir stehen in der gläsernen Haupthalle, haben die Arme auf die Balustrade gestützt und schauen ins Parterre auf einen der Hauptschauplätze der Literaturarena. Er deutet nach unten und schnauft wie ein Seelöwe auf Tauchgang. »Was machen die Tüpies auf dem blauen Sofa da?«

Aha.

»Warum sitzt du nicht da?«

»Weil ich viel lieber mit dir hier rumlaufe«, schlage ich einen selbstwertschonenden Haken.

»Du lügst.«

»Wollen wir 'ne Bratwurst essen gehen?«

»Machen wir.«

»Echt klasse, mal Einzelkind zu sein!«, grinst er und tupft sich den Senf vom Kinn. Wir lächeln uns an.

»'n Eis zum Nachtisch wäre vielleicht gut.«

»Au ja. Halle 2«, sagt er. »Da gibt's Magnum.«

Wir schlendern los, und als er vor einem riesigen Stand mit Hörbüchern stehen bleibt und sich in das Angebot vertieft, werfe ich einen scheuen Blick auf den jungen Mann an meiner Seite. Er ist nun fast einen halben Kopf größer als ich, es geht sich gut neben ihm. In seinem Gesicht sehe ich seine vergangenen Gesichter auftauchen. Kurz huscht das runde Babyface über seine Züge, dann sehe ich die staunenden Augen des fünfjährigen Dauerfragers aufscheinen. Plötzlich treten die Züge seines Vaters hervor und verblassen wieder. Das genetische Kaleidoskop wurde geschüttelt, zwei Sippschaften taten sich zusammen, und auf einmal erkenne ich in seiner Stirn, die hoch und gerade aufragt, die meines Opas.

Als er meinen Blick spürt, schaut er hoch. »Gehen wir weiter? Zum Eis?«

Wenig später ist er plötzlich im Gedränge verschwunden. Was mich früher in wilde Panik versetzt hätte, nehme ich heute gelassen und stelle mir vor, wie er es wohl finden würde, wenn ich ihn jetzt ausrufen lassen würde, während ich die Gänge mit den Augen absuche.

Mein Blick bleibt an den grünen Regalen des Oetinger-Verlages hängen. Ein neues Findus-Buch ist erschienen! Findus zieht um, lese ich gerührt und denke, guck mal an, die Pubertät ist auch bei dem Alten und seinem Kater angekommen.

Ich kann nicht anders. Ich muss das jetzt lesen. Während ich die ersten Seiten überfliege, vergesse ich meinen Jungen. Etwa in der Mitte schaue ich kurz hoch, und da steht er auf der anderen Seite des Regals, völlig versunken in dasselbe Buch. Unsere Blicke treffen sich.

»Da bist du ja!«

»Oh Mann, ich hatte vielleicht Schiss, dass du mich ausrufen lässt! Der kleine Leander möchte am Informationsschalter von seiner Mama abgeholt werden«, äfft er die Ansage nach. Wir lachen uns schlapp und fallen uns in die Arme. Plötzlich ist mir sein Gesicht so nah wie lange nicht.

»Du hast ja Pickel!«, rutscht mir raus, und gleich bereue ich das. Jetzt ist's vorbei mit der schönen Stimmung, jetzt wird er beleidigt sein – mit Recht.

»Und du siehst blöd aus mit Brille«, gluckst er. »Ach, Mama, war das nicht schön früher? Wenn wir Petterson und Findus gelesen haben und uns über die Mucklas kaputtgelacht haben!«

Ach ja. Ich rede ein bisschen darüber, wie traurig ich manchmal bin, dass ich jetzt keine Kinderbücher mehr lesen muss. »Den Ritter Rost vermisse ich richtig. Die kleine Hexe auch.«

»Findus war echt der coolste«, sagt Leander, plötzlich wehmütig. Dann gibt er sich einen Ruck. »Für mich ist das doch genauso! Wieso denkt ihr Mütter eigentlich nie daran, dass es uns auch schwerfällt, uns von der Kindheit zu verabschieden?«

Donnerschlag. Jetzt bin ich sprachlos.

Im Auto neben mir rückt er sein Kissen zurecht und

sagt nichts mehr. Ich fahre und finde, es ist ein gutes Schweigen.

Er räuspert sich, als wir mit Schwung auf die Autobahn einbiegen. »Wollen wir uns das neue Findus-Buch kaufen? Bitte! Findus ist geil!«

»Machen wir!«

»Wenn wir dann bald alleine sind, weil Charlotte auch weg ist, dann hätten wir was zum Vorlesen«, prustet er. »Und weißt du was? Dann wird 'ne Katze angeschafft. Das wünsche ich mir schon, seit ich auf der Welt bin, und nur weil die blöde Kuh 'ne Allergie hat, ging das nie!«

»Sonst noch Wünsche?«

»Jap, 'n Katzenklo!«, grinst er.

Auf dem Rückweg nach Berlin ist er dann eingeschlafen und erst vor der Haustür aufgewacht. Wie früher. Nein, nicht ganz. Früher musste ich ihn vier Stockwerke hochtragen. Heute läuft er ganz alleine nach oben.

24

Hallihallo

Ich komme von einer Lesung zurück, doch genau genommen komme ich aus der Hölle. Die letzten quälenden sechs Stunden habe ich in einem rappelvollen Zug verbracht. Zwar saß ich auf einem Fensterplatz, den ich dank des Reservierungssystems der Deutschen Bahn und meiner Bereitschaft, dafür vier Euro zu zahlen, ergattern konnte, aber eingepfercht in einem Zugabteil voller wimmernder Babys und greinender Kleinkinder kam trotzdem wenig Freude auf. Ich habe immer wieder den Himmel gepriesen, weil kein einziges davon mir gehörte, mir die Ohren zugestöpselt und versucht, der Stimme von Bruno Ganz zu folgen, der Peter Handkes »Wunschloses Unglück« so schön wie kein Zweiter liest …

Am Bahnhof holt mich niemand ab, und das ist gut so. Ich bin frei zu gehen, wohin ich will, sobald ich diesem Abteil entronnen bin. Einen Moment lang vermisse ich meine Charlotte, meine Elise, meinen Nick und meinen Leander, die mir ein paar Mal nach Lesungen auf dem Bahnsteig entgegenrannten wie ausgelassene Welpen und mich nicht nur ab-, sondern auch einholten und immer alle durcheinanderredeten über das, was während meiner Abwesenheit alles passiert war. Doch dann gewinnt ein berauschendes Freiheitsgefühl die Oberhand und erfüllt mich wie damals beim ersten Ausgang ohne

Buggy. Mit welch unnachahmlich leichtfüßigen Schritten man eine Straße hinabwandern kann, ohne Buggy, ohne Tragetuch, ohne eine Tasche voller Feuchttücher, Ersatzwindeln! Das war ein einschneidendes Erlebnis vor vielen Jahren, das ich nie zu schätzen gewusst hätte, wenn ich es nicht so lange vermisst hätte. Seither hat es mir als Ziel geleuchtet: Eines Tages, sagte ich mir, wirst du wieder frei sein.

Dass es wunderschön sein kann, in einem Raum voller Erwachsener zu sitzen, denen nicht ständig die Nase läuft, hat mich zusätzlich angespornt und bei der Stange gehalten, während ich laufende Nasen zu putzen hatte.

Beinahe zwanzig Jahre lang habe ich geglaubt, wenn meine Abwesenheit länger als vierundzwanzig Stunden dauerte, würde das Familienleben völlig zusammenbrechen, war ich immer nervös und besorgt und litt unter Gewissensbissen und katastrophalen Vorahnungen, wenn ich die Stadt verließ, und glaubte, aller Horror sei längst eingetroffen, wenn ich zurückkam, während ich in den Stunden dazwischen versuchte, »meinen Spaß mit meiner Arbeit« zu haben.

Dass es so wunderbar sein kann, das auch ganz ohne schlechtes Gewissen zu tun, ist eine relativ neue Erfahrung, die ich gar nicht genug feiern kann: Mit achtzehn bekommen Kinder das unveräußerliche Recht, in einer Welt voll zahlloser Autos, schlechter Gesellschaft, Drogendealer und irreführender Verkehrsschilder unterwegs zu sein. Sie leben allein und haben nicht immer genug Geld für ein Taxi. Deswegen fahren sie bei klirrender Kälte ziemlich betrunken mit der U-Bahn und schlafen dabei ein. Später erzählen sie diese Vorfälle grinsend wie Kriegsgewinnler beim sonntäglichen Familienessen und brüsten sich wie Stalingrad-Veteranen mit Erlebnissen, die den Herzschlag ihrer Mütter aussetzen lassen, während sie versuchen, die Katastrophenszenarios im Kopfkino mit wenigstens einer Werbepause zu unterbrechen. Vergeblich, doch: So weh das auch tun mag – die Aufgabe, sie zu beschützen, wird von der ebenso wichtigen Aufgabe abgelöst, sie ziehen zu lassen, damit sie sich mitten ins Leben stürzen und allen Geschossen aus eigener Kraft ausweichen. Und wenn ihre Kinder größtenteils fast achtzehn sind, bekommen Mütter das Recht zurück, sie auch mal vergessen zu dürfen und sich um ihre eigenen Belange zu kümmern. Ihre Fingernägel kritisch zu mustern und Pläne für den bevorstehenden Abend zu machen.

Nach menschlichem Ermessen werde ich heute Abend frei haben, denn sie sind alle längst mit ihrem eigenen Leben beschäftigt. Charlotte, mein singendes, springendes Löweneckerchen, trifft sich heute mit Leuten. Nick ist bei seiner Freundin und will nicht gestört werden, Elise ist übers Wochenende mit unklarem Ziel verreist und schickt Grüße. Woher ich das alles weiß? Über SMS halten sie mich auf dem Laufenden, sogar ganz und gar ohne darum gebeten worden zu sein. Mein Handy hat auf der Zugfahrt so oft gefiept, dass ich es ausgeschaltet habe. Zur Not hätte ich ja immer noch die Funkloch-Ausrede im ICE, dachte ich, falls sie sich später beklagen würden, dass sie mir eine SMS geschickt hätten und meine Antwort ausgeblieben sei. Nur von Leander, meinem »letzten Mitbewohner und zeitweise Sohn«, wie er das neuerdings nennt, kam keine SMS. Wahrscheinlich ist auch er unterwegs, und wenn ich nach Hause komme, ist die Wohnung leer.

Hoffentlich. Hoffentlich ist niemand da, den ich fragen muss, wie sein Tag war, niemand, der mich bestürmt. Wie die Businessladys in der Werbung werde ich im Hausflur die hohen Hacken abstreifen, mich Stück für Stück auf dem Weg ins Badezimmer ausziehen und alles einfach liegen lassen, mir eine Badewanne einlassen, eine Flasche Wein entkorken, endlich Guns N' Roses so laut hören, wie ich will und über Axl Rose so lange nachdenken, wie ich will, ohne beleidigende Kommentare über meinen Musikgeschmack über mich ergehen lassen zu müssen. Und einfach genießen, dass niemand etwas von mir will. Nicht mal Axl Rose, Gott sei Dank. Mit mir allein bin ich nämlich noch immer in bester Gesellschaft.

Oder ich raffe mich modern zum Work-Out ins Fitnessstudio auf und treffe mich danach mit einer Freundin im Kino. Ein ausgiebiger Saunagang nach dem Sport wäre auch schön, und dann einfach ins Bett.

Einem Mann für gewisse Stunden könnte ich simsen. Da kann man sich ja viel vorstellen, wenn man einen ganzen Abend für sich hat!

Jetzt habe ich's geschafft, beglückwünsche ich mich im Stillen zu der neu gewonnenen Freiheit und empfinde ein umfassendes Entzücken wie ein Fünfjähriger vor den paradiesischen Schubfächern voller Süßigkeiten bei Hussel. Das könnte ich, und das auch, und vielleicht das noch …

Mit pragmatischer Skrupellosigkeit habe ich meine Mutterpflichten auf einen vertretbaren Tiefstand gedimmt, und einen köstlichen Moment lang fühle ich mich jetzt allein der Sorge um mich und mein Wohlergehen verpflichtet.

Später dann kann ich ja mal rundtelefonieren, ob's auch allen gut geht.

Und wenn er jetzt doch zu Hause ist? Neulich kam ich schon mal von einer Lesung zurück. Leander lag auf dem Sofa, starrte in die Glotze, futterte Schoko-Reiswaffeln und hob kaum die Augen, als ich hereinkam, winkte nicht mal mit der Fernbedienung.

»Hallihallo! Da bin ich wieder!«, rief ich frohgemut und stellte meinen Koffer ab.

»Warst du weg?«, fragte Leander.

»Ein ganzes Wochenende! Zur Lesung!«

»Ach so.«

»Willst du gar nicht wissen, wie es gelaufen ist?«

»Wie ist es gelaufen?«

»Ganz gut.«

Wieso habe ich mich plötzlich so verheiratet gefühlt?

Ganz leise schließe ich die Tür auf, stelle den Koffer ab und spitze die Ohren. Nichts zu hören. Weder der Fernseher, noch streitende Stimmen, noch Gepolter, das auf ein ernsthaftes Handgemenge schließen lässt. Einfach nichts. Still ist es in der Wohnung. Prüfend atme ich die Luft ein. Das ist auch so ein erlesener Moment: Erst wenn man nach einer Weile die eigene Wohnung wieder betritt, kann man riechen, wie die Familienwohnung riecht. Für einen kurzen Moment lang jedenfalls, dann taucht man ein und es ist wieder alles wie immer. Aber in diesem Moment kann man sich vorstellen, wie es wäre, als Fremder in diese Wohnung zu kommen und zu riechen, wie's um die Menschen steht, die dort wohnen.

Es riecht hier immer noch nach vielen Kindern.

Oder doch nicht? Da knistert doch was. Da war doch was. Ein feines Klirren, ein unterdrücktes Kichern, das muss am breiten Fahrwasser des Familiengeruchs liegen, auf dem auch die anderen Sinne ihr Boot zu Wasser lassen. Und doch, da ist ein Geräusch, als wenn jemand versucht, kein Geräusch zu machen. Mir wird mulmig. Wenn jetzt doch etwas passiert ist? In Sekundenbruchteilen jagen schlimmste Schreckensszenarien an meinem inneren Auge vorbei, allesamt den schlechten Fernsehkrimis entnommen, mit denen ich meine schlaflosen Nächte fülle. Maskierte Männer, die meinen Jüngsten auf dem Stuhl gefesselt und geknebelt haben und längst mit dem einzigen Wertgegenstand meines Haushalts, dem Mac, über alle Berge sind. Oder noch schlimmer – ich sehe Blutlachen, blitzende Messer, zerstörtes Mobiliar und meinen Leander schmerzverkrümmt auf dem Boden liegen. Klang das feine Klicken eben nicht wie das Laden einer Waffe? Mir bricht der Schweiß aus. Auf Zehenspitzen, noch im Mantel schleiche ich durch den Flur zur Küchentür und lausche angestrengt. Nichts rührt sich, kein Mucks. Langsamer als der Stoffwechsel eines Fisches im zugefrorenen See drücke ich die Klinke herunter.

Als hätte ich eine Bombe gezündet, fliegen mir Lachsalven um die Ohren, untermalt von übermütigem Gekicher, durchbrochen von fröhlichem Geschrei. Erschrocken trete ich einen Schritt zurück.

Die vier halten sich die Bäuche vor Lachen. Der große Tisch biegt sich unter Tellern, Gläsern, Besteck, sogar Kerzen. Eine riesige Schüssel voll Salat steht wie ein kostbarer Tafelaufsatz in der Mitte, links und rechts davon erstrecken sich weite Ebenen, in denen etwa zehn Quadratmeter Pizza ausgebreitet sind.

»Da bist du ja endlich!«, gurrt Charlotte.

»Sonntagsessen! Schon vergessen?«, prustet Elise.

»Den Salat habe ich übrigens ganz allein gemacht!«, merkt Nick bescheiden an.

»Und? Hallihallo! Wie ist es gelaufen?«, fragt Leander freundlich und zwinkert mir zu.

Ich zwinkere zurück. Wannenbäder bei Rotwein und Kerzen mit Loverboy und Guns N' Roses nach Fitness und Saunabesuch werden definitiv überschätzt, jedenfalls, wenn man Aldi-Pizza und eine große Salatschüssel von seinen Kindern haben kann.

25

Mama ist die Best(i)e

Da bist du ja! Tag, mein Schatz«, freue ich mich. »Das Essen ist gleich fertig!«, flöte ich, als die Haustür krachend ins Schloss fällt, schwere Schritte nahen und die Tür aufgerissen wird. Was für ein Timing! Artikel zu Ende geschrieben, eingekauft, Küche aufgeräumt, gekocht – meine Begeisterung über mich selbst kann ich kaum zügeln und freue mich nach einem langen Tag tatsächlich, dass mein Jüngster jetzt aus der Schule kommt.

»Hab kein' Hunger«, knarzt Leander und stampft durch die Küche.

»Broccoli mit Nudeln und Käsesoße?? Das war doch immer dein Lieblingsessen!«, rufe ich ihm hinterher.

»Ich hasse Broccoli!«, ruft er zurück.

Rums. Tür zu. Godzilla stapft in seine Höhle und rollt den Felsbrocken von innen davor. Rums.

Macht ja nichts. Es gibt ja immer noch Charlotte, die auch gleich vor der Tür stehen müsste.

Abends kommt er wieder raus, und ich richte es unauffällig so ein, dass wir uns im Flur begegnen. Einen Gesprächsanfang habe ich mir sorgfältig zurechtgelegt.

»Wie war's in der Schule?«

»Langweilig. Frag doch nicht immer. Ich frag dich doch auch nicht, wie dein Tag war!«

»Eben. Könntest du ruhig mal machen.«

Er rollt mit den Augen. Schnauft. Wendet sich ab. Er nuschelt: »Wie war dein Tag?«

»Wunderbar! Ich habe einen Artikel zu Ende geschrieben, aufgeräumt, eingekauft, gekocht. Und weißt du was? Ich habe den ganzen Tag keinen Menschen getroffen, den ich so nett finde wie dich!«, lüge ich.

Er gähnt. »Sonst noch was? Ich muss los.«

»Wohin denn?«

»Ins Stadion. Hab ich doch gesagt. Heute ist Hertha.«

»Stimmt ja. Viel Spaß, und nimm dir 'n warmen Pullover mit ins Stadion.«

»Nö.«

»Aber es wird kalt heute Abend!«

»Ich weiß selber, wann mir kalt wird.«

»Ich mein ja nur.«

»Ich mein ja nur«, äfft er mich nach. Dann grunzt er unwillig und klatscht sich auf die Stirn. Und während ich noch um eine möglichst eindrucksvolle Formulierung meines leidenschaftlichen Werbens für einen gedeihlichen Umgangston ringe, macht Leander eine alarmierende Zusatzbemerkung. Er sagt kühl und sehr von oben herab: »Ich bin übrigens kein Kind mehr, falls dir das noch nicht aufgefallen sein sollte. Kapier's doch endlich!«

Unwillkürlich pralle ich zurück. Kinder sind ein Glück und eine irdische Freude, aber wer welche kriegt, sieht sich bald auch noch mit einem ganzen Bündel unfeiner Gefühle konfrontiert, auf die man sich schlecht vorbereiten kann, während der süße kleine Kerl, der sich so zutraulich an meine Schulter schmiegte, heranwächst: flüchtige Gefühle der Wut auf ein Kind, den Moment des Zurückschreckens vor einem vielgeliebten Körper, den Drang, einen Teller mit unberührtem Essen in das Gesicht eines Teenagers zu schleudern …

Dabei habe ich gar nichts dagegen, wenn Kinder beginnen, sich gegen ihre Mütter durchzusetzen. Das tun sie alle und müssen es auch. Doch sie tun es nicht in wohlgesetzten, verständnisheischenden Worten oder mitfühlenden Gesten. Sie brüllen, motzen, schreien, werfen mit Ausdrücken um sich, zerstören Gegenstände, die ihren Müttern lieb und wert sind. Niemandem sonst würde ich das durchgehen lassen, ohne Ersatz zu verlangen. Von niemandem sonst würde ich mir das gefallen lassen. Niemand sonst dürfte so mit mir reden. Merkwürdig, Kinder sind nicht satisfaktionsfähig.

Aber auch ich werde wütend oder fühle mich im Innersten getroffen, wenn meine Kinder sich unmöglich aufführen. Allein die Wut, der Ärger und der Schmerz erscheinen mir ziemlich unangebracht und irgendwie falsch, als peinlicher Defekt der eigenen Mütterlichkeit, denn kein Mensch mit Herz und Verstand würde so viel Zorn gegen Kinder richten, die er innig liebt. So halten Mütter rigoros unter Kontrolle, was beim Namen zu nennen wir fürchten – eine der schlimmsten Nebenwirkungen der beruhigenden Liebfrauenmilch, die das Mutter-Ideal so reichlich ausschenkt.

Wieso tue ich mir das eigentlich an? Es gibt doch nicht nur gute, durchaus erschwingliche Internate, sondern auch schon sehr schöne, günstige betreute Jugendwohngemeinschaften!

So geht das nämlich ständig. Leander will Freiheit, ich will Sicherheit. Leander fühlt sich eingeschränkt, ich mach mir Sorgen. Ich will nur sein Bestes, aber ich kriege es nicht. Kaum hängt er mal einen Nachmittag mit Leuten ab, befürchte ich, er könnte als Drogenwrack zurückkehren. Kaum kommt er mal zu spät, wappne ich mich für den bevorstehenden Anruf aus dem nächsten Polizeirevier, oder noch schlimmer: der Notaufnahme vom Urban-Krankenhaus. Kaum redet er mal nicht, fühle ich mich harsch zurückgewiesen.

Die Trennung ist in vollem Gang. Genau genommen beginnt sie schon mit der ersten Morgenübelkeit in der frühen Schwangerschaft. Ein Wesen, das zu kühnsten Hoffnungen und schönster Vorfreude berechtigt, aber nicht das eigene Wesen ist, hat vom Mutterkörper Besitz ergriffen. Es wohnt und wächst in ihr, aber es ist nicht sie. Ist das Baby geboren, wird die Tatsache, dass es sich nun um zwei deutlich voneinander unterscheidbare Körper handelt, augenfällig.

Das Baby ist gelandet, fremdartig und faszinierend wie ein Ufo, so rein, unschuldig und schutzbedürftig wie ein Engel, so unberührt wie Neuschnee. Doch all dieses Hingerissensein täuscht darüber hinweg, dass es eine Episode in unserem Leben, aber nicht das Leben selbst ist, das jetzt beginnt. So verrückt diese große Liebe ist, so groß ist auch ihr Schatten. Unbändiger Zorn, unterschwelliges Genervtsein, Enttäuschung über beinharte Zurückweisung und Wut über die eintönige Leier der mütterlichen Versorgungspflichten, das alles hat genauso seine Berechtigung und seinen Platz in dieser Beziehung. Wir tun das alles, um die Kinder von uns weg zu erziehen, groß und größer werden zu lassen und eines Tages gehen lassen zu können. Während die T-Shirts auf der Leine immer größer werden, die kleinen Töpfchen auf dem Herd gegen große Töpfe ausgetauscht werden und die winzigen Schuhe, in die wir einst die kleinen Zehen hineingebastelt haben, längst wahren Elbkähnen gewichen sind, müssen wir uns an unsere wichtigste Aufgabe erinnern: Die besteht nicht wie ihr romantisches Ideal darin, einander immer wichtiger zu werden, sondern darin, uns überflüssig zu machen. Unsere Rolle ist nicht nur jene des liebevollen Begleiters, sondern auch die des irritierten Gegenspielers, der viele Verhaltensweisen von Kindern weder versteht noch billigt: Diskretes Desinteresse oder gar eine moderate Kinderfeindlichkeit wären ein Weg.

Wie sonst will man Kinder rund um die Uhr, jahrein, jahraus ertragen – und schätzen? Kinder sind keine Geschenke, keine Offenbarung, keine Partner und keine Erfüllungsgehilfen für die Sehnsüchte erwachsener Frauen. Sie heilen nichts und stellen auch nicht den Sinn des Lebens dar, während sie bloß verhindern, dass man sich diese Frage täglich stellt. Bestenfalls sind sie eine Freude und ein Ärgernis zugleich, minutenschnelle Wechsel inbegriffen.

Vielleicht sollte ich einmal grundsätzlich Mutterschutz beantragen.

Schlagartig erscheint mir eine ganze literarische Tradition von Werken, die das Verhältnis zwischen Müttern und Söhnen beleuchten, in einem anderen Licht. Jungs müssen sich von ihren Müttern losreißen. Irgendwann kommen sie zurück, aber zuvor müssen sie diesen reißenden Fluss durchqueren, um sich zu beweisen, dass sie Männer sind und das Weibervolk hinter sich lassen können. Deshalb werden sie für eine Weile furchtbar grob und undankbar. Manche kommen da nie wieder raus: George Bernard Shaw bemerkte einmal, von allen menschlichen Kämpfen sei keiner so verräterisch und gnadenlos wie jener zwischen dem Künstler und der mütterlichen Frau. Auch andere Schriftsteller wählten so harte Worte, dass man nach Luft schnappt. William Somerset Maugham fand, für einen Jungen könnten nur wenige Schicksalsschläge schlimmere Folgen haben als eine wirklich liebevolle Mutter. Und D.H. Lawrence, der melodramatische alte Kauz, klagte einmal: Niemand kann meine Seele besitzen. Meine Mutter hatte sie, und darum kann niemand mehr in mein Ich eindringen. Der Dichter Emerson befand: Männer sind das, was ihre Mütter aus ihnen machten. Wir wissen nicht, was die Mutter von Mark Twain mit ihrem kleinen Sonnenschein durchgemacht hat. Ihr Sohn jedenfalls weiß: Meine Mutter hatte einen Haufen Ärger mit mir, aber ich glaube, sie hat es genossen.

Auch im normalen Familienleben behandeln die nettesten Jungs ihre Mutter plötzlich sehr unfreundlich. Auch Muttis, die nicht so dumm sind, weiterhin ins Badezimmer zu kommen und in die Ohren ihrer Söhne zu spähen, kriegen ihr Fett weg. Auch Muttis, die genug Taktgefühl haben, um achtjährige Männer beim Aufbruch zur Klassenfahrt nicht vor ihresgleichen zu küssen, müssen vier, fünf Jahre später leiden. Aber wenn ein Junge die Liebe seiner Mutter auch ablehnt – braucht er sie nicht trotzdem? Das Einzige, was diesem Dilemma abzuhelfen scheint, ist Humor, und zwar von Anfang an: Also habe ich übertrieben, als alberne alte Mutti posiert, um meinen Kindern früh zu gestatten, sich stark, groß und überlegen zu fühlen. Wir haben uns ausgemalt, sie wären Astronautin, Vorstandsvorsitzender oder Bundeskanzler geworden und ich würde in Cape Canaveral auftauchen oder in den Bundestag stürmen und jammern: »Hast du auch wirklich genug gegessen, mein Liebes? Ich habe dir Apfelschnitzchen für die Pause mitgebracht! Und hier, einen Pullover, deine armen Nieren sind doch so empfindlich!«

Erfolg gleich Null. Abnabeln geht nicht mit Humor.

Ich seh's ja ein. Aber warum muss dieser lebensnotwendige Prozess so unfreundlich vonstattengehen? Wie viel Schmerz muss sein?

»Warum macht der das nur?«, jammere ich bei seinem großen Bruder, der angerufen hat, um sich zu erkundigen, wie es mir geht, was ich so mache und wie mein Tag so war. Versehentlich hat er damit alle meine Schleusen geöffnet.

»Der will es halt wissen«, sagt er.

»Was denn nur?«, schniefe ich.

»Tja, Mama, Leander hat angefangen, seine Persönlichkeit in Abgrenzung von dir zu entwickeln. Wie ich. Schon vergessen? Mit sechzehn wird er wieder nett, genau wie ich. Dann ist die Pubertät nämlich vorbei. Bei Mädchen dauert das länger. Aber bei Männern ist es am sechzehnten Geburtstag geschafft.«

Wenn er recht hat, dauert das noch drei Monate, sieben Tage, vier Stunden und drei Minuten ... Und was mach ich bis dahin?

Außerdem: »Als du fies wurdest, gab es noch drei nette Kinder, an die ich mich wenden konnte. Und jetzt ist Leander der letzte und einzige Fiesling, weil die netten weg oder mit dem Abi beschäftigt sind.«

»Sieh's mal positiv. Als ich sechzehn war, konnte ich dir schon Wein kaufen.«

Später höre ich Leander telefonieren.

»Zwei Jahre noch, dann ziehe ich hier aus.« ... »Weißt du, was ich glaube? Dass Mama mich hier raus haben will.« ... »Von wegen. Die hat im Moment überhaupt niemanden lieb.« ... »Vielleicht mach ich nach'm Abi noch 'n soziales Jahr. Dann bleibe ich noch länger.«

Was? Noch länger? Mit achtzehn zieht dieser junge Mann aus!!! Und wenn nicht, dann wechsel ich die

Schlösser aus. Das ist doch kein Leben für eine wie mich, die zwar jederzeit für ihre Kinder ihr Leben geben würde, aber keinen Sinn darin sehen kann, das Tag für Tag zu tun.

»Oh, du kochst mir'n Kaffee?«, frage ich provozierend am nächsten Morgen, als ich ihn in der Küche hantieren sehe.

»Nee, ist für mich«, grunzt er.

»Aha. Kochst du mir einen mit?«

»Nee. Mach doch selbst«, raunzt er mich an.

Bevor ich jetzt weinen muss, mache ich lieber gleich kehrt und gehe an meinen Schreibtisch zurück, betrachte ein paar süße Babyfotos von ihm, um nicht aus der Haut zu fahren, und wähle dann die klassische Lösung: Einfach nicht weiter drüber nachdenken.

Zwei Minuten später stellt Leander mir einen Kaffee neben die Tastatur. »War doch für dich! Kaffee finde ich total eklig.«

Meine Verblüffung scheint ihn zu amüsieren. Er lächelt! »Chill mal, Mama. Ich bin dein Auszugs-Coach und sorge dafür, dass du dich darauf freust, wenn ich ausziehe. Wenn ich süß bleiben würde, würdest du mich niemals gehen lassen!«

Hm. Stimmt auch wieder. »Sag mal, würdest du noch schnell ein Brot und Milch kaufen? Ich müsste hier noch was fertig schreiben.«

»Klar, mache ich.« Er grinst. »Brauchst du sonst noch was?«

Wenn der so süß bleibt, lasse ich ihn nicht ausziehen.

26

Und was machen deine so?

Der Witz geht so: Treffen sich zwei Mütter längst volljähriger Kinder zufällig in der Spielzeugabteilung eines Kaufhauses. Zwischen Lego-Raumstationen, niedlichen Puppen-Populationen, supersüßen Stofftieren und Lawinen von Hello-Kitty-Devotionalien, Bob-der-Baumeister-Tinnef und Prinzessin-Lillifee-Ramsch stehen sie plötzlich voreinander und wundern sich: Du hier?

Ertappt! Augenblicklich bereue ich den bizarren Einfall, auf dem Rückweg aus der Buchabteilung noch einen kurzen Schwenk durch die Spielzeugabteilung gemacht zu haben, die mir eigentlich doch schon lange egal sein kann. Wie es wohl wäre, noch einmal in der Spielzeugabteilung nach einem Gegenstand zu fahnden, den sich ein Kind sehnlichst wünscht, und dabei über den eigenen Schatten aus geschmacklichen Vorbehalten, ganzheitlichen Bedenken und finanzieller Disziplin zu springen?

Wenn man einmal Kontakt mit so elementaren Freuden gehabt hat, wie man sie empfindet, sobald man in ein frisch beschenktes, glückstrahlendes Kindergesicht schaut und sich von den leuchtenden Augen wundersam erwärmt fühlt, verliert der gesunde Menschenverstand etwas von seiner Anziehungskraft. All die längst vergessenen Belohnungen, die aufregenden Geschenke, die

Mitbringsel, die Überraschungen vom Christkind und die vom Haushaltsbudget abgesparten Schätze – das Thema Spielzeug ist sehr schwer von anderen, ebenfalls gefühlsbeladenen Aspekten der Elternschaft zu trennen. Einerseits fürchten wir, unsere Kinder mit Spielsachen zu sehr zu verwöhnen, andererseits spielen unsere geheimen Wünsche und Bildungskomplexe eine Rolle. Nur zu gut erinnere ich mich an den Widerwillen im Gesicht eines befreundeten intellektuellen, pazifistisch gesinnten Vaters – Prototyp des Neuen Vaters, dem man im Supermarkt schnell aus dem Weg geht, bevor er die Nachgeburt seiner Frau beschreibt –, dessen Sohn mit einer monströsen Pumpgun herumballerte. Oder an das unglückliche Gesicht der öko-stalinistischen, bio-missionarischen Mutter aus dem Kinderladen, als deren kleine Tochter Amelie einem pinkfarbenen Plastikpony mit Lurex-Mähne liebevoll ein berüschtes Hochzeitskleid aus Nylon anzog.

Tolle Geschenke für Kinder zu finden, die schon alles haben, war doch vor Jahren die Königsdisziplin in der Mütter-Olympiade, in die auch ich beträchtlichen Ehrgeiz gesteckt habe! Auf der Fährte von dringenden Herzenswünschen habe ich unermüdlich bestimmte Gegenstände gejagt, denen die Aura anhaftet, die Herzen meiner und anderer Kinder höher schlagen zu lassen, bevor sie dann in den Familienhaushalten verstoffwechselt werden und sich mit der Zeit in ein namenloses Meer aus zerbrochenen Plastikbeinen, funktionsuntüchtigen Raumschiffen, zerquetschten Farbstiften, Puppenschränken mit herunterhängenden Türen, halbfertigen Modellflugzeugen und losen Puzzleteilen verwandeln. Doch diese trübe Erkenntnis habe ich immer wieder verdrängt und fühlte mich jedes Mal aufs Neue angespornt, wenn mir ein dringender Wunsch zugeflüstert wurde. Manchmal ließen sich so auch zarte, subkutan boshafte Sticheleien ganz nebenbei übermitteln.

»Was, du wünschst dir eine rot-weiß gemusterte Trommel mit Gurt zum Umhängen? Hier ist sie!«, schrieb ich meinem dreijährigen Neffen auf die lustige Geburtstagskarte.

»Dankeschön! Sieht sehr gut aus, die Trommel, oben auf dem Kleiderschrank!«, schrieb meine Schwägerin zurück.

Nach einem kurzen Moment der beiderseitigen Beklemmung darüber, uns genau an diesem Ort zu treffen, an dem wir beide von Rechts wegen nichts mehr zu suchen haben, weil auch unsere Kinder längst groß sind und deren Interesse an Puppen und Playmobil über der Karriereplanung deutlich erlahmt ist, entspinnt sich ein Gespräch, das beginnt wie neuerdings alle Gespräche beginnen, sobald Mütter von Kindern älteren Semesters aufeinandertreffen.

»Und, was machen deine so? Alle aus'm Haus?«, frage ich freundlich.

»Alle weg. Wurde aber auch Zeit!« Sie lacht.

Ich beeile mich, rasch ein paar wohlgeordnete Kommentare von mir zu geben, damit sie nicht etwa denkt, ich trauerte der Kinderschar hinterher und sei aus sentimentalen Gründen in der Spielzeugabteilung unterwegs. »Ich bin auch echt froh, jetzt endlich wieder mehr Zeit für mich zu haben«, sage ich, vielleicht ein bisschen zu lahm.

»Und ich erst!«, jauchzt sie. »Ich genieße meine neue Freiheit!«

Sie macht einen Schritt auf mich zu und hätte dabei fast den Turm aus Puppengeschirr erwischt. Schnell gehen wir weiter. Sie sprudelt hervor, dass es ihr total gut gehe, sie sich ein Cabrio gekauft habe, zum Pilates-Kurs angemeldet habe und mit einer Freundin Tango tanze. Auch wolle sie beruflich jetzt noch einmal richtig durchstarten und endlich die Ausbildung zur Heilpraktikerin in Angriff nehmen. Es sei nämlich noch lange nicht zu spät, sich noch einmal neu zu erfinden!

»Fünfzig ist das neue vierzig!«, ruft sie und wirft vor dem Regal mit großen bunten Playmobilkisten die Arme in die Luft. Dann wartet sie zum Beleg der neuen Rechenart mit weiteren Neuigkeiten aus ihrem schönen neuen Leben auf. Sie habe sich verliebt und werde alsbald zusammen mit dem neuen Mann, der auch noch Geld habe, entlegene Weltgegenden bereisen und den gemeinsamen Wohlstand genießen. Mitten im Spielzeugparadies bleiben wir stehen. »Wenn die Kinder aus dem Haus sind, fängt das Leben erst an! Ich habe mich jedenfalls freigeschwommen«, sagt sie und macht den Rücken gerade.

Ich stutze. Und da will ich mich jetzt an meine Mutterbedeutung klammern wie ein Nichtschwimmer im Tiefen an den Beckenrand? Unsicher streift mein Blick über die Kuscheltiere, die sich am Ende des Ganges zusammengerottet haben. »Na ja, bei mir ist es auch bald so weit. In drei Monaten macht der Jüngste Abitur. Danach will er nach Australien und erst mal chillen.«

»Tatsächlich? Das machen sie ja jetzt alle. Wir haben uns das auch überlegt, aber das war nichts für Amelie. Sie hätte ein ganzes Jahr für die Ausbildung verloren, und heutzutage muss man sich gut überlegen, ob man sich das leisten kann. Die Konkurrenz schläft ja nicht! Aber seit sie an der Harvard School of Business studiert, ist sie wie ausgewechselt. Das duale Studium mit Praxisbezug ist wirklich unglaublich, sie kann gar nicht genug davon kriegen.«

Ich schnappe nach Luft, atme tief durch und hole zum Gegengriff aus. »Ach, wie schön für sie und wie tröstlich für dich, besonders weil sie doch immer so schüchtern war!«

Amelies Mutter erkennt ihren taktischen Fehler und schwenkt um. »Ach ja, ein kleiner Bücherwurm war sie schon immer. Aber inzwischen ist sie ganz verrückt auf Tennis, und der Trainer für sie war wirklich eine vernünftige Investition!«

Geschlagen sinke ich in die Seile und sinne auf Rache wie ein Börsenmakler, dem die Aktienpakete wegbrechen. »War nett dich zu sehen, ich muss mal weiter!«, taste ich im Dunkeln nach dem Notausgang.

Amelies Mutter nimmt aus dem Regal hinter ihr ein quietschbuntes Pony mit langen Wimpern um die Mandelaugen und Lurex-Mähne in die Hand. »Irgendwie süß, oder?«

Ich lege meine Stirn in Falten. Das kann doch nicht ihr Ernst sein!

»Oder hier, schau mal die Barbies. Aber Ken fand ich ja schon immer scheußlich.«

»Hatten wir gar nicht«, lüge ich. »Meine waren ganz verrückt nach Stofftieren. Die da!« Ich deute auf die Herde Sigikid.

»Also, wir fanden ja Steiff-Tiere immer besser.«

»Hast du den ganzen Kram eigentlich aufgehoben?«

»Pah, wo denkst du hin? Für wen denn? Das meiste habe ich der Kirche gespendet und den Rest weggeworfen. Und du?«

Unbehaglich denke ich an meinen prall gefüllten Keller, in dem Säcke voller Lego und Playmo und Duplo neben einem Pumuckl-Fahrrad, einem verwaisten, voll möblierten Puppenhaus, zwei Bobby-Cars, einer arg geschleiften Ritterburg, einem bunten Beutel mit Bauklötzen, einem einstmals stolzen Piratenschiff, einer Mini-Schubkarre, zahllosen Holzschwertern, einem stattlichen Parkhaus, einer Modelleisenbahn, vier flügellahmen Drachen und zwei Vogelkäfigen ihrer dereinstigen Wiederauferstehung entgegendämmern. Spielzeug auf Rädern, Spielzeug, das schwimmt, Spielzeug, das fliegt, und Spielzeug, das man mosaikartig zusammensetzen kann.

»Das meiste habe ich auch weggeschmissen«, behaupte ich und räume glaubwürdig ein, dass ich möglicherweise noch das eine oder andere aufgehoben habe. »Man weiß ja nie. Vielleicht gibt's eines Tages mal Enkel, die was zum Spielen brauchen!«

»Um Himmels willen! Großmutter will ich nicht werden. Ich bin ja so froh, dass dieser Wahnsinn vorbei ist.« Sie schüttelt sich und pfeffert das Plastikpony zurück ins Regal.

»So schlimm war das nun auch wieder nicht!«, wage ich zu widersprechen.

»Hast du das alles etwa vergessen? Kinderladenkochen, Elternabende, Spielplatzhocken, Hausaufgabenterror, und dann das ständige Geschrei, Chaos überall, die Streitereien um alles Mögliche. Und immer zu wenig Schlaf!«

»Ja, schon«, räume ich ein. »Da hat man schon was mitgemacht, aber man ist ja auch daran gewachsen.«

Sie schaut mich skeptisch an. »Ich genieße es so sehr, jetzt mehr Platz zu haben. Ich habe ein Arbeitszimmer, ein Schlafzimmer, und aus den beiden Kinderzimmern habe ich Gästezimmer gemacht. Wunderbar!«

»Wenn der Jüngste weg ist, suche ich mir eine kleinere Wohnung. So viel Platz brauche ich ja gar nicht. Und weniger putzen zu müssen, finde ich nicht verkehrt.«

Vor dem Regal mit den Weltraummonstern windet

sich ein Fünfjähriger in wilder Wut. Er trampelt, schlägt um sich und schreit aus Leibeskräften, Rotz und Tränen fließen. Plötzlich haut er seiner Mutter in den Bauch, die mit hochrotem Gesicht und zusammengebissenen Zähnen neben ihm hockt und versucht, ihn zu beruhigen.

»Und was machst du, wenn die mal wiederkommen?«, flüstert Amelies Mutter und betrachtet hingerissen die Szene.

»Die kommen nicht wieder. Und das da«, ich zeige fröhlich mit dem Kinn auf den verbissenen Zweikampf, »das da kommt glücklicherweise auch nicht wieder.«

»Manchmal könnte man sie an die Wand klatschen, stimmt's?«, sagt Amelies Mutter. Ihre Stimme wird ganz weich, ihr Blick wird so versonnen, als sähe sie über einen großen, glitzernden See. »Ach, noch einmal so richtig schön an die Wand klatschen …«

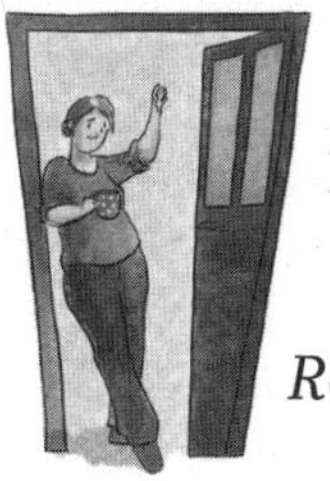

27

Reingefallen!

»Als ich noch klein war«, sagt mein Ältester beim Sonntagsessen, »habe ich mich manchmal gefragt, ob Papa und du früher eigentlich mal Freunde wart.«

Nick angelt nach dem letzten Schnitzel, das sein Bruder sich gerade unauffällig nehmen wollte, stößt beherzt die Gabel hinein, lädt sich die letzte Fuhre Kartoffelgratin auf den Teller und greift nach der Salatschüssel.

»Kommt drauf an, was man unter Freundschaft versteht«, weiche ich aus und versuche, das Manöver mit ein paar erzieherisch wertvollen Bemerkungen zu tarnen. »Bevor man sich das letzte Schnitzel nimmt, fragt man die anderen. Notfalls teilen! Schon vergessen?«

Er nickt heftig, kaut und schluckt. »Gibt's Nachtisch?«

Da greife ich doch zu. Auch weil ich wirklich lieber über Schokoladenpudding mit Sahne rede als über den Vater meiner Kinder und die Details seines Verschwindens aus unserem Familienleben oder darüber, warum genau ich ihn vor vielen Jahren um seinen Abschied gebeten habe.

»Wir haben uns einfach auseinandergelebt.«

Wenn Eltern sich trennen, sind sie nämlich verpflichtet, die Zähne zusammenzubeißen, den Kindern nur Gutes und im Notfall gar nichts übereinander zu sagen. Exemplarische Zurückhaltung, die zwangsläufig ein gerüttelt Maß an persönlicher Erniedrigung, Taktgefühl und Diplomatie erfordert. Doch am Ende werden alle glücklicher sein, wenn sie sich anständig benehmen. Irgendwann wird einem Gerechtigkeit widerfahren. Kinder sind nicht dumm. Wenn sie älter werden, merken sie von selbst, welcher Elternteil sich gut benommen hat, und sehen ein, was ihn das gekostet haben muss – grau ist alle Theorie, auch meine.

»Also richtige Freunde meine ich jetzt«, bohrt Nick weiter. »Dass ihr vier Mal im Leben Sex hattet, wissen wir ja.«

»Iiieehh!«, schreit der Jüngste und hält sich die Ohren zu. Gleich wird er Kinderlieder singen, um seiner Angst vor den altersgemäß verstörenden Botschaften des Geschlechtlichen Herr zu werden.

Seine Schwestern grinsen wissend. »Vergiss es«, prustet Elise und winkt ab. »Mama ist'n MOF.«

Sofort gackern alle los. Nur ich verstehe nicht, was es hier eigentlich zu lachen gibt, und was ein MOF ist, weiß ich auch nicht.

»Na, ein Mensch ohne Freunde!«, dolmetscht Charlotte und legt ihre Hand begütigend auf meine. »Aber sei nicht traurig, du hast ja uns und bist mit uns glücklich. Hast du selbst immer gesagt.«

»Was fällt euch eigentlich ein?« Ich will mich gerade aufplustern und die Dinge zurechtrücken, denn schließlich bin ich fest verbunden mit einem Freundeskreis in allen Farben und Formen und habe nie im Leben ein Defizit an menschlicher Gesellschaft verspürt, geschweige denn zugeben müssen. »Ich bin übrigens sehr beliebt!«

»Kann ja sein, aber sehr geliebt eher nicht!«, zischt Elise und lächelt maliziös. »Uns mal ausgenommen. Wir lieben dich alle! Ehrlich!«

Fast wäre mir etwas rausgerutscht, das definitiv nicht zu den Dingen gehört, die Mütter mit ihren Kindern erörtern sollten.

»Nick und Elise meinen doch nur, dass du nie wieder einen Freund hattest, seit Papa ausgezogen ist«, wispert Charlotte beschwichtigend.

»Stimmt!«, sinniert Leander. »Die anderen Getrennten aus dem Kinderladen damals sind alle längst wieder mit jemandem zusammen. Manche sind sogar schon wieder neu getrennt!«

»Na und? Das muss jeder machen, wie er will. Haben wir's hier nicht schön miteinander? Fehlt euch irgendwas?«

»Jede Menge. Ich bräuchte zum Beispiel eine neue TÜV-Plakette für meinen Roller. Kostet 80 Euro. Hm?« Nick kratzt sich am Kopf und grinst verschlagen.

»Wolltest du nicht? Oder konntest du nicht?«, kratzt Elise unbeirrt an meinem Nimbus und stichelt: »Die anderen Mamas haben alle schnell einen Neuen gefunden! Wieso haben wir eigentlich keinen neuen Mann gekriegt?«

»Weil ich keinen wollte. Ihr habt einen Papa und braucht keinen neuen. Wozu sollte ich euch mit einer Parade ständig wechselnder Stiefväter verstören?«

Dass ich mir keine Kuh kaufen muss, nur weil ich mal 'n Glas Milch trinken will, hätte ich vielleicht einer Freundin gesagt. Doch hier muss ich kindgerecht argumentieren. »Stellt euch doch mal vor, wir hätten uns einen Mann angeschafft. Der sitzt dann auch noch mit am Tisch und mischt sich in alles ein. Das ist viel Aufwand, so einen Mann zu haben! Ihr habt ja keine Ahnung! Man braucht Zeit und muss sich täglich um ihn kümmern! Männer essen sehr viel. Wenn sie krank sind, muss man sie pflegen. Jeden Tag muss man mit ihnen sprechen. Man muss etwas mit ihnen unternehmen und sie nach ihrer Meinung fragen, bevor man entscheidet, ob man ein Sofa kauft oder lieber für das Geld an die Ostsee fährt. Außerdem muss man, auch wenn man keine Lust dazu hat, ach ... Das wollt ihr gar nicht wissen.«

Damit ist die Angelegenheit hoffentlich ausdiskutiert. Sicherheitshalber hole ich zum Schlusswort aus: »Außerdem müsst ihr auch nicht alles wissen. Selbstverständlich hatte ich mal den einen oder anderen Freund. Was denkt ihr denn? Aber das habt ihr nicht mitgekriegt, und das ist auch gut so. Denn das geht euch auch gar nichts an.«

Du meine Güte! Musste das jetzt sein? Habe ich jetzt zu viel gesagt? Mist, jetzt habe ich mich doch aus der sorgsam gepflegten Reserve locken lassen Was habe ich nicht alles in Bewegung gesetzt, um mal einen kinderfreien Abend bis zum nächsten Morgen auszudehnen, und in Liebesdingen habe ich nur verdeckt unter dem blauen Mantel der Madonna ermittelt, um die Kinder nicht zu beunruhigen. Eher selten habe ich einen Babysitter engagiert, und das auch nur aus moralisch einwandfreien Anlässen wie dem, einen Elternabend besuchen zu müssen. Hin und wieder ist es mir aber gelungen, vier Kinder zum Sleep-over bei vier Freunden an vier Orten zu verabreden, dafür komplizierte Verhandlungen mit anderen Müttern zu führen, generöse Gegenleistungen in Aussicht zu stellen und das Ganze schlussendlich so aussehen zu lassen, als seien die Kinder selbst auf die Idee gekommen, sich zum Übernachten zu verabreden. Und ohne die jeweiligen Mütter in die wahren Beweggründe für die zu arrangierenden Playdates einzuweihen, habe ich dabei immer wieder unaufschiebbare berufliche Termine erfunden, die es leider unmöglich machen könnten, ein Kind nachts im Notfall wieder abzuholen. Höchst geheime Manöver habe ich ersonnen, um meine Spuren zu verwischen und die Geheimdienste in den Kinderzimmern zu täuschen. A- und B- und C-libi habe ich erdacht, falls etwas schiefläuft. Stoßgebete verfasst, dass bitte keines meiner Kinder sich selbstständig macht und einfach den Heimweg vor der Zeit antritt. Aus diesem Grund habe ich die Vergabe von eigenen Haustürschlüsseln so lange wie möglich und unter allen denkbaren Vorwänden hinausgezögert. Männliche Vornamen in meinem Handy habe ich nach dem ersten dreisten Spionageakt codiert, und wenn dann doch Sokrates, Perikles oder Apoll zur Unzeit anriefen, habe ich sie einfach weggedrückt. Die Tarnung war immer wasserdicht.

Der Übergang vom gesunden Egoismus einer normalen erwachsenen Person zum Status eines mütterlichen Engels kann, unter uns gesagt, sehr schmerzlich sein. Dabei fühlt man sich wie ein Schmetterling, der in die Larve zurückzukriechen versucht. Die chronische Uneigennützigkeit lässt mit den Jahren zwar nach, doch während man das Baby bedient, das Kleinkind unterhält und mit dem Schulkind interessante Gespräche über Gott und die Welt führt, vergisst man leicht, dass man früher auch mal eigene Interessen hatte. Das Problem liegt darin, dass die Phase der Selbstverleugnung zu lange dauert und durch unsere sentimentalen Vorstellungen von der Mutterschaft immer wieder neue Nahrung erhält. Unpopuläre Ansichten wie die, dass eine wahre Madonna auch mal die Füße hochlegen und sich, sagen wir, ein Bier aufmachen kann, erschweren die Menschwerdung der Mutter noch zusätzlich.

An einem Nachmittag vor vielen Jahren kam mir diese abgründige Wahrheit zu Bewusstsein. Der eigens lange zuvor gebuchte Babysitter hatte gerade abgesagt. Hektische Telefonate mit anderen Müttern erwiesen sich als nicht zielführend. Reinfall: Friseurtermine, Windpocken,

Besuch von der Oma, grassierender Brechdurchfall und plötzlich anberaumte Stunden beim Ergotherapeuten machten befreundeten Müttern spontane Hilfeleistungen unmöglich. Was tun? Verzichten? Wer nicht will, sucht Gründe. Wer will, sucht Wege. Und ich wollte.

Ich habe sie alle vier an diesem Nachmittag für drei Stunden in der Kinderbetreuung des KaDeWe untergebracht und mir einen kurzen Ausflug ins benachbarte Hotel gegönnt, um mal drei Stunden nur für Erwachsene zu sein.

Dass ihre Mutter privatissimo ein Liebesleben pflegt, haben meine Kinder nicht mitgekriegt und mir beim Abholen stolz ihre Bastelarbeiten und bunten Bilder entgegengehalten. Es fiel mir leicht, die Pappkreationen der Jungs und Kritzeleien der Mädchen überschwänglich zu loben. Das reizende Mädchen aus der Kinderbetreuung mochte sie und beteuerte mir ein ums andere Mal, was für bezaubernde Kinder ich doch hätte, die gerne wiederkommen dürften. Ich schwöre, ich war eine viel bessere Mutter in den Tagen danach, und als die Wirkung nachließ, habe ich es wieder getan.

Der Gentleman genießt und schweigt, so pflegte mein Vater zu sagen. Und die wahre Lady, die in jeder Mutter steckt, hat guten Grund, es ebenso zu halten. Verschwiegenheit nützt, Verschwiegenheit schützt – vor Entdeckung die einen, vor Verletzung die anderen.

»Du hast übrigens auch nie was von meinen Geschichten mitgekriegt!«, höhnt Nick. »Ich war in der ersten Klasse vier Tage mit Marlene zusammen. Wusstest du noch gar nicht, hm?« Diese Eröffnung kann ich noch mit Leichtigkeit weglächeln. Dann legt er nach. »Und mit fünfzehn war ich schon in festen Händen!«, prahlt er.

Wenn die Kinder klein sind, erspart man ihnen am besten den Eindruck, es gäbe auch noch etwas anderes als die Windel-Breichen-Töpfchen-Routine. Und was macht man später? In homöopathischen Dosen für die Vorstellung werben, dass Mütter auch Menschen sind?

Während sie mich mitleidig betrachten, braut sich in mir etwas zusammen. Leider kann ich dann der Versuchung nicht widerstehen, mich und sie meines Rest-Rock'n'Rolls zu versichern. Sollen sie doch ruhig wissen, dass es auch in meinem Leben kinderfreie Zonen gibt. Groß genug sind sie ja, um das zu verkraften?

»Jetzt, wo ihr groß seid, kann ich's ja erzählen. Erinnert ihr euch an die Nachmittage im KaDeWe damals, als ihr immer so schön gemalt und gebastelt habt? Also, ich muss euch was sagen. Ich war nämlich gar nicht shoppen!«

Nach dieser forschen Eröffnung mache ich mich auf alles gefasst. Ungläubiges Erstaunen, fassungsloses Unverständnis, wütende Empörung, kopfschüttelnde Missbilligung, vielleicht sogar Tränen … Ich rechne mit dem Schlimmsten.

Nick gähnt ein bisschen aufgesetzt. Elise und Charlotte lächeln huldvoll. Nur Leander schaut unsicher von einem zum anderen und fahndet in den Gesichtern seiner Geschwister nach einem erhellenden Hinweis. Kein Wunder, er war damals erst zwei.

»Wir wissen doch, dass du kein MOF bist! Reingefallen!«, kreischt Elise entzückt.

Nick schüttelt den Kopf. »Manno, Mama, wir sind doch nicht doof. Immer wenn du uns abgeholt hast, wussten wir doch gleich, dass du gelogen hast. Du hattest nämlich keine einzige Einkaufstüte dabei! Und das nach drei Stunden Shoppen!«

28

Nils zieht aus

Los, verrat mir den Trick«, verlangt mein kleiner Bruder am Telefon. »Bei dir hat's doch auch geklappt. Wie hast du das gemacht?«

Wieder und wieder beteuere ich, dass es einfach so kam, dass ich wirklich nichts gemacht habe. Eltern würden ihre Kinder niemals verlassen, deshalb müssen die Kinder eines Tages die Eltern verlassen. So einfach ist das. So haben es mir jedenfalls die beiden Großen erklärt, und weil die beiden Kleinen dazu synchron wie die Wackeldackel genickt haben, habe ich meinen Schmerz zunächst vornehm für mich behalten und in eine Freude darüber umgedeutet, dass es mir offenbar gelungen ist, mich erfolgreich überflüssig zu machen. Sicher, es ist furchtbar, wenn sie eines Tages ausziehen. Aber das kann man ja für sich behalten.

»Du hast ja keine Ahnung! Es ist noch viel furchtbarer, wenn sie bleiben«, ruft mein Bruder. »Da denkt man doch auch, man hätte was falsch gemacht! Kann gar nicht sein«, schnaubt er. »Du lügst! Du hast was gemacht, gib's zu. Die gehen nicht einfach so. Mädchen vielleicht, aber Jungs nicht.«

Stimmt doch gar nicht!

»Nick ist von ganz alleine ausgezogen«, trumpfe ich in gespielter Ahnungslosigkeit auf.

Mein Bruder seufzt. »Gib mal nicht so an mit deinem tollen Sohn! Niemals ist der von alleine ausgezogen, du hast bestimmt nachgeholfen. Ich kenn dich doch. Gemein gewesen, gemeckert, Freundin beleidigt, im Zimmer gestöbert, Tagebuch gelesen, Briefe geöffnet, Schloss ausgewechselt oder so!«

Das lasse ich erst mal hochmütig auf sich beruhen und schalte auf verständnisvolle große Schwester um. »Hast du ihm denn mal vorgeschlagen, über eine eigene Wohnung nachzudenken?«

Mein Bruder druckst herum. »Ja schon, aber eigentlich, nein, nie so richtig. Das macht man doch nicht!« Ich sehe ihn direkt vor mir, wie er Anlauf nimmt und sich zu beträchtlichem Pathos aufschwingt. Kein Zweifel, auch er ist diesbezüglich familiär belastet. »Er ist doch mein Kind! Ich kann doch nicht einfach mein Kind vor die Tür setzen! Das kannst du doch nicht von mir verlangen!«

Meinen launigen Einwand, dass sein Kind ihn nicht nur um Haupteslänge und Schulterbreite überragt, sondern auch in einem Alter angekommen ist, in dem er selbst damals bereits für drei richtige kleine Kinder zu sorgen hatte, also die Bezeichnung Kind vielleicht nicht mehr ohne Gänsefüßchen tragen darf, lässt er nicht gelten und flüchtet in einen tremolierenden Bekenntnis-Furor, der eigentlich für den tapferen Helden auf dem Schafott reserviert bleiben sollte.

»Nie im Leben würde ich meinen Jungen rausschmeißen!«

Ja, geht's auch 'ne Nummer kleiner? Er seufzt erdenschwer und nuschelt: »Wir verstehen uns ja auch gut und alles. Wenn wir so zusammen eine Radtour machen, also, wie wir das früher mal gemacht haben … oder ins Stadion gehen … das ist echt klasse!« Und überhaupt:

»Müssen Kinder eigentlich ausziehen, nur weil alle sagen, das wäre richtig so?«

Hm. So kommen wir hier nicht weiter.

»Habt ihr denn nie Krach?«, versuche ich es aus einer anderen Ecke. »Wenn man Kinder hat, hat man Krach!«

Um dreckige Wäsche, Heimkehrzeiten, laute Musik, patzige Antworten, Abwasch, Biertrinken, Kiffen, so was eben, da ist ja vieles möglich zwischen Eltern und Kindern. Schlechte Noten, blaue Briefe, Schuleschwänzen, na ja, der Ärger mit der Schule ist ja nun schon ein paar Jährchen her. Eigentlich schade, denn nichts treibt den heilsamen Keil der Ablösung entschiedener zwischen Eltern und Kinder als Meinungsverschiedenheiten, schulische Anforderungen oder die Art, wie man vor Gästen miteinander redet, betreffend.

Anders mit Nils. »Kennst ihn doch, er war immer ein lieber Junge und ist es bis heute«, murmelt mein Bruder. »Hat uns nie Ärger gemacht.«

Vielleicht ist er ja gar nicht unselbstständig, sondern einfach nur anhänglich? Ich meine, wir wissen beide, dass er damals schon den aufrechten Gang zu lernen so lange wie möglich hinauszuzögern versuchte und auf dem Rücken liegend sich nach vorne robbte, um der Mama ein paar Zentimeter näher zu kommen. Die Gegenrichtung war praktisch ausgeschlossen.

»Denk mal nach«, fordere ich meinen Bruder auf. »Wo dein Ärger sitzt, entspringt deine Kraft. Der kleinste Streit kann weiterhelfen.«

»Jaaa, einmal habe ich ihn angeschrien, dass er seinen Scheiß selber wegräumen soll.«

»Gut gemacht! Und dann?«, will ich hoffnungsfroh anknüpfen. Mein Bruder seufzt. »Er hat's prompt getan, und seitdem liegt hier nichts mehr von ihm rum.« Allerdings liegt Nils rum, im gemütlichen Dachgeschoss des kleinen Häuschens, das er oben alleine bewohnt und unten Mama und Papa. Badezimmer und Küche werden geteilt, und damit sind im Grunde doch ausreichend Konfliktherde zu heizen! Leerer Kühlschrank, leere Bierkiste, eingetrocknete Zahnpasta in Tuben ohne Deckel, Rasur-Reste im Waschbecken, Deo-Schwaden, die unter der Tür stundenlang abgeschlossener Badezimmertüren durchpesten, Bremsspuren im Klo und alles immer mit lauter Musik ... Ich weiß genau, wovon ich rede.

»Macht er alles nicht«, sagt mein Bruder mit fester Stimme, und außerdem fände er Metallica und die Toten Hosen und Rammstein ja selber auch gut. Vielleicht nicht morgens um sechs oder abends um zehn, aber im Prinzip – coole Mucke.

Okay, also zerbreche ich mir weiter den Kopf meines Bruders. Es muss doch Möglichkeiten geben, einem mittlerweile fünfundzwanzig Jahre alten Sohn klarzumachen, dass das Hotel von Mama und Papa einmal schließen muss! Nils' Schwestern sind übrigens längst weg, genaugenommen früher als ihren Eltern lieb war und auch ohne großartig dazu aufgefordert worden zu sein.

Aber er will ja nicht so sein, mein Bruder. Spielerische Anregungen wie das Überreichen reich bebilderter Lektüre wie »In zehn Schritten zur ersten eigenen Wohnung« oder »Jetzt wohne ich selbst« oder »Der Vermieter. Haltung, Aufzucht, Pflege« übersieht Nils seit Jahren mit einem freundlichen Achselzucken.

Was tun? Taschengeldentzug scheidet wegen Unwirksamkeit aus, denn der Junge verdient längst eigenes Geld. Hausarrest träfe die Falschen. Wie wäre es mit Fernsehverbot? Man muss sie an ihrer empfindlichsten Stelle treffen, und das ist nach meiner Erfahrung – ihre Bequemlichkeit.

»Vergiss es!«, seufzt mein Bruder. »Nils hat sich von seinem ersten Gehalt Sky gekauft, und jetzt gucken wir immer zusammen, wenn Bayern München spielt. Das macht echt Spaß. Er hat auch einen größeren Bildschirm als wir«, sagt er lahm und ergänzt, dass er ja schon immer Sky haben wollte. »Aber Susanne war ja immer dagegen, dass wir so viel fernsehen, und außerdem fand sie es auch zu teuer.«

Was sagt denn Susanne dazu?

Sie glaubt schon lange daran, dass Nils bald auszieht. Vor vier Jahren hat sie ihm schon mal vorsorglich die Bedienung der Waschmaschine erklärt. Doch wann er dieses Wissen in die Praxis umsetzt, ist vollkommen offen. Vielleicht hat er klammheimlich als ständigen Wohnsitz sein Elternhaus gewählt? Werdet ihr halt zusammen alt!

»Das geht doch nicht, er muss selbstständig werden«, schnauft mein Bruder. »Susanne sieht das auch so. Da ziehen wir an einem Strang!«

Allerdings sieht Susanne das nicht mehr so eng, seit Nils ihr einen Facebook-Account eingerichtet hat.

Dann redet doch mal ein offenes Wort, schlage ich vor.

»Ach nee«, windet er sich. »Er nervt ja auch gar nicht. Macht auch was im Haushalt, wenn man es ihm sagt. Die Klopapierrolle legt er schon selbst ein.«

»Jaaa, aber du kaufst sie!«, triumphiere ich.

»Was soll ich denn machen?«

Ja, was macht man da. Bulgaren, Griechen und Slowaken haben europaweit den ersten Platz im Nesthocker-Ranking besetzt. Sie ziehen erst mit einunddreißig aus, und damit sind sie noch sesshafter als die Italiener, die immerhin schon mit dreißig einen eigenen Hausstand gründen. Bei Nils ist also noch Luft nach oben. Übermorgen wird er nämlich erst sechsundzwanzig.

Und deshalb ruft mein Bruder an, sagt er. Er will, dass ich auf dem Kudamm ein T-Shirt für Nils in XXXXL kaufen gehe, auf dem steht: »Verdammt, ja. Meine Eltern wohnen noch bei mir.« Das hat er bei seinem letzten Berlin-Besuch gesehen und leider dann doch nicht gekauft, weil es ihm zu hart erschien. Jetzt aber will er Nägel mit Köpfen machen und einmal mit dem Zaunpfahl winken, natürlich streng humorvoll, denn mein Bruder glaubt an Humor in der Kindererziehung, wie schwadronierende Politiker im Krieg sich zum Frieden bekennen. »Zum T-Shirt schenke ich ihm sechs Umzugskartons und ein Foto vom Schwarzen Brett an der Uni, da, wo die Wohnungsangebote draufstehen.«

Nils hat sich artig bedankt und sogar ein bisschen gelacht, erfahre ich später auf Nachfrage. Abends dann hat er Susannes Fahrrad repariert, und sie war ganz gerührt, dass er von sich aus drauf gekommen ist, dass sie mit einem platten Fahrrad unmöglich zur Arbeit fahren kann. Danach hat er seine Eltern zur Feier des Tages auf eine Pizza eingeladen, die er als Überraschung selbst aufgetaut hat, und es war wirklich ein schöner Abend zu dritt, beteuert mein Bruder.

Ausgezogen ist Nils allerdings immer noch nicht. Aber mein Bruder und seine Frau haben eine neue Idee. »Nächstes Jahr ziehen wir in eine kleinere Wohnung und geben das Haus auf. Wir haben alles genau geplant. Wir packen seine Sachen einfach nicht mit ein, und wenn er morgens zur Arbeit gegangen ist, kommt der Umzugswagen. Wir brauchen höchstens zwei Stunden, um alles zu verstauen. Dann sind wir nämlich schon weg, wenn er wieder nach Hause kommt. Und wir ziehen extra in eine Einzimmerwohnung, damit er auch sieht, dass beim besten Willen kein Platz für ihn da ist, also, falls er dann womöglich nachkommen will.«

29

Kinder-Kriegerinnen

»Du hier? Das hätte ich ja nie gedacht! Den Sport entdeckt auf die alten Tage?«, reißt mich eine muntere Frauenstimme aus meinen trüben Gedanken, den Blick auf die sprechenden Köpfe auf den Bildschirmen vor mir geheftet.

Verdammt, warum habe ich ausgerechnet heute meine Kopfhörer vergessen? Ich trete weiter in die Pedale, kleide meine Überraschung in ein freundliches Lächeln, genau wie sie auf dem Crosstrainer nebenan. Immerhin haben wir uns seit Jahren nicht gesehen, aber vor Jahren täglich: beim Hinbringen und Abholen im Kinderladen, nachmittags auf dem Schulhof und danach auf vielen Spielplätzen, noch mehr Elternabenden, zu vielen Sommerfesten. Ihre beiden Kinder sind so alt wie meine beiden Ältesten, da kommt man aneinander nicht vorbei, wenn man nur ein paar Straßen voneinander entfernt wohnt. Wir taten immer so, als wären wir Freundinnen, weil die Kinder so gerne miteinander spielten, und wenn wir uns trafen, strahlten wir uns mit blitzenden Zähnen an.

Jetzt kreuzen sich unsere Wege wieder nach langer Zeit, ausgerechnet da, wo man die Misere des Auf-der-Stelle-Tretens zu einer Sportart geadelt hat: auf einem der Cross-Trainer in den Fitnessstudios der Stadt.

»Wie geht's denn dir so?«, frage ich.

»Super! Julian sitzt gerade an seiner Bachelor-Arbeit, nur noch ein paar Seiten, dann ist er fertig. Dann kommt der Master. Gestern Abend war er mit seiner Freundin bei uns. Wir haben bis weit nach Mitternacht gequatscht und getrunken. Herrlich!«

Wenn Bekannte sich treffen, reden sie übers Wetter, und wenn sie Männer sind, mutmaßlich über Politik oder Fußball oder Sex, was weiß ich. Wenn Freundinnen sich treffen, ergießen sie sich über den neuen Mann in ihrem Leben oder die Abwesenheit desselben, aber immer über die Arbeit, manchmal auch über die Bücher oder Filme, die gerade angesagt sind.

Wenn Mütter sich treffen, reden sie immer nur über ihre Kinder, auch wenn sie nach ihrem eigenen Wohlergehen gefragt werden. Dabei sind sie noch schlimmer als Teenager, die jeden Satz mit »Mein Freund hat gesagt ...« beginnen.

»Toll!«, sage ich, vielleicht ein bisschen zu lahm. Mir schießt durch den Kopf, dass mein Sohn noch nie den Wunsch geäußert hat, mit seiner Freundin und mir den Abend zu vertrinken und zu verquatschen. Bin ich jetzt etwa neidisch? Nein. Soll ich neidisch werden?

»Und was macht Nick so? Auch schon fertig mit dem Studium?«

»Er ist Krankenpfleger geworden. Nächste Woche hat er Prüfung.«

»Oh«, sagt sie und reißt die Augen auf. »Kein Akademiker? Das muss hart für dich sein. Aber da will er doch jetzt bestimmt noch Medizin studieren!«

Ich überhöre den schrillen Ton und begrabe gleichzeitig meine Hoffnung, jetzt, wo wir und unsere Kinder in die Jahre gekommen sind, endlich mit dem Wettbrüten aufhören zu dürfen.

Ach, schau an, den Bachelor hat er, der kleine schüchterne, süße, pummelige Julian mit der dicken Brille. Ich sehe ihn direkt vor mir: der leicht verwirrte Fünfjährige, der beim Schulsportfest in die falsche Richtung rennt, der rührend unsportliche Sechsjährige, der beim Sackhüpfen nicht schnell genug in den Sack kommt, der poetische Träumer, der versunken im Tor steht, während der Ball an ihm vorbeidonnert. Und seine ehrgeizige Mutter, die sehe ich auch: Was, Nick hat keine Stützräder mehr an seinem Fahrrad? Gut, auch bei Julian werden sie daraufhin sofort abmontiert, und der kleine Julian quält sich prompt eine Woche lang mit aufgeschlagenen Knien und Ellbogen.

Ich wage es jetzt. Schluss mit der Konkurrenzmutterschaft. Wie lange wollen wir denn noch in unsinnigen Wettbewerbssituationen verharren?

»Nee, Nick will nicht studieren. Krankenpfleger reicht ihm völlig. Er will jetzt arbeiten, Geld verdienen und dann eine Weltreise machen.«

Sie schüttelt ungläubig den Kopf. »Ist dir das denn recht? Denk doch mal, die verlieren so viel Zeit mit dem Reisen und Rumhängen. Dann sind die ja schon fünfundzwanzig, wenn sie ins Berufsleben einsteigen. Die Konkurrenz ist heute viel größer. Da ziehen doch die anderen an ihnen vorbei!«

»Ist doch sein Leben«, wende ich ein, murmele etwas von der nötigen Gelassenheit, wenn sie völlig andere Wege einschlagen, als ihre Mütter für sie vorgesehen haben.

Solange sie klein sind, denkt man, sie würden einmal Stararchitekten, berühmte Herzchirurgen oder wenigstens ein Medikament gegen AIDS erfinden. Welche Mutter eines aufgeweckten, talentierten, vielseitig interessierten Fünfjährigen – und das sind sie doch alle – erträumt sich heute schon die Karriere eines Sachbearbeiters, einer Supermarktkassiererin, eines Lagerarbeiters, Gemüseverkäufers, Tankwarts, einer Einzelhandelskauffrau für ihr einzigartiges Baby? Ich kenne Akademiker-Familien, in denen schon eine Tischlerlehre als problematisch angesehen wird.

Sie schüttelt den Kopf. Offenbar hat der vergleichende Karriere-Check dank der unakademischen Kehre meines Sohnes ihr Interesse eingebüßt. Ich erwäge schnell die verlockende Möglichkeit, es heute bei bereits 300 abgestrampelten Kalorien im Fatburner-Programm bewenden zu lassen und den geordneten Rückzug anzutreten.

»Also Laura ist jetzt im zweiten Semester. Architektur, in Cottbus«, lächelt sie versonnen.

»Schön für sie, echt, freut mich«, beeile ich mich zu versichern.

»Wollte Elise nicht auch was in der Richtung machen?«

»Hmmm, ja. Sie bewirbt sich gerade.«

Sie unterbricht mich. »Wie ist denn ihr Schnitt? Architektur hat inzwischen auch einen NC. Wusstest du das?«

»Zwei Komma sechs.«

»Waas? Na, da ist der Zug ja abgefahren! Obwohl sie Wartesemester sammeln könnte, aber dann verliert sie ja auch so viel Zeit!«

Allmählich komme ich ins Schwitzen, und das liegt nicht nur an den vielen Runden, die ich jetzt brav im Hamsterrad abgestrampelt habe.

Ich habe das Gefühl, zu den Waffen greifen zu müssen, um die Ehre der Familie zu retten, entscheide mich zur Flucht nach vorn und starte eine humoristische Ironie-Attacke.

»Charlotte macht gerade ein Nuller-Abi. Sie hat ja schon im Sandkasten beschlossen, Molekularbiologie zu studieren. In Stanford.«

Julians Mutter erkennt ihren taktischen Fehler, ignoriert die Einladung zu befreiendem Gelächter und schwenkt um. »Amerikanische Universitäten sind teuer! Wie willst du das denn machen?«

Das sitzt. Ich japse und sortiere flink ein paar Gemeinheiten, die ich verteidigungshalber in Stellung bringen könnte. Leider fällt mir so schnell nichts ein.

»Das habe ich ja früher schon immer gedacht. Wie machst du das nur? Vier Kinder, kein Mann und das als Freiberuflerin. Also ich könnte das ja nie!«

Ich gebe mich innerlich geschlagen und verzichte auf präzise zu platzierende Patzigkeiten wie die, dass ich von Rechts wegen Vergnügungssteuer zahlen müsste angesichts der Tatsache, dass mir mein Leben mit vier Kindern und ohne Mann ziemlich gut gefällt, sogar noch, wenn sie alle weg sind.

Es gibt Dinge, die nie aufhören: Rivalität mit anderen Müttern, die hängt wie der Schweif am Kometen fest am Mutterleben. Mit der letzten Presswehe wird der Schläfer aktiviert, der Terror kann losgehen, die Methoden sind bekannt. Genau da liegt der diagnostische Wert der Kampfmutterschaft unserer Tage: Keine Mutter kann es umgehen, sich selbst zum Problem zu werden – und wer Probleme hat, macht welche: Mütter haben viele gute Gründe, zornig, frustriert oder neidisch zu werden. Angriff ist noch immer die beste Verteidigung. Und wenn wir nicht gestorben sind, kämpfen wir noch heute um den Pokal der besten Mutter eines perfekten Kindes –

als Beleg unserer gelungenen pädagogischen Performance.

Fast alle Mütter fühlen sich unter der Diktatur des herrschenden Mütterideals unzulänglich, mangelhaft und defizitär; sie versuchen, als Supermutti zu posen, um das zu kompensieren. Sie möchten andere Mütter ausstechen und verwahren sich gegen diesen Wunsch, indem sie sich superlieb, oberbesorgt, megapassiv, krass gelassen und hypersolidarisch oder später atemberaubend ambivalenztolerant verhalten – und davon will ich mich keinesfalls freisprechen. Nur aufhören damit, das würde ich allmählich wirklich gerne.

Wir konkurrierten früher über die ordnungsgemäße Mitführung von Feuchttüchern, Apfelschnitzchen, Trostbonbons und Trinkflaschen am Rand der Buddelkiste, wetteiferten in der sachgerechten Behandlung von Hochbegabung, Hyperaktivität und hypoallergenen Nahrungsmittelzusatzstoffen, quittierten vermeintliche klitzekleine Kompetenzvorsprünge der Mitbewerberinnen mit neidischer Bewunderung und aufatmendem Widerwillen, wenn sich herausstellte, dass die andere Mutti über die Gefahren des Impfens, den Schaden unterlassener Förderung noch so kleiner Talente oder der neuesten wissenschaftlichen Erkenntnis über den Zeckenbiss nicht orientiert war. Und wir konkurrieren heute immer noch um den Preis der besten pädagogischen Performance, bei dem das allseits gelungene Kind beim Erklimmen einer Karrierestufe nach der anderen durchgeht. Weil uns nur das sagt: Gut gemacht. Alles richtig gemacht zu haben ist halt die beste Versicherung gegen die Frage aller Fragen: Was habe ich falsch gemacht?

All das Gequatsche über pädagogisch wertvolles Spielzeug, abzumessende Fernsehstunden, gesundes Essen, geregelte Schlafzeiten, Hausaufgabendauer und Notenergebnis, beflissene Frühförderung vermuteter Talente, das Austauschen von Kochrezepten und Erziehungstipps diente nicht der Sache, sondern dem kleinteiligen Kalibrieren des eigenen beseelten Aufwands im Vergleich mit dem der anderen und erfüllt letztendlich die Aufgabe, einander die Muttermentalität verbindlich zu oktroyieren.

Das Kind als eine geheimnisvolle Erweiterung des eigenen Selbst anzusehen, ist schon okay. Doch der Wunsch, in den Vollendungsmöglichkeiten des Kindes aufzugehen, die symbiotische Bindung zu spüren, birgt in sich auch die Anstrengung, selbstlos und nicht selbstsüchtig zu sein – eine Lebensaufgabe in des Wortes tristester Bedeutung.

Dann verändert sich alles rasant: Über Nacht sind die Kinder erwachsen geworden. Kaum hat man Luft geholt, sind sie schon groß. Nur die Art, in der wir über die Kinder reden, bleibt die alte: Wieso geraten Mütter immer noch unweigerlich in das Fahrwasser von Neid und Konkurrenz, wenn es um die Kinder geht? Und das sogar noch lange, nachdem die ursprünglichen Objekte dieser unsinnigen Wettbewerbssituationen – die Spielplätze, Wartezimmer, Schulbänke und Sportplätze – längst verlassen haben? Zu einem Zeitpunkt, an dem sich das vergötterte Kind seiner erzieherischen Vervollkommnung und dem täglichen Zugriff der liebenden, strafenden, sich sorgenden Mütter längst erfolgreich entzogen hat, singen die verlassenen Mütter immer noch das Lied des wundervollen Philip Tägert, alias Fil, der Stimme Berlins:

Mein Kind ist geiler als dein Kind.
Dein Kind ist fast so Kacke wie kein Kind.

Nun gut, ich übertreibe. Aber nur ein bisschen. Wir stecken noch immer in den alten Schwierigkeiten, weil wir jahrelang normal gefunden haben, hinter den immens hoch veranschlagten Bedürfnissen eines Kindes habe alles andere zurückzustehen. Die Beziehung gleicht immer noch einer exklusiven Liebesaffäre, die umgeben ist von einem Hof typischer Begleiterscheinungen wie Eifersucht, Identitätsvermengungen, Schwärmerei und allfälligen Projektionen, in die sich jetzt allmählich noch eine gehörige Portion schmollendes Selbstmitleid mischt, wenn die Kinder sich anders entwickeln, als man das eigentlich für sie vorgesehen hat, oder weil sie einfach in ihr eigenes Leben aufgebrochen sind:

»Er ist mit seiner Freundin in eine Zweizimmerwohnung gezogen. Ich finde das total spießig, aber er muss es ja wissen!«

»Sie hat den tollen Job hingeschmissen, um mit ihrem Mann in ein Stadthaus zu ziehen.«

»Jetzt kriegt sie schon das zweite Kind! Und was hat mich ihre Ausbildung gekostet!«

»Wenn es nach mir ginge, würde ich gern einmal am Tag mit ihm telefonieren, nur mal hören, was er so macht.«

»Ich hätte so gern gesehen, dass er sich auf sein Studium konzentriert. Aber er hängt nur in irgendwelchen Jobs rum und hat sich einer Motorradgang angeschlossen.«

Als die Kinder noch klein, die Hoffnungen noch groß und die Symbiose noch intakt war, klang das so:

»Jetzt hat er mir doch glatt die Windpocken angeschleppt.«

»Sie hat mir endlich den Spinat aufgegessen.«

»Jetzt hat er mir doch noch angefangen, wieder in die Hose zu machen.«

»Sie hat mir doch tatsächlich eine Zwei im Diktat geschrieben.«

Ungeniert trumpfen Mütter bei jeder Gelegenheit auf:

»Johanna tut ja alles für's Ballett! Sie hat aber auch so ein Talent!«, sprudelt es aus ihnen heraus, während sie einem dicken kleinen Mädchen die Zöpfchen richten, das sich mit offenbar nur mäßiger Begeisterung in das Tutu gezwängt hat. »Ich wollte ja Eiskunstläuferin werden, aber so ehrgeizig wie sie war ich halt nicht.«

Es hat keinen Zweck. Mütter reden mit Müttern immer nur über Kinder und beschreiten dabei auch die verbotensten Wege. Wir wetteifern im Kindergarten, auf dem Spielplatz, in der Schule und in Gedanken. Sich das verkneifen zu wollen, wäre so erfolgversprechend wie ein Überholverbot im Formel-Eins-Rennen.

Und deshalb muss ich jetzt gehen. Ich gebe mir einen Ruck, mache den Rücken gerade und steige vom Cross-Trainer, Julians Mutter tut es mir nach. Ungeduscht, aber rasch umgezogen und sehr entschlossen, einander zu entkommen, streben wir zusammen dem Ausgang zu.

»Ach nee, was macht ihr denn hier?«, strahlt Insas Mutter uns an, die wie aus dem Nichts plötzlich aufgetaucht ist und offenbar auch gerade gehen wollte. »Das ist ja eine nette Überraschung! Verdammt lang her. Wie geht's? Was macht Insa?«, fragt Julians Mutter.

Insas Mutter lächelt, nickt, heftet ihren Blick an die gegenüberliegende Wand und zuckt mit den Schultern. »Oh, der geht's gut. Sie hat einen tollen Job und fliegt in der Welt herum.«

»Und wie geht's dir?«, frage ich.

»Super, alles super. Endlich hat man mal Zeit für Fitness und so, jetzt wo sie alle weg sind.«

Wir nicken.

»Wollen wir vielleicht noch was trinken gehen, wo wir uns gerade schon alle wiedertreffen?«, fragt Julians Mutter.

»Äh, ja eigentlich gerne. Aber ich muss, ähm, noch etwas, äh jemanden abholen. Andermal, ja?«, druckst Insas Mutter ein wenig herum.

Dann dreht sie sich abrupt um und öffnet die Tür, auf der »Kinderbetreuung« steht. Julians Mutter und ich wechseln einen verwirrten, fragenden Blick. Da kommt Insas Mutter schon wieder heraus, ein süßes kleines Mädchen auf dem Arm, das ihr wie aus dem Gesicht geschnitten scheint, höchstens zwei Jahre alt. Wie damals, als wir uns auf dem Kinderladen-Elternabend kennenlernten und bei den gestrengen Eltern um die Mitgliedschaft buhlten. Einen Moment lang bin ich irritiert und falle durch die Zeit.

»Ist sie nicht süß? Das ist Paula«, sagt Insas Mutter strahlend und drückt einen Kuss auf die verschwitzten blonden Löckchen eines kleinen Mädchens, das seine dicken Ärmchen um ihren Hals schlingt und genauso aussieht wie das kleine Mädchen, das vor sechzehn, siebzehn Jahren mit meinem kleinen Mädchen beim Barbiepuppen-Anziehen in Streit geriet und mich bis kurz vor dem ersten Schultag immer noch zum Popoabputzen auf die Toilette rief. »Meine Enkelin. Sie ist so ein Schatz. Ein tolles Kind. Sie schläft durch seit ihrer Geburt, hatte nie eine Kolik, sie konnte mit acht Monaten laufen, sie hat immer gute Laune und schon mit anderthalb alle Zähne gehabt, und sie ist so pflegeleicht. Seit vorgestern geht sie in den englischsprachigen Kindergarten. Sie hat ja so ein Sprachtalent! Aber Insa ist ja auch eine total entspannte Mutter, die kriegt das alles locker hin mit Job und Kind und so.«

Einen Moment lang ist es still. Mitleid gibt's unter Müttern gratis, Neid muss man sich verdienen.

»Supersüß, wirklich«, sagt Julians Mutter mit tonloser Stimme.

Ich konzentriere mich aufs Atmen, kämpfe gegen die Rührung und versuche, dem Wirbel in meinem Kopf Einhalt zu gebieten.

»Ach«, sagt Insas Mutter, »was soll ich euch vorschwärmen? Das wäre doch jetzt echt gemein. Ihr habt ja leider keine Enkel?«

Es hört tatsächlich nie auf. Mutti findet noch nicht mal im Oma-Alter einen Weg, ihren Komplexen etwas Sinnvolles entgegenzusetzen. Unbeirrt lebt sie den Leitsatz Shirley MacLaines: Anderer Leute Misserfolg beglückt das Herz und reinigt das Gewissen.

30

Mutti (glücklich) allein zu Haus

Hi, Leute, ey! Ich hab voll die geniale Idee!«

Nick poltert durch den Flur, wirft seine Jacke auf den Boden, der Helm kracht hinterher. Schnaufend steht er im Türrahmen, lässt den Rucksack fallen.

»Was gibt's zu essen? Pizza? Geil!«

Die anderen drei sitzen schon am Tisch, Messer und Gabel gezückt, die Augen gierig auf die dampfende Pizza vor ihnen gerichtet. Jeder esse, wie er kann, nur nicht seinen Nebenmann, das haben sie im Kinderladen gebetet.

Ach, ich liebe diese Sonntage, auch wenn die höchst erfreuliche Tatsache, dass sie alle vier mit mir am Tisch sitzen, von dem leidigen Umstand überschattet wird, dass sie offenbar komplett vergessen haben, wie man sich bei einem gemeinsamen Abendessen unter Erwachsenen benimmt.

»Also, es ist doch so. Du willst doch ausziehen! Und ich muss mein Zeug doch irgendwo in Sicherheit bringen, wenn ich nach Australien gehe!«, mampft Nick in Elises Richtung, nimmt Leander die Schüssel aus der Hand, bevor der sich bedienen kann, und schaufelt sich einen Salatberg auf den Teller.

Elise legt den Kopf schief, umfasst mit der rechten Hand ihr Bein, das sie auf dem Stuhl abgestellt hat, und greift mit der linken nach dem Stück Pizza auf ihrem Teller. »Hmmmm.«

Nicks Zeug und dessen Verbleib während seiner bevorstehenden mutmaßlich einjährigen Abwesenheit ist jetzt schon seit drei Sonntagen Thema am Küchentisch. Seine Waschmaschine, seine Bücher, sein Fernseher, sein toller Schreibtisch, sein Bett – wohin mit dem Kram, wenn man wegwill? Verkaufen, verborgen, verschenken, zum Sperrmüll bringen war gestern. Heute will man den Kuchen behalten, auch wenn man ihn aufisst.

Seine beiden Omas haben die Einlagerung im großelterlichen Keller, jeweils ungefähr 600 Kilometer von Berlin entfernt, rundheraus abgelehnt. Ich habe mich einmal mehr dafür geschämt und wortreich entschuldigt, leider immer noch keine Scheune im Berliner Umland zu besitzen, in der man seinen Kram verstauen könnte. Und Nick fand die Kosten bei professionellen Anbietern von Containern viel zu hoch. Was tun? Denn von seinem Hausrat wollte er sich keinesfalls für immer trennen, von seiner Familie schon eher. Deshalb hat er lange nachgedacht. Und jetzt hat er's.

»Wollen wir zusammenziehen? Du suchst doch auch was!«, sagt er zu Elise. »Dann hättest du schon den ganzen Haushaltskram, und wenn ich gehe, dann suchst du dir einfach einen neuen Mitbewohner. Wenn ich zurückkomme, zieht der wieder aus und ich bin wieder da und meine ganzen Sachen auch.«

»Okay«, sagt sie, ohne eine Sekunde zu zögern.

Kurz darauf ist eine Wohnung gefunden. Zweieinhalb Zimmer werden beinahe einvernehmlich in vierzehn Tagen renoviert und ein, zwei Sonntage später Vollzug verkündet. In drei Tagen wird Elise ausziehen.

»Ihr habt 'n halbes Zimmer übrig?«, fragt Leander gefährlich lauernd, leise am nächsten Sonntag. »Kann ich …?«

»Untersteh dich«, gehe ich dazwischen, bevor der

Keim dieser dummen Idee auch nur die Chance erhaschen kann, auf dem satten Boden der geschwisterlichen Solidarität Wurzeln zu schlagen. »So schlimm ist es hier mit uns ja wohl auch nicht!«

Außerdem, setze ich in Gedanken hinzu, bin ich mit dir noch gar nicht fertig. Längst habe ich dir noch nicht alles erklärt, längst hast du noch nicht alles kapiert, was du verstehen musst, um gut durchs Leben zu kommen und als halbwegs erträglicher Zeitgenosse durchzugehen. Benutztes Geschirr wegräumen, Wäsche auf- und abhängen, morgens freundliche Grüße ebenso erwidern, sprechen statt grunzen, ha, wir sind noch lange nicht so weit!

»Hast du 'ne Ahnung!«, grunzt er.

Doch der Beistand für mich kommt unvermutet. »Lass mal, Digger. Du bist noch nicht so weit. Bleib du mal noch 'ne Weile bei Mama.«

Elise grinst maliziös, und Nick setzt versöhnlich hinzu: »Kannst ja nachkommen, wenn du das Abi hast.«

»Genau, ist nämlich 'ne Abiturienten-WG«, näselt Elise, die immer noch das letzte Wort haben muss.

»Ey, ihr seid so krass bescheuert!«, schnauft Leander und schnappt sich das letzte Stück Pizza, bevor es ein anderer tun kann, und natürlich, wie immer, ohne zu fragen.

»Also ich würde mit euch nie im Leben zusammenwohnen wollen«, wirft Charlotte ein, reckt die Nase und ignoriert ganz nebenbei mit voller Absicht provokant die Umstände ihres bisherigen Wohnens – in den letzten achtzehn Lenzen, die sie gerade mal überblicken kann.

»Wir mit dir auch nicht. Schon als Mama dich aus dem Krankenhaus mitgebracht hat und du nur rumgebrüllt hast, wusste ich, jetzt gibt's Stress«, klotzt Nick zurück.

»Phh!«, macht Charlotte und näselt: »Bald bist du mich übrigens los, du Penner. In drei Monaten wohne ich in Neuseeland. Das ist weit weg, weißt du, aber besuchen kannst du mich gerne mal, wenn du unbedingt willst. Ruf vorher an, damit ich auch Zeit habe, dich vom Flughafen in Wellington abzuholen, weil du alleine den Weg in meinen Fjord gar nicht findest.«

Einen Monat später feiere ich Bergfest. Zwei weg, die Dritte auf dem Sprung zum Auslandspraktikum in Sachen Biologie auf der anderen Seite der Welt, und in zwei Jahren, wenn der Jüngste das Abi in der Tasche hat, werden alle Abschiede geschafft sein. Mir graut immer weniger davor.

Doch, doch, ich schaff's ganz gut.

Vielleicht sollte ich mir wirklich gar nicht erst angewöhnen, den Gruß des Tagesschausprechers im Fernsehen zu erwidern, weil's zu einer Zeit, in der jahrelang der Abendwahnsinn mit vier Kindern tobte, neuerdings so ruhig in der Wohnung ist. Aber sonst ist alles im Lot. Alles gut, ehrlich, flüstere ich leise vor mich hin, während ich einen Salat vorbereite, falls Charlotte Hunger hat, wenn sie nach Hause kommt, oder Leander noch etwas essen will, bevor er zum Training geht.

So still hier. Gleich werde ich es mir auf dem Balkon mit einem Buch und einem Glas Wein gemütlich machen und die Ruhe genießen, bevor Charlotte nach Hause kommt und ich ihrem Drang, gleich alles auszusprechen, was sie denkt, wenig entgegensetzen kann.

Mein Handy blinkt. Eine SMS von Charlotte: »Ich schlafe heute Nacht bei Anna. Ist das okay für dich? Kuss!«

»Klar. Viel Spaß! Kuss zurück!«, simse ich zurück und bin sehr stolz, dass ich mir den kleinkarierten Hinweis auf das vorbereitete Abendessen verkneifen konnte.

Leander stapft durch den Flur heran. Ohne mich oder den Salat anzuschauen, durchquert er die Küche, dreht sich um und rammt mit der riesigen Sporttasche den Türrahmen.

»Ich geh dann mal zum Training und danach noch ins Kino. Mit Leuten. Dann schlaf ich bei Ben.«

»Ist gut. Viel Spaß! Bis morgen! Tschüß!« Reisende soll man nicht aufhalten.

Er stutzt, tritt von einem Bein aufs andere. »Ist noch was? Was hast du denn?«, frage ich, plötzlich beunruhigt.

Er zögert, schnippt eine Haarsträhne aus der Stirn, gibt sich einen Ruck und bohrt seine Augen in meine.

»Dann bist du ja, ähm, jetzt ganz allein zu Haus? Kommst du doch mit klar, oder?«

Es ist der fragende Blick, der darum bittet, ihm das Geschehen zu deuten. Der Blick des Lauflernlings, der nach ein paar wackeligen Schritten hinfällt, mehr überrascht als verletzt den Kopf wendet und seine Mutter anschaut. Jetzt kommt's drauf an: Erschrickt sie, springt zu ihm und bemitleidet und tröstet ihn überschwänglich, fängt er an zu weinen und gibt den Versuch, laufen zu lernen, vorerst auf. Belässt sie's bei einem zuversichtlichen Lächeln, das ihm sagt, dass Stürze nicht so schlimm sind, steht er auf und übt weiter. Und irgendwann kann er laufen – zuerst ein paar Schritte an der Hand, dann wankend und mit Festhalten am Mobiliar durchs Wohnzimmer, schließlich allein und überall.

Später wollen sie zum ersten Mal alleine über die Straße gehen. Wir schicken sie nicht einfach rüber. Nein, beim ersten Mal sind wir da, schauen mit ihnen nach links und rechts, und mit der Zeit trauen wir ihrem Urteilsvermögen und lassen sie allein die Straße überqueren. Das geht ein Leben lang so weiter. Man lässt sich nicht los und kappt die Verbindung, sondern bleibt in Verbindung – auf jeder Stufe anders: erste räumliche Distanz überbrückt man durch Gespräche, später schreibt man E-Mails.

Kein Sturz, kein Stoß und keine Beule hindern Babys daran, sich aufzurichten, sich fortzubewegen, zu klettern, zu gehen, zu rennen und eines Tages fortzugehen.

Vier Mal habe ich diesen faszinierenden, kostbaren Moment erlebt, der mir klar gemacht hat, worin hauptsächlich meine Aufgabe besteht, wenn sie sich fortbewegen: zu deuten, was da passiert, Zuversicht zu vermitteln und ihnen damit die innere Erlaubnis zu geben, dass es in Ordnung ist, voranzuschreiten und mich hinter sich zu lassen. Die Verbindung wird gehalten.

Ich strahle ihn an. »Du lieber Himmel, ja! Ihr könnt mich ruhig allein zu Haus lassen. Ich bin doch schon groß!«

Er lächelt schief. »Na dann.«

Er dreht sich um, fällt dabei fast über seine eigenen Füße und knallt die Tür zu. Das klingt heute fast freundlich, irgendwie erleichtert. Oder höre ich aus diesem Rums nur ein Echo meiner eigenen Erleichterung?

Endlich Ruhe.

Doch die Ruhe fühlt sich heute deutlich anders an als die, die in den letzten Jahren immer mal wieder eintrat. Sie erinnert mich an den einen bestimmten Tag im Spätsommer, an dem man genau weiß, dass der Herbst angefangen hat, obwohl sich äußerlich noch gar nichts verändert hat. Doch plötzlich liegt eine Ahnung von fallendem Laub in der Luft, oder ist es das Licht, das über Nacht eine unmerklich leise, milchige Tönung ins Goldene angenommen hat?

Immer wieder mal war ich in den letzten Jahren auch

alleine, wenn sie zufällig alle vier zum Übernachten bei Freunden verabredet waren oder mit ihrem Vater verreisten. Von einer Nacht bis zu zwei, drei Wochen – das habe ich nach dem ersten traurigen Knick immer mit Freuden überstanden. OK, die Abkürzung für Ohne Kinder: verheißungsvoll. Und am Ende waren sie wieder da. Das ist der Unterschied. Wenn sie alle wirklich in ihr eigenes Leben gegangen sein werden, kommen sie nicht zurück. Jeder Tag ein kleiner Abschied, bis zum großen eines Tages, so war der Plan.

Ich streife durch die leeren Zimmer und hebe ein achtlos weggeworfenes T-Shirt auf. Ehe ich mich versehe, schnüffle ich auch schon traurig daran herum. So ist es, so wird es sein, wenn der Letzte ausgezogen ist. Ich spüre eine ganz neue Wehmut, mit bitteren Schlieren durchsetzt, mit Traurigkeit aufgeladen.

Ach, das schaffst du schon, sage ich zu mir, wie ich es früher zu meinen Kindern beim Abschied gesagt habe, wenn dann doch ein Kinn zitterte, etwas im Auge weggeblinzelt wurde – pseudofröhlich, aber ich fürchtete mich vor tränenreichen Abschieden, hatte Angst vor schniefenden Heimwehattacken und floh vor zähen Sehnsuchtstelefonaten. Das tiefe Tal der Tränen, das vor mir lag, wenn die Haustür hinter allen vieren ins Schloss gefallen war, habe ich noch immer im Sprint durchquert, denn dahinter lockte etwas: meine Zeit.

Deshalb sind wir keine Amateure in Sachen Abschied. Besonders ich war darin immer besonders gut. Um symbiotischen Exzessen erst gar keinen Nährboden zu bieten, habe ich verräterische, versehentlich hervorquellende Tränen in Augenschwitzen umgedeutet und gern herumposaunt, dass Zuhause nur der Ort ist, wo die Rechnungen ankommen, und dass man das Wesentliche immer im Herzen bei sich trägt. Ist doch so! »Courage, Mutter!«, rufe ich meinem Spiegelbild zu.

Wie wird das wohl werden, wenn in zwei Jahren alle weg sind?, flüstert eine innere Stimme. Werde ich die Tage zählen, bis ich sie wiedersehe, sonntags mit dem Essen warten, wochentags genau wissen, wann wer das letzte Mal angerufen hat, und eine vierspaltige innere Spielstandsliste führen? Werde ich die Kleinen über die Großen aushorchen, wenn ich nichts höre? Werde ich mich bei den Mädchen über die Jungs beschweren? Werde ich Zeitungsartikel ausschneiden, von denen ich denke, dass sie das unbedingt lesen sollten: Über Raubkopierer und die GEZ für Nick. Darüber, dass Cola ungesund ist, für Leander. Und für die Mädchen vielleicht darüber, dass der Ingenieursberuf für Frauen blühende Zukunftschancen birgt, oder vielleicht einen Artikel darüber, wann der beste Zeitpunkt für ein Kind gekommen ist.

Werde ich schon im Juli fragen, ob sie denn Weihnachten alle kommen?

Plötzlich hängt die Decke komisch tief und scheint sich noch ein Stück weiter abzusenken. Sie sind ja nicht aus der Welt, sondern nur aus dem Haus. Ich atme tief durch und schaue den Zettel an, den Nick mir geschrieben hat, bevor er mit Elise im Umzugswagen um die Ecke bog. Darauf steht, dass er gut auf Elise aufpasst, ich mir keine Sorgen machen muss und auf ihrer beider Sofa im Wohnzimmer immer Platz für mich ist. Eine, höchstens zwei Nächte, schreibt er, aber das geht immer.

Vielleicht wird es schwer, die Motivation und daraus folgende Disziplin, die mir die Kinder aufgedrückt haben, nun aus mir selbst zu ziehen. Dinge nicht mehr zu tun, weil ich muss, sondern weil ich will. Dabei habe ich mich so sehr daran gewöhnt, mir nur dann etwas Gutes zu tun, wenn es gleichzeitig etwas Gutes für andere ist. Regelmäßig essen, wenigstens einmal am Tag an die frische Luft, abends die Küche aufräumen ... Wahrscheinlich werde ich ein bisschen verwahrlosen, wenn sie alle weg sind.

Mich zieht's zu dem Ort, der mir in all den Jahren Schutz vor dem chaotischen Leben um mich herum geboten hat, an den ich mich sehnte, in all dem Gequengel und Geschrei während der vierzehn Wochen im Jahr, wenn die Schule zu hatte. Mein Rückzugsort, der Platz für still komatöse Konzentration, da, wo ich mich vor den Wechselfällen des Lebens und seinen Zumutungen so sicher fühle wie in Abrahams Schoß: mein Schreibtisch.

Von hier aus ist es mir noch immer gelungen, wie in einem System kommunizierender Röhren jeden Zentimeter nachlassenden Familiendrucks mit eigenen Anliegen zu füllen. Dass ich jetzt immer mehr Gelegenheit dazu haben werde, erfüllt mich auf einmal mit unbändiger Vorfreude. Mich mit aller freigesetzten Bemutterungsenergie, die ich in meine andere Leidenschaft zurückverwandeln werde, ins Schreiben zu stürzen – eine schöne Aussicht.

Herrlich frei und unbeschwert, Souverän meiner Zeit, jeglicher Verpflichtung los und ledig, so male ich mir meinen Mutter-Ruhestand aus und versuche mich zu erinnern, wer ich eigentlich war, bevor die Kinder kamen und die Party losging.

Sicher ist es nicht dasselbe – das alles vor sich zu haben ist schöner, als das alles hinter sich zu haben. Man schwimmt nicht zweimal denselben Fluss hinunter. Doch das Wesentliche ist: Der Fluss ist klar und rein. Ich schwimme. Die Sonne scheint.

Ich habe ausgiebig über mein Familienleben nachgedacht, wenn auch nicht immer nur freiwillig. Und auch wenn ich immer noch nicht viel klüger geworden bin, so bin ich mir doch ziemlich im Klaren darüber, dass ich es genießen werde, so viele Pflichten los zu sein, Verantwortung abzugeben. Und das bedeutet vor allem, dass ich mir mein Leben so einrichten werde, dass es mich froh macht. Ich werde nicht darauf warten, dass mich ein Mann oder ein Kind glücklich macht. Es gibt keinen Grund zu leiden: Ich werde weiterhin Wein trinken, Bücher lesen und meine Freunde treffen, vielleicht wieder Klavier spielen. Wer weiß?

Ich bin jetzt groß und sehe: So viel Anfang war nie.

Gerade bin ich so richtig schön alleine, da dreht sich der Schlüssel im Haustürschloss. Ich schrecke aus meinen Gedanken, falle zusammen wie ein Soufflee im Backofen, wenn man die Tür zu früh aufmacht.

Leander kommt rein, macht mit der rechten Hand ein Peace-Zeichen: »Hello again!«

»Hey! Wolltest du nicht über Nacht wegbleiben?«, entfährt es mir, und schnell kleide ich die unfreundliche Begrüßung in ein weiches, mütterliches Lächeln. »Ist was passiert? Alles in Ordnung mit dir?«

Er winkt ab, will schnell an mir vorbei. Doch in der Küche bleibt er stehen. »Hatte keinen Bock mehr, mit den anderen zu gehen! Gibt's noch was zu essen?«

Sofort springt mein Mutter-Radar an. Während ich ihm Spiegeleier brate, kommt er ins Reden. Erst stockend, dann fließen die Worte. Ich höre eine ganze Weile einfach nur zu, dann hört er zu, während ich rede, und am Ende haben wir bis weit nach Mitternacht gequatscht.

So kann's gehen, denke ich kurz vorm Einschlafen und genieße die schöne Aussicht: Ich gehe ihnen nicht auf die Nerven, und sie gehen mir nicht auf die Nerven. Wir geben uns so viel Freiheit wie möglich, bringe ich meine Gefühle auf den Stand der Dinge.

Voll die geniale Idee.

31

Mutti plus

Doch die Freude an der genialen Idee hat sich noch nicht ganz in mir festgesetzt. Nur wenige Dinge erschüttern eine Mutter noch nachhaltiger als die Erkenntnis, dass es ein Leben ohne Kinder gibt. Sogar ein heimlich herbeigesehnter oder gefürchteter, am Ende tränenlos und rundum vernünftiger Abschied, egal ob kalt erwischt oder lange vorbereitet, kann sie völlig am Boden zerstören. Kein Wunder, dass ich mich verloren fühle.

Die Geister, die ich rief – jetzt bin ich sie bald los. Die Wehmut sucht mich heim und lockt mit einem zukunftsweisenden Angebot: Nun, meine Liebe, flüstert es in meinem Kopf, es kann nicht schaden, den Ernstfall schon mal zu proben und ein bisschen zu üben, wie es bald schon sein wird. Allein zu Haus. Es ist längst an der Zeit, mir Gedanken darüber zu machen, was danach kommen sollte. Was mache ich eigentlich mit all den leeren Kinderzimmern? Tür zu und nicht mehr dran denken? Ein Gästezimmer, ein Museum einrichten? Vermieten jedenfalls nicht, denn ich freue mich schon sehr darauf, allein zu Haus zu sein.

Von meinen Kindern habe ich gelernt, dass jeder Wunsch, kaum erfüllt, augenblicklich Junge kriegt. Aber das stimmt ja gar nicht: Ein Wunsch, der in Erfüllung geht, verschwindet. Jahrelang habe ich mir Zeit für mich allein gewünscht, etwas Ruhe herbeigesehnt, Ordnung geschafft, die keiner halten mochte. Jetzt habe ich das alles im Überfluss und wünsche mir genau das Gegenteil. Wie still die Wohnung auf einmal ist!

Drei Stunden später, in denen mein Vorsatz der Abstinenz mit zwei Gläsern Rotwein gurgelnd meine Kehle hinuntergezogen ist, versinke ich in einem Traum.

Eine bedrohliche Erscheinung füllt den Türrahmen aus: Beladen mit Einkaufstaschen, Babys und Schuldgefühlen, die Haare strähnig, das Gesicht eine einzige Krise, steht sie da und holt tief Luft. Unter ihrem ausgeleierten Sweatshirt, das mit Spuckflecken übersät ist, wogt ein üppiger Busen. Ihre Stirn liegt in besorgten Kummerfalten, die Augen in ihrem ungeschminkten Gesicht sind weit aufgerissen.

Ich fahre zusammen. »Wer bist du denn?«

»Wer ich bin? Ich bin das Gespenst deiner frühen Mutterschaft!« Sie schwatzt drauflos. »So, wie du mich jetzt siehst, haben die anderen dich damals gesehen.«

»Was ist denn dir bloß passiert?«

»Was mir passiert ist? Mit meinen Kindern erfand ich mich praktisch neu, wie man heute so schön sagt. Für meine Babys strickte ich winzige Pullover und fühlte mich nahtlos in ihre Bedürfnisse ein. Langeweile oder Ärger über Routinen am Kind kannte ich nicht. Im Gegenteil: Reines Vergnügen hatte ich an meinen Kindern und allem, was mit ihnen zu tun hatte. Deshalb verstehe ich auch nicht, was daran wohl Selbstdisziplin oder Aufopferung sein soll. Wenn ich um Mitternacht das Badezimmer schrubbte, sang ich. Wenn ich auf der Suche nach acht zusammenpassenden Gummistiefeln für vier Kinder schier durchzudrehen fürchtete, konnte ich das noch immer in einen kleinen Scherz umdeuten.«

Die Gestalt lächelt schief und hebt beschwörend die Arme. »Vergöttert habe ich meine Kinder. Sie sind allesamt so wohlgeraten, dass es eine beständige Freude war, mit ihnen zu schmusen, ihre Höschen zu waschen, ihre kleinen Kümmernisse zu zerstreuen, mit und erst recht von ihnen zu sprechen! Kinder sind zwar nicht der Sinn des Lebens, aber sie verhindern zuverlässig, dass man sich die Frage nach dem Sinn überhaupt stellt! Jahrelang stand ich im Morgengrauen auf, um ein gesundes Frühstück zuzubereiten, hobelte Äpfelchen, schnitzte Möhrchen und strich Butterbrote mit liebender Hand. Meine Marmorkuchen waren in aller Munde! Tausende habe ich gebacken! Auch wusste ich alles über Moosgummi, Buntpapier und Goldfolie, schaffte mir Serviettentechnik drauf und reichte Fenstermalfarbe, Knetgummi und Laubsägen auf Verlangen. Mich um meine Kinder zu kümmern, kam mir so selbstverständlich vor wie Luftholen, und schon das kleinste Dankeschön war mein schönster Lohn.

Und erst die Sorgen! Was habe ich mir Sorgen gemacht! Beim kleinsten Schnupfen arbeitete ich einen Plan für lebenslange Invalidität aus. Immer wenn ich in der Zeitung gelesen habe, dass irgendwo einem Kind etwas Schreckliches zugestoßen ist, fahndete ich nach tröstlichen Hinweisen, das Kind sei an einem Ort gewesen, wo sich meine nie aufhalten würden, und zwar zu einer Zeit, in der meine immer zu Hause sind. Im Zweifel verschärfte ich die Familienregeln.

Pädagogisch gesehen macht mir niemand etwas vor. Deshalb wusste ich auch jedem Trotzausbruch mit lächelnder Gelassenheit zu begegnen. Nie wäre ich so dumm gewesen, einen kindlichen Wutanfall zu einer Machtprobe aufzubauschen. Ich habe meine Kinder nie angebrüllt, und wenn doch, habe ich mich sogar schriftlich entschuldigt. Jeden Abend las ich Geschichten vor. Selbstverständlich half ich bei den Hausaufgaben, und nicht nur das: Jahre, bevor meine Babys mit Tangentialrechnung, Permafrostboden und neuer Rechtschreibung konfrontiert waren, habe ich mir das ganze Schulwissen schon wieder angeeignet, um es dann auf Zuruf altersgemäß, spielerisch und in pädagogisch wertvollen Portionen zu servieren. In dreiundzwanzig Jahren habe ich keinen einzigen Elternabend versäumt!«

»Das glaubst du doch selbst nicht«, will ich gerade sagen und räuspere mich, um diesen traurigen Monolog zu unterbrechen. Doch sie lässt mich nicht zu Wort kommen.

»Und als meine Küken flügge wurden und eines nach dem anderen unser warmes gemütliches Nest verließ …« Die Vision schnieft und wischt ihre Nase am Ärmel ab. »… da habe ich ihnen versprochen, dass ich immer für sie da sein werde. Jederzeit! Ich bin doch ihre Mutter!«

Ich warte eine Weile, bis sie sich wieder gefasst hat, dann frage ich kleinlaut: »Und wie ist es weitergegangen?«

»Sobald die Kinder weg waren, fiel ich in ein tiefes Loch. Auf einmal fühlte ich mich alt, nutzlos und überflüssig. Meine Aufgabe war erfüllt, und das machte mich unfassbar traurig. Niemals wieder würde mir ein kleines Schätzchen freudestrahlend entgegenspringen, »Ich bin abgeholt!« rufen und sich in meine Arme stürzen. Niemals wieder würde mich der muntere kleine Chor bestürmen, am Sonntagmorgen um sieben Pfannkuchen zu braten. Und in mein Bett sprang ja auch schon lange keiner mehr, um meine geschlossenen Augenlider auseinanderzuziehen und spuckefeucht zu fragen, ob ich schon wach wäre, um sich an mich zu kuscheln und mich in bezaubernde Gespräche über Enten zu verwickeln. Alles vorbei. Sie brauchen mich nicht mehr.«

Das Gespenst starrt mit roten Augen ins Leere und wispert: »Ich habe mir einen kleinen Hund gekauft.«

Bevor ich noch ein Wort sagen kann, verschwindet der Geist und hinterlässt einen schwachen Geruch nach frisch gebackenem Marmorkuchen. Ein zweites Gespenst erscheint und zappelt nervös herum. Es trägt ein Business-Jackett, dessen oberster Knopf fehlt. Hektisch zupft es am Kragen herum. Außer dem Laptop unterm Arm trägt es drei Plastiktüten, aus denen eine Packung Spaghetti, Klopapierrollen, ein Bündel Bananen und ein Taschenbuch über die gängigsten Kinderkrankheiten ragen. Mit der anderen Hand schwenkt es einen dicken Filofax und schaut immer wieder auf die Uhr, während es hastig zu sprechen beginnt.

»Ich bin's! Die Supermutti! Okay?«

Während mir die Kinnlade runterklappt, rattert sie los. »Ich würde jederzeit mein Leben für meine Kinder geben. Aber ich kann keinen Sinn darin sehen, das Tag für Tag zu tun. Natürlich ist es nicht einfach, den Kindern und dem Beruf gleichzeitig gerecht zu werden. Aber genauso schwierig ist es doch, den Job mit der Leidenschaft fürs Segeln oder Mountainbiking in Einklang zu bringen, wie es die Männer schon seit Ewigkeiten tun. Reife Mütter wenden auf ihr Leben dieselbe Intelligenz an wie auf ihren Beruf. Jede Närrin versteht, dass kleine Kinder nicht gedeihen, wenn sie nie wissen, wann sie ihre Mutter wiedersehen werden – und wie unmöglich es ist, Mutterschaft mit einem kompromisslosen Job zu verbinden, der einen völlig vereinnahmt und außerstande setzt, andere Menschen als Kollegen zu ertragen. Doch dazwischen ist viel Platz fürs richtige

Leben: Frauen, die ihr Familienleben wichtig nehmen, beschließen oft, auf eigene Zeit, Geld und Status zu verzichten, doch nicht unbedingt auf alle drei Dinge zugleich. In Wahrheit ist es einfach: Der liebe Gott hat mir eine Gebärmutter *und* ein Großhirn gegeben, von beidem mache ich Gebrauch. Alles andere ist eine Frage der Organisation …«

Ich unterbreche den Geist. »Und was ist passiert, seit die Kinder weg sind?«

»Oh, das war eine enorme Erleichterung. Ich arbeite immer noch wie verrückt. Was soll ich denn auch sonst tun? Jammern etwa? Mich in Selbstmitleid ergehen? Von wegen, es hat auch viele Vorteile, wenn diese Lebensphase zu Ende geht. Nun, ich muss jetzt nicht mehr morgens strammstehen. Meinen Tag kann ich frei einteilen, ohne ständig auf die Uhr zu schauen und lange Listen abzuarbeiten. Endlich kann ich Ferienzeiten, Arzttermine, Elternabende, Telefonlisten, all das vergessen. Ich muss nicht mehr kochen! Niemand unterbricht mich! Es ist erstaunlich, was man alles schaffen kann, wenn man keine Kinder mehr im Haus hat. Wie viel Zeit man hat! Ich kann machen, was ich will. Da fällt mir der alte Scherz aus dem Kinderladen wieder ein: Müssen wir heute wieder spielen, was wir wollen?«

Das Gespenst kichert unsicher und wackelt mit dem Kopf. »Nein, ich bin nicht traurig. Ist doch schön, wenn sie jetzt alle ihr eigenes Leben haben. Und ich auch: Es ist wunderbar, wieder mehr Zeit für sich selbst zu haben.«

Und zack, ist sie verschwunden. Der Duft von Chanel hängt in der Luft. Und noch etwas anderes. Wenn es nicht so albern wäre, würde ich sagen, hier riecht es ein ganz klein wenig nach … Angst.

Und gerade als ich in meinem Traum so vor mich hin denke, dass es nun wirklich nicht mehr schlimmer kommen kann, da stöckelt auf hohen Peeptoes eine neue Gestalt auf mich zu. Sie ist älter als ihre beiden Vorgängerinnen, scheint aber irgendwie durchgepflegt. Mit der Linken zieht sie einen kleinen Rollkoffer hinter sich her, mit der Rechten hält sie ein Handy, auf dessen Display sie elegant mit einem rotlackierten Daumen herumwischt.

»Sie können immer sehen, wo ich bin. Zu jeder Tages- und Nachtzeit!«, ruft sie und wedelt mit dem iPhone.

Meinen fragenden Blick deutet sie richtig. »Ich komme aus der Zukunft: Googles Gesellenstück, die gläserne Mutti, iMum. Ein Klick, und jedes meiner Kinder kann meinen Standort abrufen, denn unsere Smartphones sind über eine Trackyourmum-App verknüpft. So sind wir immer in Verbindung, ohne dass es stört. Ja, ich merke das nicht einmal groß!«

»Ja, du merkst echt nichts mehr«, entfährt es mir.

Sie patzt zurück: »Du denkst vielleicht, ich lebe in einem familiären Überwachungsstaat, aber ich denke, das ist gut so. Kinder müssen wissen, wo ihre Mutter ist, damit sie sich geborgen fühlen«, erklärt sie mir etwas oberlehrerhaft. »Schon vergessen?«

Verblüfft stammle ich etwas von Loslassenkönnen, Raum geben, Vertrauen ins Leben fassen ... Sie unterbricht mich. »Hier geht's nicht um dich, sondern um die Kinder. So wenig ich eine Sorgenmutter bin, so sehr machen sich meine Kinder Sorgen um mich, sogar jetzt noch, wo sie weit weg in vier verschiedenen Städten wohnen. Sie werden nervös, wenn sie über eine Woche nichts von mir hören. Der Jüngste wollte schon gar nicht ausziehen, weil er befürchtete, ich könnte einsam sein, wenn auch er noch weg wäre. Jetzt mailt er täglich seine kleinen Sorgen: ob ich ihm Geld überweisen könnte, wie man Rotweinflecken aus T-Shirts kriegt, woran man erkennt, dass ein Leberfleck bösartig ist. Der Große schickt mir ein Foto aus der Umkleidekabine aufs Handy, weil er wissen will, ob diese oder jene Jeans ihm steht. Seine Schwester mailt gern um die Mittagszeit, dass sie Hunger hat und was es bei mir zu essen gibt. Die andere fragt mich jedes Mal am Telefon, ob ich auch wirklich nicht traurig bin, wenn den ganzen Tag niemand mit mir redet, keiner Witze oder dreckige Wäsche fabriziert und niemand isst, was ich koche. Ob ich denn überhaupt noch kochen würde für mich allein? Fast wäre sie, nachdem sie ihren Mann verlassen hat, wieder bei mir eingezogen!«

Das Gespenst schüttelt den Kopf. »Heimweh löst man heute anders!«

Dass die App digitale Nähe schaffe, wo eine Generation zuvor gähnende Leere zwischen den Pflichtanrufen an Weihnachten und zum Geburtstag herrschte, schwärmt sie. Meinen schüchternen Einwand, dass es früher deshalb auch leichter für Mütter und Kinder war, sich zu trennen und ein eigenes Leben zu führen, lässt sie nicht gelten. Sie nehme regen Anteil am Leben ihrer Kinder und halte sich elektronisch auf dem Laufenden. Sicher wüsste sie gerne, was sich bei den Kindern in Liebesdingen so tue, und überprüfe regelmäßig ganz unaufdringlich den Beziehungsstatus bei Facebook. Doch selbst größte Entfernungen könnten heute niemanden mehr schrecken. Man bleibe schließlich in Verbindung, selbst wenn die Kinder weiterzögen.

»Tausende Kilometer schrumpfen zusammen auf ein paar Kilobytes, und aus der Ferne genießen wir unser Familienleben. Sobald der blaue Button in Wölkchenform aufploppt, der anzeigt, dass Nick mit mir sprechen und mich dabei sehen will, obwohl er 26.000 Kilometer entfernt ist, ploppt zwar auch kurz die Sehnsucht auf. Doch sie wird gestillt, wenn ich sehe, wie er auf dem Bildschirm erscheint, mitten in der australischen Pampa, eine Bierdose aufmacht, mir zuprostet und fragt: ›Hi, Mama, wie geht's denn so? Was machst 'n?‹«

Eifrig hält mir das Gespenst das iPhone unter die Nase. »Hier, schau mal. Ein roter Punkt auf einem Satellitenbild zeigt mir, wo Elises Handy gerade ist. Da, er bewegt sich! Sie fährt wohl gerade von Austin nach Houston. Oh mein Gott, hoffentlich fährt sie vorsichtig. Was will sie überhaupt in Houston? Um diese Zeit? Davon hat sie mir ja gar nichts erzählt! Am Ende lässt sie sich noch ein Tattoo stechen. Dabei hatte ich sie doch gebeten, das sein zu lassen!«

»Schick ihr doch eine SMS und frag nach, wenn du dir solche Sorgen machst!«

Ich habe das etwas lahm gesagt, doch das Gespenst gibt sich einen Ruck und lacht auf.

»Kommt überhaupt nicht in Frage. Das Ding wird jetzt ausgeschaltet.«

»Wieso das denn?«

Unendlich langsam wendet das Gespenst mir den Kopf zu und flüstert mit verschwörerischer Stimme: »Als ich neulich weit nach Mitternacht etwas schwankend und auch nicht alleine aus einer Bar schlenderte, kam auf dem Weg nach Hause prompt eine SMS: ›Du gehst ja in Schlangenlinien!‹ Denn der rote Punkt auf dem Display von Elises Handy schwankte ebenso wie ich.« Sie holt tief Luft: »Eigentlich ist das Ding nicht besser als eine elektronische Fußfessel.«

Energisch wischt das Gespenst über das Display und schaltet das Gerät aus. »Das habe ich noch nie gemacht!«, flüstert es und kichert dann vergnügt. »Ich muss los, hab noch ein Date, du verstehst.«

Ich spüre, dass ich gleich aufwachen werde. Das Gespenst tanzt schon zur Tür hinaus und singt leise vor sich hin. »Einmal muss doch Ruhe sein. Ich bin wieder frei. Wie damals, als ich noch jung war …«